MINERVA
社会学叢書
51

日本における
メディア・オリンピックの誕生

ロサンゼルス・ベルリン・東京

浜田幸絵著

ミネルヴァ書房

日本におけるメディア・オリンピックの誕生——ロサンゼルス・ベルリン・東京　目次

序　章　メディアのイベントとしてのオリンピック……1
1　オリンピックとメディア研究……1
2　一九三〇年代日本のメディア／スポーツ……6
3　方法論の検討――政治経済学的分析、表象分析……12

第Ⅰ部　オリンピックの政治経済学――表象を生み出すメカニズム

第一章　新聞社――報道と事業活動をめぐる競争の過熱……25
1　日露戦争後の対外的関心の高まりと初期のオリンピック報道……25
2　新聞社主催の国際スポーツ・イベントの興隆……32
3　ロサンゼルス大会の取材・報道体制と事業活動――満洲事変後のオリンピック……38
4　ベルリン大会の取材・報道体制と事業活動――同盟通信社の誕生とオリンピック……46

第二章　放送局――新技術の実験舞台としてのオリンピック……54
1　ラジオとスポーツの出会い……54
2　初めてのオリンピック放送（ロサンゼルス大会）……57

3　聴取者の拡大と国際化（ベルリン大会）……61
第三章　企　業――消費文化とオリンピックの結合……71
1　オリンピックの商業主義の萌芽……71
2　オリンピック関連の企業広告――商業的価値の上昇……73
3　オリンピック関連の企業イベント――祝祭空間の移転……77
第四章　政府・国家――対外宣伝・国内統合・外交戦略……83
1　スポーツと国家――縮まる距離……84
2　政府・国家と一九三〇年代のオリンピック――積極的関与のはじまり……89
3　国家戦略のなかのオリンピック……92
第五章　一九四〇年東京オリンピック――東京市・政府・メディア・企業の交錯する思惑……98
1　招致から返上まで……99
2　東京オリンピック計画の推進組織――東京市・体育協会・関係各省の協力体制……106
3　東京オリンピック計画の推進者たち――国際派の人的ネットワーク……113
4　東京オリンピック計画をめぐるメディア、企業・経済界の動向……123

第Ⅱ部　オリンピックの表象——メディアが描き出した一九三〇年代

第六章　東京三紙のロサンゼルス大会表象——国際舞台で奮闘する日本人……139
1　ナショナリズムの再生産に関する表象の傾向と特徴……140
2　ロサンゼルス大会は、どのように表象されたのか？……152
3　広告のなかのナショナリズムと消費・娯楽……162
4　国民を一体化させる仕掛けとしてのロサンゼルス大会表象……170

第七章　東京三紙のベルリン大会表象——ナショナリズムの肥大化……174
1　ナショナリズムの再生産に関する表象の傾向と特徴……175
2　ベルリン大会は、どのように表象されたのか？……188
3　広告のなかのナショナリズムと消費・娯楽……197
4　オリンピック表象の膨張と扇情的傾向……202

第八章　地方紙の報道——ローカリズムとナショナズムの重層構造……205
1　地方紙のロサンゼルス大会報道——県民の活躍／遠く離れた世界の出来事……208

2　地方紙のベルリン大会報道――郷土の名誉と国民意識……214
3　東京紙と地方紙、地方紙間の差異……221
第九章　雑誌の報道――多様な言説空間……224
1　美しき身体と日本人の精神――大衆雑誌『キング』の描く「オリンピック」……224
2　家族愛と女性の役割――女性雑誌の描く「オリンピック」……236
3　「メディアのイベントとしてのオリンピック」批判――総合雑誌の「オリンピック」論……245
4　東京オリンピックに向けた物語――諸外国からの視線……250
終　章　近代日本におけるオリンピックの力学……263
1　一九三〇年代のオリンピックは、どのように展開していったのか？……263
2　ナショナリズム・インターナショナリズム・娯楽の三要素……267
注……273
あとがき……323
人名・事項索引

凡例

- 引用文中の旧字体は、基本的に新字体に改め、仮名遣いは原文のままとした。句読点のついていない文章については、読みやすくするために適宜空白を設けた。
- 引用文のルビは、特殊な場合を除き、省略した。
- 引用した資料や固有名詞には不適切な表現もあるが、歴史的な資料としてそのまま表記した。
- 年号は、基本的に西暦を用いた。

序　章　メディアのイベントとしてのオリンピック

1　オリンピックとメディア研究

なぜ、オリンピックなのか？

今日のオリンピックは、グローバルな巨大スポーツ・イベントである。社会（特に開催都市や開催国の社会）を大きく変え、政治と密接に関わる。文化的にも、地球上のあらゆる地域に住む人々に影響を及ぼしている。

オリンピックの政治的・社会的・文化的意味に関する研究においては、メディアの果たす役割が一つの焦点となる。オリンピックは、四年に一度の世界規模のスポーツの祭典で、他のスポーツ・イベントにはない神聖さと独特の雰囲気をもつ。こうした意味づけを行うのは、メディアである。そしてこの四年に一度の特別なお祭りは、メディアが介在することによって、空間的にも時間的にも拡張・移転していく。メディアがなければ、私たちは、自分たちの住むところから遠く離れた土地でオリンピックというイベントが開催されていることすら知らずに生活しているだろう。オリンピックがグローバルなイベントとして成立するためには、メディアが不可欠である。

メディアは、オリンピックをその場で直接体験する人々――観客や選手――にも作用している。オリンピックを現地で直に観戦する人々やオリンピックに出場する選手も、メディアが絶え間なく提供するオリンピックに関連する言説を心身に埋め込まれていて、それゆえにオリンピックに特別な意味を見出し熱中している。現在のオリンピックでは、地球上のほぼすべての人々が、（程度の差こそあれ）メディアを介してオリンピックを体験し、その体験を通して、国家、人種、ジェンダー、スポーツ、友情、家族愛などに関するイメージを形成しているのである。

オリンピックは、メディアの技術革新の機会にもなってきた。本書で論じるように、一九三〇年代には、オリンピックに際して、ラジオやテレビ放送に関する様々な先端的技術が試験的に導入された。一九六四年の東京オリンピックは、衛星テレビ中継が実現し、開会式がカラー放送され、日本におけるテレビ普及率を上昇させたことで知られている。オリンピックに際してテレビの買い替えキャンペーンが実施されることは、今でも珍しいことではない。オリンピックは、新しいメディアの技術開発・導入が行われるイベントであり、メディアの変革史のなかに位置づけることができる。

このようなオリンピックとメディアの不可分な関係は、オリンピック研究においてもメディア研究においても注目に値する。オリンピックが地球規模のスポーツ・イベントとして展開するうえで、メディアは重要な役割を果たしている。オリンピックの政治的・社会的・文化的意味を研究する際に、メディアの役割を無視することはできない。一方、メディア研究の立場からは、オリンピックを分析対象にすることで、コミュニケーションの歴史、近現代社会におけるメディアの役割や、人々の体験・意識の問題を考察することができる。

グローバルなメディア儀礼としてのオリンピック研究

メディアやコミュニケーションに関する研究のなかでオリンピックが取り上げられるようになったのは、筆者のみる限り、一九八〇年代に入ってからである。情報や文化的商品の先進国（特に米国）から発展途上国への一方向の流れを問題視する文化帝国主義（cultural imperialism）の議論は、一九七〇年代半ば頃から、第三世界の勢力が増した国際連合教育科学文化機関（United Nations Educational, Scientific and Cultural Organization：以下、ユネスコと記す）において大きく取り上げられ、国際問題へと発展した。(1) ユネスコは、一九八〇年代に情報の国際的な流れに関する報告をいくつか発表しているが、(2) そのなかに、一九八四年の夏季・冬季オリンピックの報道体制・内容・効果に関して、一五ヵ国の比較研究を行ったものがある。(3) オリンピックでは、大会期間中に世界中のメディアが一斉に報道を行うため、他のニュース報道よりも大規模な実証的比較研究を行いやすい。さらにオリンピックは、欧米中心のイデオロギーをもったイベントである。情報の国際的な流れが問題視されるようになった背景には、文化や価値観の欧米化・画一化に対する懸念があり、一九八四年のユネスコのオリンピック報道研究の根底には、情報の流れにとどまらず、情報と不可分である文化について検討しようとする意識があったと考えられる。(4)

一九八〇年代半ばには、情報の国際的な流れの不均衡に加えて、グローバルな規模でのテレビの祭礼的視聴に対する関心も高まっていて、そうした観点からオリンピックに注目する研究も出てきた。メイロウィッツ（Meyrowitz）が論じるように、電子メディアの登場によって、「人がどこにいるか」ということと、「人が何を知り経験するか」ということとの関係は小さくなった。電子メディアは、かつて物理的位置によって定められていた社会的アイデンティティや社会的状況を変化させた。(5) こうした新しい時代のグローバルな規模のテレビ放送（ケネディの葬儀、アポロ一一号の月面着陸、ダイアナとチャールズのロイヤル・ウェディングなど）の影響に注目したのがダヤーン（Dayan）とカッツ（Katz）である。(6)

ダヤーンとカッツは、通常の番組を中断して独占的に生放送の局外中継が行われるテレビ放送は、「放送と私たちの生活がもつ通常の流れに対する介入」(7) であり、「社会にとっての何らかの中心的価値や、集団的記憶の一面にスポットライトをあてる祭日」(8) であるとし、オリンピックをメディア・イベントの代表例として取り上げた。ダヤーンとカッツのメディア・イベント論に基づいてロウテビュラー（Rothenbuhler）は、一九八四年ロサンゼルス・オリンピックの前後に米国で全国調査を行い、オリンピックが、マス・メディアに媒介された一種の現代社会の祭礼として機能していたと結論づけている。(9)

ダヤーンらがテレビ放送のみに焦点を当てているのに対し、ユネスコの研究は、新聞、雑誌、ラジオについても検討している。だが、ユネスコの研究も、マス・メディアの伝えるオリンピックをグローバルな神話的儀礼（global mythic ritual）として捉え、オリンピックの報道には、（一）世界を認識するための枠組みを提供する、（二）模倣すべき英雄的モデルを提供する、（三）文化間／文化内での葛藤を媒介する、（四）歴史をわかりやすいかたちで示して歴史的な過去とその文化に対する感覚を形成する、といった神話的機能があると指摘している。(10) 一九八〇年代半ばまでに、テレビ中継によってオリンピックの規模が拡大し、オリンピックは世界中で映像を通じてドラマチックに体験されるようになっていた。それは、世界規模で共有されるメディアの儀礼の出現であり、そのメディアの儀礼は、欧米のイデオロギーを地球上の隅々にまで浸透させる潜在的な力をもっているように思われた。こうした新しい状況に、コミュニケーション研究者の関心が向けられるようになったのである。

このような初期の研究関心を必ずしも共有しているとはいえないが、一九八〇年代半ば以降、現在に至るまで、メディア・コミュニケーションの研究領域では、オリンピックを対象とした研究が多く蓄積されてきた。(11) 日本国内のオリンピック報道を対象とした研究としては、一九八八年のソウル大会以降、夏季大会のたびに、高木栄作、坂元章、向田久美子を中心として、オリンピック報道が外国イメージに与える効果に関する社会心理学の調査研究が行われてきた。(12) 報道内容に関する研究としては、二〇〇四年のアテネ大会、二〇〇六年のトリノ大会に関する研究がある。(13) そのほか、二〇〇〇年代に入ってからは、ジェンダーの視点からのオリンピック報道内容の分析、オリンピックの理念が象徴的に示される開会式の分析が発表されている。(14) また、二〇〇八年の北京大会に関しては、隣国中国との関係への関心の高さを反映してか、メディア接触と中国イメージの変化に関する調査のほか、報道内容に関する研究も多く発表された[15]。二〇一二年のロンドン大会開催期間の報道分析も発表されつつあり[16]、オリンピック報道は、メディア研究（なかでも、各時点における外国認識やメディア利用のあり方を探ることを主眼とした研究）の重要な分析対象となってきている。

オリンピックとメディアに関する歴史的研究

ここまでみてきたように、メディアの役割に注目したオリンピック研究は、一九八〇年代半ば以降、同時代の大会を対象として数多く蓄積されてきた。オリンピックは今や巨大化して注目を集めるイベントであり、本書で取り上げる一九三〇年代のオリンピックについても、もちろん研究の蓄積はある。例えば、日本向けのラジオ放送に関しては、竹山昭子、山口誠、黒田勇の各研究があり、欧米でのオリンピック放送実施状況に関しては、マッコイ（Mccoy）の研究がある[17]。一九三二年ロサンゼルス大会については、国際関係史の観点から一九三〇年代の国際スポーツを取り上げているキーズ（Keys）の研究が詳しいほか、同大会がアメリカの日系人社会に与えた影響に関するヤマモト（Yamamoto）の研究もある[18]。一九三六年ベルリン大会に関しては、ドイツ史を専門とするラージ（Large）の包括的な研究、先に挙げたキーズの研究のほかに、中村哲夫、池井優、伊藤守らの研究などがある[19]。一九四〇年東京大会に関する研究も活発で、政治・外交的側面に注目した池井優や中村哲夫の研究、紀元二六〇〇年記念イベントの一つとして東京オリンピック構想を取り上げた古川隆久の研究、招致から準備段階を経て返上に至るまでの過程を丹念に追ったコリンズ（Collins）の研究がある[20]。特に坂上康博らは、一九四〇年東京オリンピック返上後のスポーツ、一九四〇年東京大会と一九六四年東京大会の連続性、諸外国における東京オリンピックの位置づけなど、立体的・複眼的な一九四〇年東京オリンピックについての研究を行っている[21]。

しかし、一九三〇年代のオリンピックに関する先行研究の多くは、オリンピック大会それ自体に関する研究で、メディアの果たす役割に焦点を当てた歴史的研究としては、日本におけるロサンゼルス大会のラジオ放送など、扱う範囲をかなり限定した研究があるだけである。ある特定の場（地域・国家）において、メディアによって作り出されるオリンピックがどのような政治的・社会的・文化的意味をもってきたかを、通時的視点から全体的・包括的に明らかにした研究は見当たらない。本書では、日本において一九三〇年代のオリンピック——ロサンゼルス大会、ベルリン大会、東京大会——が、どのように展開していたのかを、それ以前の時代も踏まえながら研究することによって、オリンピックとメディアとの関係の歴史的根源を探りたい。

だが、なぜ一九三〇年代の日本に焦点を当てるのか。次節では、一九三〇年代の日本を取り上げる意義を、メディアやスポーツに関する先行研究を参照しながら検討する。

2　一九三〇年代日本のメディア／スポーツ

メディアとスポーツの大衆化

多くの研究によって明らかにされてきたように、日本では、一九二〇年代後半から一九三〇年代にかけてメディアの大衆化が進行した[22]。メディアの大衆化とは、メディアが多数の受け手（読者・聴取者）を獲得した——マス（大衆の）・メディアが成立した——ということである。一九二〇年代後半以降、新聞・雑誌などの発行部数は急増した。円本ブームに代表されるように、書籍も大量生産・大量販売されるようになった。ラジオ放送も、一九二五年に東京・大阪・名古屋で始まり、一九二八年には昭和天皇即位の大礼にあわせて全国中継網が整備された。こうしたメディアの量的・質的拡大は、新聞に広告が掲載されるような商品（大量生産・大量販売の化粧品、酒、菓子など）

を消費するというライフスタイルを普及させるとともに、国民意識動員の基盤を形成していった。

とりわけ一九三一年九月の満洲事変以降、日本のマス・メディア（特に新聞社）は、報道と様々なキャンペーンやイベント活動を通じて、競い合うように、天皇と国家に献身する国民像の形成に寄与したとされている。爆弾三勇士の美談化とキャンペーン化は、その典型である。一九三二年二月の上海事変において、三人の兵士が敵の鉄条網を破壊するために爆死した。この三人の兵士の戦死を伝える新聞報道が、瞬く間に肥大化し、これを素材とした映画、演劇、浪曲、講談、舞踏などが作られ、爆弾を自らの身体に巻きつけて突撃した「三勇士」を讃える美談が日本社会に充満していった。(23)

メディアの量的・質的拡大と連動して、スポーツも大衆化した。高津勝によれば、一九二〇年代末から一九三〇年代半ばに、スポーツは、広範な都市大衆に支持されながら都市的生活様式のなかに入り込み、大衆娯楽としての性格を強めた。(24)明治末期以来、新聞社が主催や後援して開催されることが多かったスポーツ・イベントは、この時期に大規模化し、報道も過熱した。これまでの研究では、一九二〇年代後半以降、急速に大衆の関心を惹きつけるようになったスポーツ・イベントが、国威発揚と国民統合の機会として認識され、国家戦略の一翼を担っていたことが指摘されてきた。(25)一九三〇年代の日本のメディアやスポーツの大衆化は、おおむね、軍国主義や国家主義の高まりを念頭に論じられてきたといえる。

しかし、国民動員のメカニズムは、国家権力が国民を統制する手段として、メディアやスポーツを一方的に利用するといった単純な図式で捉えられるものだろうか。近年の戦前・戦時文化の研究では、戦前日本のメディアや国民は、必ずしも国家権力に上から抑圧・操作されていたわけではなく、能動的で主体的な存在であったという点が明らかにされている。(26)現代のオリンピックをみても、メディアの報道は、日本選手の「戦績」に焦点を当てているが、大多数の人々は、何か楽しい雰囲気のする四年に一度のスポーツの祭典、娯楽としてオリンピックを捉えている。

戦前期においても、オリンピックでは、国民やメディアの主体性・能動性が多分に発揮されていたと考えるのが自然ではないだろうか。

ナショナリズムの多層性

本書では、戦前日本のオリンピックのナショナリズムのあり方に注目するが、ここでいうナショナリズムとは、軍国主義的・排外的なナショナリズムだけを指しているのではない。アンダーソン（Anderson）は、「国民は〔イメージとして心の中に〕想像されたものである」[27]とし、この想像のつながりを作り出したのが、出版資本主義であると論じた。ゲルナー（Gellner）も、ナショナリズムに関する議論のなかで、メディアのメッセージの内容とは関係なく、メディアが生活の隅々に浸透していること、つまり集権化され標準化されたコミュニケーションそのものがナショナリズムを生み出すと述べている。[28] 一九三〇年代の日本は、日本語で書かれたメディア・テクストがほぼ同時に日本中で消費されるという状況が生じていたという点において、アンダーソンのいう「想像の共同体」であったといえるだろう。

マス・メディアが重要な役割を果たすコミュニケーション様式自体が、ナショナリズムを生み出している（ナショナリズムはマス・コミュニケーションの発達した近代の所産である）と考えるならば、ナショナリズムとは、一枚岩では捉えられない多層的なものであるはずである。実際に、近年のナショナリズム研究では、政治的原理や思想を含んだ主張や運動のみならず、国民共同体を想像させる様々な言説・認識の枠組みがナショナリズムの一形態として議論の対象になっている。[29] ナショナリズムは、インターナショナリズムと対立するものではなく併存しうる。こうした立場をとるのが、吉野耕作やビリッグ（Billig）の研究である。[30] ナショナリズムを主題とした古典的研究ではスポーツへの言及はほとんどみられないが、スポーツ・イベント、特にオリンピックは、メディアが介在することによってナショナリズムの生成・維持に独特なかたちで貢献してきた文化的領域であるといえるだろう。

一方で、戦前期日本のナショナリズムについては、超国家主義（ウルトラ・ナショナリズム）、極端国家主義（エクストリーム・ナショナリズム）などといった概念で把握され、その特殊性が強調されてきた[31]。ただ、最近は、ナショナリズムを「国民教会や王室その他の統合力のある伝統を通して維持されてきた社会的結合の代用[32]」と捉えるホブズボウム（Hobsbawm）の議論に影響をうけて、日本における国民国家の編制、国民意識の形成についての問題が研究されている[33]。また、ファシズムを娯楽や文化の観点から捉えなおすことを試みた研究では、戦時日本におけるナショナリズムの多層性が動態的に捉えられている[34]。こうした戦前期日本のナショナリズムを捉えなおす立場や、先に述べたナショナリズムに関する議論を踏まえれば、オリンピックのようなイベントには、日本が戦争に踏み込んでいった時代にも、現在にまで通じるような緩やかなナショナリズムを見出すことができるだろう。当時の日本では、これらが、軍国主義的・排外的ナショナリズムと共存していた可能性がある。

地球規模の「同時性」と国際文化交流

一九三〇年代の日本は、確かに国家主義や軍国主義の高まりによって特徴づけられるが、この時期には、国際的なヒト・モノ・情報の移動が、かつてない規模で活発化していた。加藤秀俊の研究によれば、通信と交通の技術革新は、時間と空間の圧縮をもたらし、日本列島の内部にとどまらず（ヨーロッパ、アメリカ、日本といった限定的範囲ではあったが）地球規模の「同時性」を作り出した。それは、単に、電気通信技術によってニュースが瞬く間に地球をかけめぐるというだけではなかった。日本では、外国からもたらされた映画、音楽、レコードが大衆の娯楽として享受され、チャップリンやヘレン・ケラーなどの有名人が来日し、海外旅行が盛んになり始めるなど、人的交流も盛んになった[35]。一九三〇年代は、情報のみならず文化が、日本と世界の間を盛んに行き交うようになった時代として捉えることができる。

他にも、一九三〇年代の日本は国際的孤立の傾向を強め内向きになっていたという従来の理解を覆すような研究が行われている。例えば、井上寿一や有山輝雄は、満洲事変以降も外交関係の修復に向けた努力が続けられ、特に文化面での国際社会への働きかけが活発に行われていたことを明らかにしている[36]。また、芝崎厚士は、日本における国際的な諸団体・諸活動の成立は、鉄道省国際観光局(一九三〇年)、国際観光委員会(一九三一年)、国際観光協会(一九三一年)、日米学生会議(一九三四〜一九四〇年)や日比学生会議(一九三七〜一九四〇年)を主催した日本英語学生協会(一九三三年)、国際文化振興会(一九三四年)、日本ペンクラブ(一九三五年)、国際学友会(一九三五年)など、一九三〇年代前半に集中していたことを指摘している[37]。

世界的な潮流をみても、諸国間の友好関係を推進しようとする国際組織の活動は、第一次世界大戦後、より活発になり、一九三〇年代においても健在であった。入江昭によれば、世界の多くの国家が国内統制と軍事強化を進める一方で、数多くの国際組織が活動を続け、グローバルな意識に基づいて国境を越えた連携・協調を模索していた[38]。政治からの独立を貫いて、「激しいナショナリズムの時代に、諸国間の友好関係を促進しようとした国際組織[39]」であった国際オリンピック委員会(International Olympic Committee:以下、IOCと記す)も、そうした組織の一つであった。

一九三〇年代の日本の対外活動の活性化に着目した先行研究では、スポーツへの言及はほとんどない[40]。しかし、国際関係史の視角から一九三〇年代の世界のスポーツ状況を研究したキーズは、一九三〇年代において、スポーツがトランスナショナル(transnational)な文化となり、スポーツを通じて世界が想像されるようになったと論じ、それを示す例として、日本のオリンピック参加、東京オリンピック開催決定、ベーブ・ルースの来日を挙げている。キーズによれば、スポーツは、一九三〇年代に、地球上のどこで開催されようと共通のルールや慣習に則って行われるようになり、新聞やラジオの発達によって、試合会場から遠く離れた場所にいるファンも試合を観戦できるようになった。オリンピックは、一九三二年と一九三六年の二つの大会において、以前までのヨーロッパ中心のアスリートのためのページェントから、グローバルなマス・エンターテイメントへ変化したという(41)。

ここまで本節でみてきたように、戦前期日本のメディア報道やスポーツは、概して国家主義や軍国主義の高揚の文脈で捉えられる傾向にあった。先行研究が明らかにしているように、特に満洲事変以降の日本において、マス・メディアが天皇に献身する国民像の形成に重要な役割を担っていたという側面、あるいは、スポーツ・イベントのあり方がそうした国家主義化・軍国主義化と関係していたという側面は否定しがたい。

しかし、世界的な流れに目を向ければ、一九三〇年代には、ハリウッド映画に代表されるアメリカ文化の拡散、文化交流事業の活性化、プロパガンダ（対外宣伝）の本格化、旅行文化の興隆、国民意識の形成、消費文化の広がりなどが、地球規模で同時的に進行していた。スポーツの脱領土化やスポーツを通じたトランスナショナルな交流も顕著になった。

これまであまり注目されてこなかったが、日本も、通信や交通の著しい技術的革新を背景として、一九三〇年代に国際化を経験した。ただし、一九三〇年代の日本が、国民動員を進める一方で文化面での国際交流事業にも積極的であったというだけでは、表面的な理解であるといわざるをえない。注目すべきは、国民動員のメカニズムのなかで、娯楽や国際性の追求が果たしていた役割である。多くの人々が、メディアを介して、これまでになく国際的な文化に接し、国際的な出来事を体験するようになったことが、国民意識の形成とどのように関わっていたのかを解明する必要がある。

一九三〇年代の日本におけるメディアのイベントとしてのオリンピックは、国家主義化・軍国主義化の流れとヒト・モノ・情報の交流の活性化の流れがせめぎあうところで展開していたのではないだろうか。戦前期、特に一九三〇年代のオリンピックを研究することによって、国民動員のメカニズムと娯楽的要素、さらにはナショナリズムとインターナショナリズムといった、矛盾するようでいて結びつきながら増幅していく関係を分析することができるだろう。本書では、「一九三〇年代のメディアによって伝えられた国際スポーツ・イベントが、日本国内においていかなる社会的・文化的意味をもち、国民意識の形成とどのように関わっていたのか」について考察していく。

3　方法論の検討――政治経済学的分析、表象分析

意味と経験の多様性・重層性

オリンピック研究の第一人者であるマカルーン（MacAloon）は、これまで研究者たちがオリンピックを学問的対象としてはほとんど取り上げてこなかった理由について、次のように述べている。

オリンピックという事業を興味深いものにしている特質、すなわちそのスケールや、複雑さや、意味の多様性こそが、総合的な研究を困難にしている。アカデミズムにおける密やかな侮蔑にもまして、スポーツそのものに内在する「真面目な遊戯［引用者注：serious play］」という逆説がそれ以上の障害となって立ちはだかっているのである。そして社会科学をして他の学問領域とは別個のものたらしめている、客観性、方法論、自己抑制へのこだわりが、必然的にオリンピックの研究を単に部分的な研究の水準にとどめてしまっているように見受けられる。(42)

マカルーンがこのように述べた一九八一年以降、オリンピックの社会的・文化的側面に関する研究は進展してき

た。ただ、マカルーンが述べている、オリンピックのスケールの大きさ、複雑さ、意味の多様性は、今日においてもオリンピック研究を難しくしている要因であり続けているだろう[43]。

しかし、文化事象のもつ意味の複雑さや多様性は、オリンピックの場合だけにいえることではない[44]。文化研究の方法について論じるサコ（Saukko）は、アパデュライ（Appadurai）のグローバリゼーションに関する議論や、マルチ・サイテッド・エスノグラフィー（multi-sited ethnography）の進展を踏まえながら、一つの出来事や文化事象が、他の土地では別の意味づけがなされている可能性、同じ出来事や文化事象でも、それを見る主体によって見え方が違う可能性を指摘する。アパデュライは、「スケープ（scape）」（ランドスケープ［地景・風景］のスケープ）という概念を用いて、人、技術、資本、メディア、観念などのグローバルな流れが、非同型的であることを指摘した[45]。これに関して、サコは、アパデュライの提示した五つの「スケープ（scape）」は、固定的・排他的なものではなく、研究上の関心に応じて、例えば「身体のスケープ（bodyscape）」を付け加えることも可能であろう、としている。「スケープ（scape）」という視角の導入は、研究者が、どのような視角から文化事象を研究するのかを明らかにするために戦略的にとる手段であるというのである。そのうえで、サコは、同一の文化事象を、複数の場所で複数の視角から研究することこそが、研究に深みを出し、研究の到達度を高めることにつながると論じる。

それでは、サコの議論を本研究に当てはめると、どのようなことがいえるだろうか。一九三〇年代のオリンピックは、東京と大阪、あるいはロサンゼルス、台北、ベルリン、リオデジャネイロ、カイロでは、それぞれ異なるものとして体験されたと考えられる。また、同じ場所であっても、性別、年齢、収入、エスニシティ、スポーツへの関心の度合いなどによって、人々の体験のあり方は異なったはずである。さらに、オリンピックは、選手や観客、あるいはジャーナリストの旅行体験としてみていくこともできれば、異質な競技技術やルール、スポーツ用具がぶつかり、変化し、開発される場としてみていくこともできる。また、ビジネスとの関わり、通信技術、メディアの産業構造、メディアのなかに登場する身体のイメージ、国家や男らしさ／女らしさのイメージなど、様々な視角から分析することができる。オリンピックは、文化の同質化をもたらすのか、それとも異質化をもたらすのか、国民国家の統合に寄与するのか、それとも、トランスナショナルな統合を進めるのか、導き出される結論は、どの視角から研究するかによって、当然異なってくるだろう。実に様々な観点からオリンピックをみていくことができるし、そうした様々な要素が重層的・乖離的に重なり合っているがゆえに、オリンピックというイベントが世界的な文化事象として成立してきたと考えられる。

しかし、いくら時代を限定するとはいえ、筆者が一人で、すべての地域、すべての要素を研究することは不可能である。そこで、本書では、イベントとしてのオリンピックのもつ意味と体験の多様性・重層性を念頭に置いたうえで、日本におけるメディアのイベントとしてのオリンピックの展開を、表象それ自体と、表象が作り出されるメカニズムという二つの次元から分析していくこととする。これは、文化それ自体と、文化が生産される構造という二つの次元とも言い換えられる。本書では、前者の次元の分析を表象分析、後者の次元の分析を政治経済学的分析と呼ぶ。時代としては、一九三〇年代に焦点を当てるが、これは緩やかな限定である。とりわけ表象が作り出されるメカニズム（政治経済学的分析）については、その前の時代もみていく必要がある。

コミュニケーションの政治経済学の視角

まずは、政治経済学的分析を行う意義から確認していこう。コミュニケーションあるいは文化の政治経済学とは、コミュニケーションや文化を生産し流通させている諸組織の構造と相互関係のセットについて、批判的に分析する視角である。メディア・コミュニケーションの研究領域における「（批判的）政治経済学」のアプローチは、主流派政治経済学とは大きく性質を異にする。それは、ゴールディン（Golding）とマードック（Murdock）によれば、経済的組織と政治的・社会的・文化的生活の相互関係を包括的にみていく視角であり、メディアの発達、企業の力の及ぶ範囲の拡大、文化の商品化、国家や政府の果たす役割の変化といった歴史的プロセスに焦点を当てる視角である。(46)

コミュニケーションの政治経済学は、文化の形態の要因を経済のみに求める還元主義であるとしてしばしば批判され、「コミュニケーションの政治経済学か？　カルチュラル・スタディーズか？」といった論争も繰り広げられてきた。(47)しかし今では、多くの研究者が、コミュニケーションの政治経済学は、すべてを経済的要因に引き付けて強引に説明してしまうのではなく、カルチュラル・スタディーズが重視してきた文化的実践の相対的な自律性を認めているという立場をとる。そして、文化・メディア表象を作り出す政治経済的システムと、文化・メディア表象とを相互補完的に分析することこそが、メディア、コミュニケーション、そして文化の研究に必要であるとする。

特に浅見克彦やマードックは、政治経済学とカルチュラル・スタディーズのそれぞれの視角がもつ長所・短所を踏まえたうえで、文化分析には双方の視角が重要であることを明快に説明している。(48)またケルナー（Kellner）は、「政治経済学」という名称こそ用いていないが、マイケル・ジャクソンやマドンナの成功におけるメディアの役割を研究しようとするならば、そのテクストや、テクストの受容だけではなく、テクストの生産構造・供給過程、より広い業界の全体像についてみていくことが必要であると論じ、自らのアプローチを、「多視角的カルチュラル・スタディーズ（multiperspectival cultural studies）」と呼んでいる。(49)政治経済学的な分析の重要性は、学際性を標榜して発展してきたカルチュラル・スタディーズにおいても十分に認識されており、今や、「政治経済学か？　カルチュラル・スタディーズか？」といった問いを立てること自体が不毛であるともいえる。いずれにしても、筆者も、浅見、マードック、ケルナーらの立場に同意し、文化の分析には、文化の表象や経験とともに、文化事象を成立させている条件をつくっている政治経済的システムの全体的・包括的な分析が不可欠であると考える。(50)

こうした筆者の方法論に対して、政治経済学の視角が注目を集めているのは、コミュニケーションや文化のグローバル化が著しく進み、政治経済と文化が不可分の関係にあることが際立ってきた近年においてであるという批判があるかもしれない。しかし、産業的に生産された大衆文化の浸透がフランクフルト学派によって告発的に論じられたのは、一九三〇年代である。本書でみていくように、一九三〇年代のオリンピックは、政治的経済的諸関係と切り離せない文化現象になっていた。また、日本の新聞社事業活動に関する研究が明らかにしてきたように、一九二〇年代から三〇年代には、日本においても実に様々な娯楽文化が、企業化した新聞社、国家、放送局といった諸組織によって形成されていた[51]。スポーツ社会史の領域でも、近代スポーツという社会的現象――スポーツの商業化やメディア文化としての展開――を可能にした歴史的・社会的諸条件を明らかにすることが課題として認識されている[52]。

スポーツにせよ、オリンピックにせよ、あるいは産業のオリンピックといわれる万国博覧会にせよ、これらは全て、国家、メディア、企業が後ろ盾となって作りあげたイベントである[53]。こうしたイベントにおける表象や文化的実践のあり方は、政治経済的諸関係のなかに位置づけられる。ここでいう政治経済学的アプローチとは、マス・メディア、政府、企業などの諸組織のセットが、オリンピックをめぐる表象、イメージ、さらには意味の生産と流布に、どのように関係していたのかに着目するものである。すなわち、オリンピックを伝えるマス・メディアの産業構造、取材報道体制、オリンピック選手団派遣に関する政府の方針、オリンピックに広告的価値を見出す企業の行動・マーケティング戦略の分析が行われる。

表象を分析する意味

本書のもう一つの分析次元は、表象（representation）である。表象分析は、内容分析、テクスト分析、メッセージ分析などと言い換えることもできるが、本書では、あえて「表象」という言葉を用いることによって、Aに関する語り（Aの表象）は、Aという目の前に存在するものそれ自体（物体や観念としてのAそれ自体）ではなく、Aについての一つの語り［re-present（再呈示）したもの］にすぎず、それは、様々な権力関係のせめぎあいの所産である、という筆者の立場を示すこととしたい。

ホール（Hall）は、表象と文化の関わりについて、次のように論じている。[54] まず、表象は、意味が生み出され文化の成員間で交換されるプロセスにおいて、重要な位置を占めている。表象には、二つのプロセス（システム）がある。第一に、現実に存在する物体、人々、イベントを、私たちの頭のなかにある概念の体系的なマップのなかに位置づけるプロセス（システム）である。第二に、頭のなかの体系的なマップのなかに位置づけられた概念を、言葉、音、イメージといったサインに置き換えるプロセス（システム）である。この二つのプロセス（システム）が機能するには、話し手／書き手と聞き手／読み手の間で、概念の体系的なマップと、概念とサインを結びつけるコードが共有されている必要がある。意味というのは、現実に存在する物体のなかにあるのではなく、こうした表象のシステム、コードの共有化によって構築されるのである。

ホールの表象の理解は、言語学者ソシュール（Saussure）の「サイン（sign）」（例えば、木）を、「意味するもの（signifiant）」（言葉、あるいは図像としての「木」）と「意味されるもの（signifié）」（山に生えている茶色い幹と葉っぱをもつ物体）の二つの要素に分け、「意味するもの」と「意味されるもの」の関係が、恣意的でしかも可変的であるとする考え方に依拠し、意味の成立には、書き手・読み手双方による解釈が不可欠であるとする。ホールは、ソシュールの言語学の成果を広範囲の文化や文化的実践に応用したバルト（Barthes）の記号論や、表象を社会的な知識の生産との関連で捉えるフーコー（Foucault）の議論も参照している。バルトの記号論は、文化的記号のもつ意味は多層的であり、明示的意味（denotation）と暗示的意味（connotation）があり、さらに後者のなかには、神話と呼ぶべきものがあるとする。[55] 一方、フーコーの議論は、知識の生産は言説を通じて行われているとし、網の目のように張り巡らされて行使される権力の姿を浮かび上がらせる。[56] ホールは、表象を、権力関係のなかで生み出された、あるものの記述であり、象徴・代理であると捉えているのである。

オリンピックは、イベントそれ自体が、様々な政治的・経済的権力関係のなかで作られたものである。そして、それがメディアで表象されるとき、再び、当該社会の政治的・経済的権力関係が作用する。筆者が本書で「メディア表象」として分析するのは、オリンピックというイベントや、そこで起こった様々な出来事について語られたもの――特に、マス・メディアのなかで語られたもの――である。それらの語りは、社会的・歴史的権力関係の所産であり、実際の出来事のなかから一部を切り取り、再構成したものである。それらの語りのなかで用いられた言葉やイメージは、ある特定のコードに基づいて生産され、また解釈されるものである。

ただ、こうしたオリンピックに関するテクストは、多意味的であり、複数の解釈の可能性を伴うことを忘れてはならない。それは、平面的で一義的な意味しかもたないような内容ではないし、書き手と読み手が同じように解釈するわけではない。また、オーディエンスのなかでも、Aという人とBという人が同じように解釈するわけではない。ホールは、意味が生産される過程（encoding）と消費される過程（decoding）は、それぞれが自律的であるとし、表象の解読のあり方には、受け手が送り手と同じコードを用いて支配的・ヘゲモニーの立場から解読するケース、受け手が送り手の用いる支配的コードを理解しながらも自らの状況に応じて交渉的な立場から解読を行うケース、受け手が対抗的なコードを用いて解読するケース、の三つのモデルがあるとした。[57] 表象に依拠して体験を論じることとは、不可能ではないにせよ、慎重に行わなければならない。

表象分析の方法

ここまでの議論に基づけば、表象とは、マス・メディアの報道内容だけではなく、広告、ポスター、写真、映画、人々の会話、あるいは、スポーツをする身体、ファッションなど、あらゆる文化的形態・様式を含むこととなる。ただ、史料的な限界もあることから、本書では、主としてマス・メディアにおける表象、なかでも印刷メディアにおける表象を扱う。ラジオ放送やニュース映画も重要ではあるが、繰り返し視聴して分析できる状態にある資料は、本研究に着手した時点ではほとんどなかったため、本書の表象分析の対象とはしない。

マス・メディアにおける表象（以下、「メディア表象」と呼ぶ）の分析方法は、量的分析と質的分析に大きく分けられる。量的分析は、メディア表象の全体的傾向を、体系的（システマティック）に把握するのに適した方法である。量的な分析を行わなければ、「増えた」「減った」などという報道傾向の違いを論じることは本来できないはずである。量的分析を行うことによってはじめて、媒体間、時系列ごとの比較、あるいは、報道内容と現実の比較を行うことが可能になる。

一方で、量的分析には問題点もある。事前に構築されたコーディング・カテゴリーにとらわれ、柔軟な分析ができない。また、作業に膨大な時間と労力を要する。そして最大の問題として、メディアの報道内容の表面的観察にとどまってしまい、その背後にある意味を、深く考察することができない。紙面に特定の言葉が登場した回数をカウントすることはできても、メディア表象の意味の多層性については分析できないのである。なお、ベレルソン（Bereleson）は、量的内容分析を「明示された（観察可能な）コミュニケーションの内容を客観的、体系的、数量的に記述する調査技術」[58]と定義しているが、量的分析が、本当に「客観的」な分析方法であるかは疑わしいことも指摘しておかなければならない。量的分析は、確かに「反復可能」ではある[59]。だが、サンプルの設定、コーディング・カテゴリーの設計などは、研究者の「主観」に基づいて行われている[60]。

質的分析は、量的分析とは対照的である。メディア表象の全体的傾向を把握することはできないが、意味の多層性についての考察を可能にする。マス・メディアに媒介された現代社会の儀礼としてオリンピックを捉えるならば[61]、オリンピックの報道内容の分析において重要なのは、マス・メディアの報道によって、どのような規範や価値観、意識がオーディエンスの間で共有されるか、という点であろう。言説分析は、言語を通して社会の権力関係・構造が構築される、あるいは、社会の権力関係・構造のなかで言語が使用されるという観点から、記事の見出し、レイアウト、前後関係、記事内で使用されている言語のレトリックや組み合わせ、図像の分析などを行う[62]。あるいは、記号論分析は、明示的意味（denotation）、暗示的意味（connotation）、神話（myth）といった意味の多層性に着目する。

もちろん、質的内容分析にも短所はある。研究者の視点からの非常に主観的な意味の解釈にすぎない、メディア表象の生産・受容を説明するには不十分であるといった問題である。ただし、質的分析には、量的分析とは別の長所があるといえるだろう。本書では、これらの質的分析と量的分析を相互補完的に用いることとしたい。それによって、分析結果の論証性を高めることができると考えるからである[63]。

本書の構成

序章では、先行研究の整理と問題設定、方法論の検討を行ってきた。オリンピックが世界のスポーツの祭典として成立するためには、それを媒介するメディアが不可欠であるが、メディアのイベントとしてのオリンピックについての歴史的な研究は、これまで十分に行われてこなかった。一九三〇年代の日本におけるメディア報道やスポーツに関する研究は多く蓄積されているが、どちらかというと国家主義や軍国主義の高揚といった側面に焦点が当てられ、同時期に進行していたヒト・モノ・情報・文化のトランスナショナルな流れの活性化、上からの国民意識動員という図式では捉えることのできない緩やかなナショナリズムの存在については十分に考慮されてこなかった。

本書では、「一九三〇年代のメディアによって伝えられたオリンピックが、日本国内においていかなる社会的・文化的意味をもち、国民意識の形成とどのように関わっていたのか」を考察する。一九三〇年代にグローバルなマス・エンターテイメントに変容しつつあったオリンピックを研究することで、メディアとナショナリズム、ナショナリズムとインターナショナリズム、さらには娯楽との関係が明らかになるだろう。

本書の構成について述べておこう。第Ⅰ部では、コミュニケーションの政治経済学の視角から、戦前日本におけるメディアのイベントとしてのオリンピックの展開を概観する。すなわち、「新聞社、放送局、企業、国家などの諸組織が、オリンピックの表象を生み出すメカニズムにどのように関与していたのか」を分析する。

第一章では、日露戦争後に日本の新聞社が、西洋のスポーツ・イベントであるオリンピックを発見し、やがて大規模な報道対象として位置づけるまでの、新聞社とオリンピックの関係を明らかにする。日本でオリンピックがメディアのイベントとして成立した一九三〇年代には、新聞社のみならず、放送局、企業や国家もオリンピックに積極的に関わるようになっていた。第二章では、一九三〇年代のオリンピックが新しい通信技術の実験舞台となっていたことに着目し、放送局とオリンピックとの関係を分析する。第三章では、一九三〇年代のオリンピックが消費文化と結合した娯楽となったことに着目し、企業とオリンピックとの関係を分析する。第四章では、国家がオリンピックに対外宣伝・国内統合・外交戦略上の意義を見出すようになり、それが一九四〇年東京オリンピックの構想に反映されていく過程を分析する。第五章では、一九三〇年代を通じて展開していた一九四〇年東京オリンピック開催に向けた運動に、東京市・政府・メディア・企業といった諸組織がどのように関係していたのかについて分析する。第Ⅰ部全体を通じて、一九三〇年代にメディアのイベントとしてのオリンピックを成立させた背景にあった、政治経済的諸関係が明らかになるだろう。

第Ⅱ部では、一九三〇年代のオリンピックのメディア表象に焦点を当てる。第六章と第七章では、当時の東京の代表的新聞である三紙（『東京朝日新聞』『東京日日新聞』『読売新聞』）のオリンピック表象の量的質的分析を行う。第六章では、ロサンゼルス大会の表象、第七章では、ベルリン大会の表象を取り上げる。第Ⅱ部の主な分析対象は東京三紙であるが、これらの報道は、東京におけるオリンピックのメディア表象であり、日本のメディア表象の平均像であるとはいい難い。そこで第八章以降は、第六・七章の東京三紙の量的質的分析を補完するために、地方紙や雑誌の質的分析を行う。第八章では、新聞社の地理的・産業的条件、オリンピック参加状況という二つの点で対照的な地方紙（『東奥日報』と『静岡民友新聞』）を対象に、ロサンゼルス大会とベルリン大会の報道の質的分析を行う。第九章では、大衆雑誌、婦人雑誌、総合雑誌というジャンルの異なる雑誌に掲載されたオリンピック関連記事を質的に分析する。(64)

第Ⅰ部　オリンピックの政治経済学

――表象を生み出すメカニズム

第一章　新聞社——報道と事業活動をめぐる競争の過熱

戦前日本におけるオリンピックの展開のなかで最も重要な役割を担っていたのは、新聞社である。オリンピックは、新聞社によってまず発見され、新聞が報じることによって広く知れ渡るようになった。新聞社が競い合ってオリンピック関連の報道や事業活動に取り組んだからこそ、オリンピックは注目を集め、放送局・国家・企業などもこれに関わるようになった。本章では、日本の新聞社とオリンピックとの関わりについてみていく。

1　日露戦争後の対外的関心の高まりと初期のオリンピック報道

新聞社の海外進出

新聞社の関心が政治的言論の主張や経済情報の収集にあった時代には、スポーツ・イベントが新聞報道の対象となることはない。まして一九世紀末に始まったばかりのオリンピックは、ヨーロッパやアメリカといった日本から遠く離れた土地で開催されるイベントであった。オリンピックのような遠隔地で開催されるスポーツ・イベントが日本の新聞で報道されるようになった背景には、新聞界の産業構造の変化、日露戦争後の戦勝国意識の形成、それらと連動した西洋近代への関心の高まりがある。

日本の新聞が都市人口の増加にともなって発行部数を増加させたのは、一九〇〇年頃である。この頃には印刷上の技術革新も進み、東京・大阪の新聞社では、輪転機を導入して短時間に大量印刷ができる体制を整え、写真網版を用いてグラフィックな紙面制作を行うようになっていた。特に日本の新聞界が飛躍する契機となったのは、日露戦争である。新聞各社は、センセーショナルな紙面編集、号外発行、従軍記者の派遣、海外通信網の整備等を競い合いながら戦況報道を繰り広げ、新聞の発行部数は大幅に拡大した[1]。

日露戦争後も、新聞社間の販売拡張競争は続き、新聞の発行部数は増加していった。日露戦争で高まった新聞に対する読者の関心を維持するために、新聞社は、紙面改革を行い、戦争に代わるイベントを人工的に作り出した。日本の新聞社は、明治末期から報道内容の差異化とそれによる販売拡張を目的として、事業活動に熱心に取り組んでいたが、その動きは日露戦争後にさらに活発となり、博覧会、スポーツの競技会、有名人の講演会、美術展などが新聞社の手によって盛んに催されていった[2]。日露戦争後の新聞社の経営戦略のなかに、いわゆる事業活動が位置づけられたのである。

日本における初期のオリンピック報道を考えるうえでは、日露戦争後、有力新聞社の視線が海外へと向けられていったことも重要である。一九二九年に刊行された『大阪朝日新聞』創刊五十周年記念の刊行物（『五十年の回顧』）によれば、日露戦争での勝利をうけて「国民の多くは我れと目ざめて世界を見廻はすやうに[3]」なり、新聞社は、そうした国民の間に芽生えた新たな関心に応えていった。朝日新聞社（大阪朝日・東京朝日）では、日露戦争が終結してまだ一年も経たない一九〇六年六月に、汽船を貸し切って満洲・韓国を巡遊する旅行団への参加者を募集し、七月に旅行団を出発させた。朝日新聞社は元々は大阪の新聞社であるが、一八八八年には東京へ進出し、『大阪朝日新聞』『東京朝日新聞』を刊行していた[4]。朝日新聞社の満韓巡遊旅行は、日本初の団体海外観光旅行として大成功を収め、朝日新聞社は、一九〇八年にも、世界を代表するイギリスの旅行社トーマス・クック（Thomas Cook & Son）と提携して世界一周旅行を実施した。海外観光旅行は、紙面でも連日報じられた。旅行に参加したのはごく一部の読者にすぎなかったが、すべての読者が新聞というメディアを介して、間接的に世界を旅したのである。[5]日露戦争後、朝日新聞社は、海外旅行のほかにも、外国人の名士を招待して講演会を催したり、海外通信網の強化に取り組み、一九〇七年正月にはロンドンのタイムズ社（*The Times*）と提携したりした。[6]

こうした状況で、一九〇八年、日本のマス・メディアがオリンピックに出会った。大阪・東京の両都市で新聞経営を行っていた朝日新聞社と並んで、当時、最も企業的な新聞社として形成されつつあった大阪毎日新聞社が、一九〇八年にロンドンで開催された第四回オリンピック大会を取材・報道したのである。[7]

大阪毎日新聞社の海外派遣員規定

大阪毎日新聞社は、一八九〇年代初頭から、社員を満洲・朝鮮以外の地域にも派遣して、新聞事業の研究、商工業の視察、博覧会の見学にあたらせていた。他にも、他社がロイター通信（Reuter）を合同でとっていた時代に、独自にワシントンやロンドンに常設海外通信員を派遣するなど、もともと、海外通信に力を入れていた。[8]国際ニュースは、産業化した大資本の新聞社にとっては、自らの資金力を生かしてライバルに差をつけることができる、格好の投資対象であった。

大阪毎日新聞社の海外重視の姿勢は、日露戦争後さらに顕著となり、一九〇七年一一月には、さらなる国際報道の充実を目指して海外派遣員規定が定められた。大阪毎日新聞社は、朝日新聞社との対抗上、東京進出を模索し、前年一二月には東京で『毎日電報』を発刊していた。[9]このような状況で、朝日新聞社が海外旅行を組織化したのに対し、大阪毎日新聞社は、海外派遣員規定を設けたのである。この規定の創設を発表した社告には、次のようにある。

戦後の日本は復《また》戦前の日本にあらず、世界強雄の一として外列国《そとれっこく》との関係極めて緊密重大となり、内々国《うちないこく》の文明的事業亦《また》勃然として起れり、従つて世界の大勢を観察するに井蛙《せいあ》の管見を許さず、一般の事業を経営し時務を処理するに新智識新手腕を要する、愈《いよ〳〵》切《せつ》なり、我社こゝに顧みる所あり、一は世界の大勢、本邦と列国との関係および海外各国における二十世紀文明の真相を視察し、以《もっ》て大は国家の進運、小は我《わが》読者の知識と興感との増進に資するの目的を以て、一は此《この》世界の進運に魁《さきが》け指導批判毎《つね》に機宜《きぎ》に適《かな》ひ確切《かくせつ》を失はず又事業経営、時務処理において卓出せる良記者をして多々益々その智識手腕を涵養鍛錬せしむるの目的を以て、近来更に諸《しょ》種《しゅ》の計画を立てたり、今後毎年有為の記者数名を海外に派遣することゝし、今回其《その》第一着手として通信部長相嶋勘次郎（虚吼《きょこう》）、同副部長奥村信太郎（不染《ふせん》）の両氏をして世界を漫遊せしむる[10]

海外派遣員規定の大義は、第一に、日露戦争で勝利した日本は、世界の大勢を注視していかなければならず、読者も世界的な知識と感覚をもつことが求められるということにあった。そして第二に、記者に諸外国を視察させることによって、大阪毎日新聞社の新聞事業を担う優れた人材を育てるという意味合いもあった。この社告に登場する通信部長相嶋勘次郎が、米国を経由してロンドンに立ち寄った時に記事にしたのが、ちょうどロンドンで開催されていた第四回オリンピック大会であった。日本がオリンピックに正式な選手団を派遣するのは一九一二年の第五回オリンピック大会（ストックホルム大会）以降であるから、日本の新聞社によるオリンピック取材は、選手参加よりも一足先に始まったことになる。

大阪毎日新聞の一九〇八年ロンドン大会報道

さて、相嶋によるロンドン大会の報道とは、どのようなものであったのだろうか。まず、記事中に「是非此光景《ぜひこのこうけい》を見て置きたいと思つて十七日であつたが博覧会に行つた序《ついで》に入場して見ると」(11)（傍点筆者）とあるように、ロンドン大会の報道は、事前に十分に計画されていたわけではなかった。第二回から第四回までのオリンピック大会（一九〇〇年パリ大会、一九〇四年セントルイス大会、一九〇八年ロンドン大会）は、博覧会に合わせて行われていた。当時の日本は、オリンピックにはまだ一度も出場していなかったが、博覧会については、一八六二年ロンドン万博開会式に徳川幕府派遣の使節団が出席したのに始まり、一八六七年パリ万博には幕府、一八七三年ウィーン万博には明治政府がそれぞれ正式に出品するなど、早くから関わりをもっていた。明治政府は、欧米で開催される博覧会に参加するだけではなく、国内でも内国勧業博覧会を開催した(12)。当時の日本では、オリンピックよりも博覧会のほうが知名度は圧倒的に高く、相嶋は、博覧会（英仏博覧会）に行ったついでに、オリンピックを見学したのである。

ロンドン大会の記事は、五回にわたって『大阪毎日新聞』に連載されているが、包括的なオリンピック報道ではない。記事には「マラソン競争」というタイトルがつけられ、オリンピック全般というよりはマラソンに注目した内容になっている。連載五回のほとんどが、最終日に行われたマラソンの歴史的起源、出場者の特徴、競技の模様、人々の熱狂ぶりにさかれているのである。相嶋は、「元来自分は運動論者で世間の批難にも何《なん》にも御構《おかま》ひなくドシ〱運動を奨励する一人」(13)と自認していたが、オリンピックが日本では全く紹介されていない状況では、相嶋といえども、スポーツ・イベントとしてのオリンピックの全体像を捉えることはできなかったといえる。

しかし、日露戦争後の大国意識に基づき取材範囲を広げるなかで、他社に先駆けてオリンピックを発見したことは、大阪毎日新聞社にとって大きな意味をもっていた。記事そのものは、大規模なオリンピック報道が行われる今日と比較すると、不十分で断片的な報道にすぎない。だが、相嶋のオリンピック観戦の経験は、明治末期から大正期にかけて、大阪毎日新聞社のスポーツ関連事業やスポーツ報道に少なからぬ影響を与えたと考えられる。

相嶋のロンドン大会の記事は、「兎《と》に角《かく》世界一等国の伍伴《ごはん》に列《れつ》せんとするには軍艦の数ばかりではいかぬ　此《こ》の次《つき》には日本も彼《か》の運動同盟に加はり撰手を送る様にしたいものである」[14]と結ばれた。大阪毎日新聞社は、実際に、「次回のマラソン国際的大競走に日本選手を出すべき準備」[15]と宣言して、一九〇九年三月に、神戸・大阪間で長距離競走を開催した。相嶋は、西洋近代の一員として日本も国際的なスポーツ・イベントに加わらなければならないという認識を、ロンドン大会の視察を通して形成し、帰国後、早速それを事業活動の企画に反映させたのである。大阪毎日新聞社は、一九一二年にストックホルム大会に記者を派遣したほか特集記事も掲載し[16]、一九一三年に日本オリンピック大会を創設し、一九一三年および一九一五年に極東オリンピック（第一回・第二回極東選手権）へ選手を派遣するなど、他社に先んじてオリンピックやスポーツに関する報道や事業に取り組んだ[17]。

日本選手の派遣（一九一二年ストックホルム大会）

既に述べたように、日本がオリンピックに初めて選手団を派遣したのは、ストックホルム大会である。この時の日本選手団は、三島弥彦と金栗四三の選手二名、嘉納治五郎と大森兵蔵の役員二名だった。日本の新聞社の現地での取材・報道体制としては、大阪毎日新聞社が土屋興、読売新聞社がモスクワ特派員大井犀花をストックホルムへと派遣し、『万朝報』は、スウェーデン特派員ハグベルグと広島中学校教師藤重が現地から送ってきた記事を掲載した。正確な取材陣の総数は定かではないが、数社が、オリンピック取材のために近隣のヨーロッパの都市から現地に記者を派遣したことは確かである[18]。ただ、この頃にはスポーツの取材を目的として日本から海外へと記者を派遣するということはまだなく、日本の新聞社がスポーツ記事のために海外に社員を派遣したのは、大阪毎日新聞社の第二回極東選手権（上海、一九一五年）が最初である[19]。当時、有力紙の一つであった朝日新聞社は、ストックホルム特派員発、ストックホルム特電、上海経由ロイター特電、タイムズ社特電、ベルリン特約通信社発などのクレジットの入ったオリンピック記事、それに若干の写真を掲載しているものの、ストックホルムには、記者は派遣していなかったと考えられる。

ストックホルム大会の報道は、前回大会を取材した大阪毎日新聞社が特集記事を掲載するなどして、比較的充実した報道を行っていたのを別とすれば、扱いはそれほど大きくない。勝敗の結果だけを端的に表現した記事が圧倒的に多く、勝敗が決まるまでの途中経過を描写した記事、選手の感情や観客の興奮ぶりを伝えた記事はほとんど見当たらない。例えば、図1－1は、『東京朝日新聞』のストックホルム大会の開会式と三島選手のレース結果についての記事である。記事は一〇行程度と短く、掲載位置も、全八頁の紙面構成のなかで五頁目の四段目で目立たない。内容も、日本選手が話題の中心となってはいるが、感情的、詩的な描写はない。報道までに二日程度と時間もかかっている。

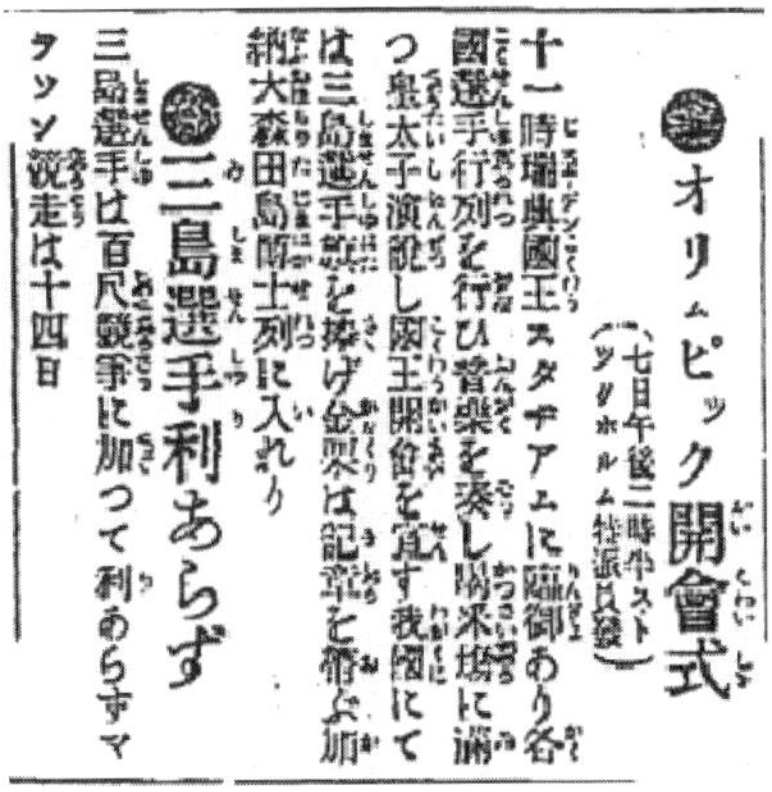
オリムピック開會式
（七日午後二時半ストツクホルム特派員發）
十一時瑞典國王スタデアムに臨御あり各國選手行列を行ひ音樂を奏し喝采場に滿つ皇太子演說し國王開會を宣す我國にては三島選手國旗を捧げ金栗は記章を帶ぶ加納大森田島兩士列に入れり
三島選手利あらず
三島選手は百尺競爭に加つて利あらずマラソン競走は十四日

図1－1　『東京朝日新聞』に掲載されたストックホルム大会開会式報道

出典：『東京朝日新聞』1912年７月９日，朝刊５頁。

ただ、ストックホルム大会では、複数の日本の新聞社が現地でオリンピックを取材し、現地で取材しなかった新聞社でも通信社の記事を掲載したことが、画期的であった。現地取材の理由としては、日本選手団がオリンピックに初めて派遣されたことに加えて、新聞各社が海外での取材・報道体制を整備し、報道対象をスポーツ・イベントにまで拡大していたことが挙げられる。

もっとも、この時期、新聞界の変化は、日本だけに起こっていたわけではない。欧米においても新聞の役割は、新奇的な出来事を世界中から発掘し、時として人工的に出来事を作り出し、それらの出来事をいち早く読者のもとへ届けることへと変化していた。[20] ストックホルム大会の公式報告書には、それ以前の大会の報告書にはほとんど見当たらないプレス関係の記述が多い。それによれば、ストックホルム大会では、プレス委員会が設置され、記者席の設置、電信（テレグラム）設備の整備、スタジアム内の写真撮影、競技結果の公表等のジャーナリストへの対応が、大会運営上の問題として認識されていた。[21] 欧米の新聞社がオリンピックに報道価値を見出すようになったのも、ストックホルム大会の頃であった。ただ、ストックホルム大会を公式に取材した記者数は、あわせて四四五名にとどまっていた。内訳は、スウェーデン一八六名、ドイツ四二名、英国二九名、米国二八名などとなっている。[22] オリンピックの大会規模も、参加国数二八と小さく、「オリンピックを、メディアを通して世界中の人々に伝える」という発想は、未発達であったといえるだろう。

2　新聞社主催の国際スポーツ・イベントの興隆

アムステルダム大会における日本選手の活躍

日本の新聞社のオリンピック取材・報道体制は、一九一二年ストックホルム大会から一九二八年アムステルダム大会までの間、それほど大きく変化することはなかった。日本選手団の規模は、一九一二年ストックホルム大会四名（選手二名、役員二名）、一九二〇年アントワープ大会一八名（選手一五名、役員三名）、一九二四年パリ大会二八名（選手一九名、役員九名）、一九二八年アムステルダム大会五六名（選手四三名、役員一三名）と回を重ねるごとに大きくなっていた。[23] だが、派遣選手数が増加したからといって、メディアのオリンピック報道体制も強化されたわけではない。アムステルダム大会までは、毎日新聞社（大阪毎日・東京日日）や朝日新聞社（大阪朝日・東京朝日）でも、本社や近隣のヨーロッパの都市から一～二名の記者を現地に派遣していただけであった[24]。

しかし、アムステルダム大会の頃から、日本のマス・メディアとオリンピックとの関係は大きく変化し、それが一九三二年ロサンゼルス大会におけるオリンピック報道へとつながっていく。有力なスポーツ選手が新聞社に社員として雇用される嚆矢として、一九二六年には、陸上の人見絹枝と水泳の永井花子が大阪毎日新聞社へ、水泳の鶴田義行が報知新聞社へ入社していた[25]。アムステルダム大会では、この鶴田義行と人見絹枝が代表選手となり、大阪毎日新聞社が観戦団を派遣するなど、マス・メディアのオリンピックに対する関心は、大会前からある程度膨らんでいた[26]。そして、マス・メディアのオリンピックへの姿勢は、アムステルダム大会で日本選手が活躍した後に、大きく転換する。

表１－１　戦前日本のオリンピック競技大会における成績

	順位					
	1位	2位	3位	4位	5位	6位
1912年ストックホルム大会	0	0	0	0	0	0
1920年アントワープ大会	0	2	0	0	0	0
1924年パリ大会	0	0	1	1	2	2
1928年アムステルダム大会	2	2	1	3	0	3
1932年ロサンゼルス大会	7	7	4	3	9	7
1936年ベルリン大会	6	4	8	7	7	11

注：団体種目は１チームを１とカウントした。芸術競技は除外した。
出典：『日本体育協会七十五年史』（日本体育協会，1986年）298-299頁より筆者作成。

アムステルダム大会では、日本選手がオリンピック史上初めて優勝した。水泳の鶴田義行と陸上の織田幹雄である[27]。この二人の優勝のほかにも、**表１－１**にあるように、アムステルダム大会では、日本選手は、二位が二回、三位が一回、四位と六位がそれぞれ三回という結果であった。前回のパリ大会では、日本人選手の最高順位が三位で、六位以内に入ったのは六回にすぎなかったことを考えると、大躍進であった。

アムステルダム大会の入賞者の国別順位をみれば、日本は男子で一一位、女子で一二位と、まだ国際的な序列の上位にきたとは言い難い[28]。しかし、オリンピックに対する国内の関心は、このアムステルダム大会で急速に高まりをみせ、大会終了後には、内閣総理大臣や新聞各社から日本選手団へ祝電が送られた。選手団の帰国後には、日比谷新音楽堂で都下各大学専門学校校友会学生連合会主催、報知新聞社後援でオリンピック選手歓迎大会が開かれ、大勢の人々であふれかえった(29)。国家とより多くの国民が国際スポーツ・イベントに注目するという、これまでにはなかった状況が出現したのである。そして日本選手の競技面での活躍に、資金的余力を手に入れた新聞社の出現やラジオのスポーツ実況の人気が重なったことにより、アムステルダム大会以降、日本国内においてオリンピックを模したような国際スポーツ・イベントが頻繁かつ盛大に開かれるようになる(30)。

朝日新聞社・毎日新聞社の寡占体制

一九二〇年代後半には、朝日新聞社（東京朝日・大阪朝日）と毎日新聞社（東京日日・大阪毎日）が二大都市で寡占状態を築いて大規模化していた。一九一八年の白虹事件を契機として、新聞社は不偏不党をかかげて企業化し、株式会社への改組、専売店の組織化を行った。経営構造を大きく変えて販売・広告の拡張を図ったのである。そこに一九二三年九月、関東大震災が起きた。震災前には、東京では五紙ほどが拮抗していたが、震災を機に、大阪に基盤をもち数年前から資本金も増加させていた『東京日日新聞』と『東京朝日新聞』が部数を大幅に拡大し、かつて両紙とともに帝都五大新聞と呼ばれていた『報知新聞』『時事新報』『国民新聞』は、部数の点では大きく引き離されていった（表1-2）。

表1-3と表1-4は、朝日新聞社と毎日新聞社の発行部数の推移である。両紙は、関東大震災後に東京での部数を急激に増やし、一九二〇年代を通じて大阪でも部数を増加させていた。一九三〇年代に入ってからも、その部数をおおむね維持している。こうした発行部数の増加には、購読料の引き下げと広告収入の増加が関係している。有山輝雄によれば、朝日新聞社と毎日新聞社では、一九二二年に協定して購読料を一月一円二〇銭から一円に値下

表１－２　東京各紙推定発行部数の推移

（単位：万）

	東京日日	東京朝日	報知新聞	時事新報	国民新聞	中外商業	読売新聞	東京毎夕	都新聞	万朝報	其他八紙
1922年	23	26	29	24	22	9	10	18	7	17	23
1923年	24	29	32	22	23	10	9	20	8	18	25
1924年	44	41	39	27	19	12	6	13	11	9	19
1927年	54	55	33	25	20	11	9	16	12	7	18
1929年	60	58	26	27	19	11	15	17	13	5	19

注：1923年は震災前の部数。
出典：永代静雄「新聞トラスト論」橘篤郎編『綜合ヂャーナリズム講座　10巻』内外社，1931年，20-21頁。

表１－４　毎日新聞発行部数（元旦付）の推移

	東　京	大　阪
1920年	368,636	602,408
1921年	375,538	686,539
1922年	346,879	824,941
1923年	373,997	920,795
1924年	688,626	1,111,459
1925年	724,514	1,221,138
1926年	787,476	1,230,869
1927年	819,652	1,304,262
1928年	857,612	1,370,291
1929年	941,470	1,503,589
1930年	1,014,384	1,500,609
1931年	932,077	1,500,815
1932年	1,051,828	1,508,371
1933年	1,279,300	1,581,712
1934年	1,106,088	1,690,367
1935年	1,157,683	1,728,053

出典：『「毎日」の３世紀――新聞が見つめた激流130年（別巻）』毎日新聞社，2002年，96-97頁。

表１－３　朝日新聞発行部数の推移

	東　京	大　阪
1920年	250,088	376,000
1921年	291,957	444,600
1922年	274,900	562,700
1923年	289,464	585,300
1924年	410,221	690,000
1925年	422,527	754,400
1926年	431,811	782,700
1927年	573,838	866,300
1928年	553,318	922,900
1929年	587,495	966,400
1930年	702,244	979,500
1931年	521,228	914,400
1932年	770,369	1,054,000
1933年	844,808	1,041,100
1934年	885,007	1,138,500
1935年	913,342	897,600

注：大阪本社は，100部未満四捨五入。統計基準日は不明。1935年は，ほかに西部302,900部。
出典：朝日新聞百年史編修委員会編『朝日新聞社史　資料編』朝日新聞社，1995年，320-322頁。

げし、さらに一九三〇年には一円から九〇銭に値下げした。広告収入の増加を後ろ盾として購読料の引き下げが行われ、その結果、販売収入が増加し、広告媒体としての価値が上昇するという好循環が成立していた[31]。

企業化した新聞社は、言論の中身よりも、ニュースの速報性や娯楽的イベントの開催に力を注ぐ。次章で詳述するが、ラジオのスポーツ実況中継は一九二七年八月から始まっていて、スポーツ・イベントは、都市住民の新たな娯楽となっていた。そこにアムステルダム・オリンピックで日本選手が優勝したのである。スポーツを取り巻く状況とメディアを取り巻く状況とが大きく変容するなかで、アムステルダム大会以降、国際スポーツ・イベントが、大規模な新聞社事業として催されるようになる。

朝日新聞社の国際水上競技大会

アムステルダム大会以降の国際的なスポーツ・イベントの先駆けとなったのが、朝日新聞社主催の国際水上競技大会である。朝日新聞社では、アムステルダム大会で日本が世界二位となった水泳に注目し、オリンピック閉幕からわずか二ヵ月ほどのうちに、世界記録保持者ら六名の選手（米国から四選手、ドイツとスウェーデンから各一選手）を招いて競技会を開催した。

朝日新聞社の国際水上競技大会は、「アムステルダムオリムピックの縮図のやうな[32]」大会として、新聞社のスポーツ・イベントとしても、スポーツの国際競技会としても、これまでにはなかったようなかたちで国民の関心を惹きつけた。企画発表後の『東京朝日新聞』は、写真を多用しながら、外国選手の仕草、容貌、発言などを詳細かつ躍動的に報道している（図1-2）。大会の模様は、新聞で報道されたのはもちろんのこと、ラジオでも実況され、ニュース映画にも収録された。

国際水上競技大会は、紙面では「アムステルダムオリムピックの縮図」と表現されていたが、実際には、アムステルダム大会以上に読者を惹きつけたと考えられる。アムステルダム大会の報道では、技術的・資金的・制度的制約から、ラジオや映画といった当時の新しいメディアが用いられることはなかった。アムステルダムという日本から遠く離れた土地で開催されたオリンピックを伝えたのは、印刷メディアだけであった。しかも、新聞のアムステ

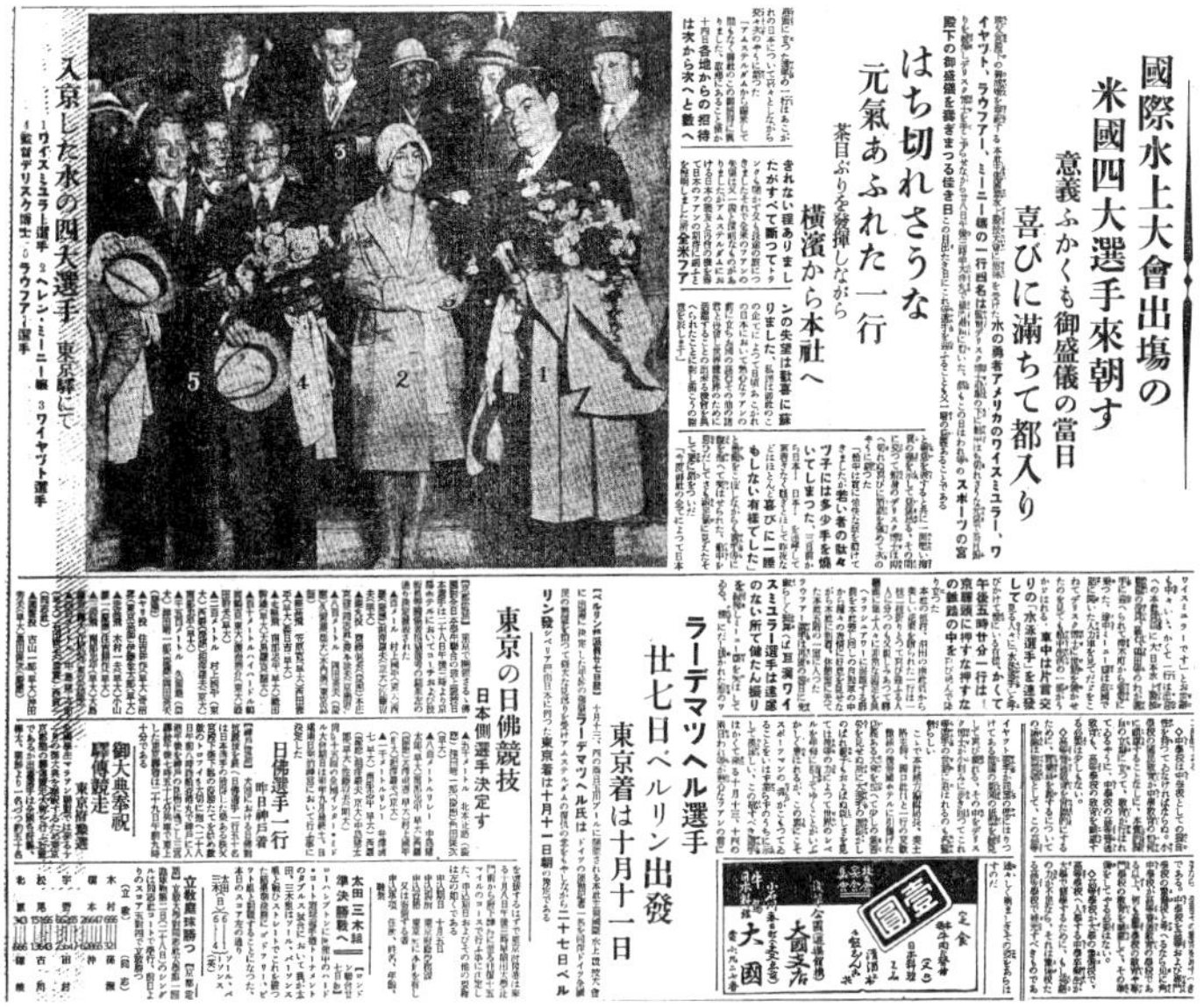
國際水上大會出場の米國四大選手來朝す
意義ふかくも御盛儀の當日
喜びに滿ちて都入り
はち切れさうな元氣あふれた一行
茶目ぶりを發揮しながら横濱から本社へ
入京した水の四大選手（東京驛にて）
ラーデマツヘル選手 廿七日ベルリン出發 東京着は十月十一日
東京の日佛競技 日本側選手決定す
日佛選手一行 昨日神戸着
御大典奉祝 驛傳競走

図１－２　『東京朝日新聞』の国際水上競技大会の記事

出典：『東京朝日新聞』1928年９月29日，朝刊３頁。

ルダム大会に関する報道は、競技に関する記事が中心で、選手個人の細かな仕草、発言、動向などに焦点が当てられることはなかった。しかし、朝日新聞社が自社イベントとして日本国内で開催した水上競技大会は、朝日新聞社が新しいメディアを用いながら、比較的自由に、そしてドラマチックに演出した。

朝日新聞社の国際水上競技大会は、一新聞社による事業であったが、政府の支持も獲得していた。来日した選手たちは首相官邸に招待され、秩父宮殿下御成婚記念として開催された大会には、多数の皇族、各国公大使、政府関係者が来場した。大会は相当な盛り上がりをみせ、「一万人を容る丶大スタンドも水のファン諸君に十分満足を与へることが出来ず両日とも場外数千余のファンをお立たせせざるを得ぬ状態」(33)となり、東京では、当初予定されていた二日間の競技大会とは別に、急遽「世界記録を作る会」

が開催された。その後、選手たちは大阪へ移動して、大阪でも国際水上競技大会が開かれた。

この大盛況となった朝日新聞社の国際水上競技大会以降、新聞各社は頻繁かつ大々的に国際スポーツ・イベントを開催するようになった。一九二九年のテニスの日仏選手対抗模範試合（報知新聞社主催）、日独陸上競技大会（報知新聞社主催）、一九三一年の東洋アマチュア拳闘選手権（朝日新聞社主催）、日米野球（読売新聞社主催）、一九三三年の日仏対抗拳闘戦（読売新聞社主催）、一九三四年の日米野球（読売新聞社主催）などである。このなかには、朝日新聞社の国際水上競技大会と同様に、外国選手らが首相らと会談したり、皇室が観覧したりしたものも少なくない。これらの特徴は、新聞社の事業に日本放送協会や政府が協力して、いわば官民一体となって行われていたことにある。一九三四年になると、福岡日日新聞社や九州日報社など地方紙までもが、外国選手招聘を行った[34]。

これらの競技会が、どのような政治的・社会的・文化的意味をもっていたのかについては推測の域を出ない。ただ、多数の国際的なスポーツ・イベントが日本国内で開催されたことによって、人々は、国内にいながらにして国際的なスポーツ・イベントを繰り返し経験した。人々は、これらのイベントの報道に接することで、国際的なスポーツ・イベントを理解する枠組み、「日本人」と「外国人」との対決を観戦するスタイルを身につけ、オリンピックに対する関心と期待を膨らませていったと考えられる。

3　ロサンゼルス大会の取材・報道体制と事業活動――満洲事変後のオリンピック

報道競争の過熱

ロサンゼルス大会の前年には、新聞社の企業化とイベント重視の傾向にさらに拍車をかけるような出来事が起こった。一九三一年九月一八日に柳条湖で南満洲鉄道の爆破事件が起き、いわゆる満洲事変が勃発したのである。

江口圭一が明らかにしているように、満洲事変に際して、日本の新聞社は大勢の特派員とカメラマンを現地へ派遣し、写真・映画の急輸、号外の発行に力を注ぎ、後援会、展覧会、慰問事業なども行った。企業化した新聞社は、事変の内容を丁寧に吟味するというよりは、報道の速報性や視覚的イメージの充実を追求したり大規模な事業活動を展開したりし、それらを通じて販売拡張を図ろうとした[35]。

新聞社が競い合うように速報合戦やイベントの開催に取り組む傾向は、満洲事変以降、何か事件やイベントがあるたびに見られた。ロサンゼルス大会に対する新聞社の態度の素地には、前節で述べたアムステルダム大会以来の多数の国際スポーツ・イベントの経験に加えて、満洲事変や上海事変の経験があったといえるだろう。読売新聞社運動部の川本信正は、雑誌『体育と競技』のなかで、「各社のオリムピックに対する態度は、満洲上海事変の際と全く同様であつた。しかも、満洲上海事変の場合とは異なつて、何等の拘束も制限もなく、自由にニユースを収集し、発表できたから、ニユース報道の競争は、むしろ前者の場合より一層激甚を極めたくらゐであつた[36]」と述べている。

ロサンゼルス大会は、ヨーロッパ諸国からの参加選手数が減少したため、前回のアムステルダム大会と比較すると、半分程度の規模の大会であった[37]。しかし、日本の新聞社のロサンゼルス大会への姿勢は、アムステルダム大会までのオリンピックとは全く異なり、非常に積極的だった。ロサンゼルス大会の取材・報道体制の特徴としては、次の三点が挙げられる。

第一に、日本の新聞社や通信社の取材陣は大幅に増加した。『日本新聞年鑑』によれば、日本（内地）からは計二一名の特派員がオリンピックのために派遣され、現地で応援する在米特派員と臨時雇員をあわせると、総勢六〇名ほどであった。オリンピック取材の名目で派遣された特派員の各社内訳は、東京朝日三名、東京日日四名、聯合三名、電通二名、国民、報知、時事、読売、新愛知、三都合同（神戸・大阪時事・京都日日）、神戸又新、京城日報から各一名となっている。特に有力新聞社や通信社は、東京朝日・大阪朝日一八名、東京日日・大阪毎日一二名、聯合・電通各五名と大勢で取材にあたったという[38]。ここに挙げた『日本新聞年鑑』のデータは、日本から派遣された特派員の総数と各社内訳が一致しておらず、新聞各社の社史の記述とも若干異なる[39]。だが、いずれにしても、ロサンゼルス大会では有力新聞社が取材体制を大幅に強化し、地方紙のなかにも記者を派遣する新聞社が出てきた。なお、選手団に加わった新聞社の社員としては、選手に織田幹雄（朝日、一九三一年四月入社）、南部忠平（毎日、一九三二年六月入社）、役員に山岡慎一（毎日）、田畑政治（朝日）、宮田勝善（時事）、石川輝（国民）がいた[40]。新聞界とスポーツ界を横断する人的ネットワークの形成は、すでにアムステルダム大会の時にみられたことであるが、新聞社のオリンピック報道や関連イベントの充実において重要な役割を果たしたと考えられる。

第二に、速報体制の強化である。ロサンゼルス大会以降、オリンピックの報道では速報性が重視されるようになった。有力新聞社では、一刻も早く競技の記録や写真・ニュース映画を伝えようと、事前に準備を行い、工夫を凝らした。朝日新聞社の運動部では、一九三二年五月頃から出場選手の記録と写真の収集を始め、大会直前には入賞可能性のある約六〇〇人の世界各国の選手の正確な氏名と年齢、過去の記録と各種の写真を準備し、私設電信局のモールス受信機をモーター式に改装した[41]。一方、ライバル紙の毎日新聞社は、ロサンゼルス特派員が事前に費用を惜しまず試験通信を行い、最終的にウェスタン電信に便宜を図ってもらった。その結果、開会直前までは二〇分もかかっていた至急電の記録を最短一分半とし、ほとんどの号外で他社に大きく差をつけたという[42]。

毎日新聞社の一分半という数字は多少誇張されているようであるが、オリンピックを契機に、アメリカ国内で有線・無線の通信設備が整備され、さらに大会直前にＲＣＡ（Radio Corporation of America）と逓信省の協議により日米間の短波送信受信が一回線増えたことから、日米間の通信速度は大幅に短縮された[43]。アムステルダム大会までは発行されることのなかった号外も次々に出て、『東京朝日新聞』のロサンゼルス大会に関する号外の数は一四回、最も多いときには一日に三回も発行されていた。[44]

写真とニュース映画

第三に、ロサンゼルス大会では視覚メディアが駆使された。ロサンゼルス大会それ自体のなかで、写真やニュース映画の重要性が高まっていたことは、大会組織委員会の報告書に、これらの撮影に関する方針の詳細な記述があることからも明らかである。ロサンゼルス大会では、公式写真のプレス向け販売が行われ、観客席からの写真撮影も認められていた。しかし、競技場内での写真・ニュース映画の撮影については、米国の主要な写真通信社と映画会社のみが撮影権を保持していた。写真通信社は、AP（Associated Press Photos）、アクメ（Acme Newspictures）、インターナショナル・ニュース・フォト（International News Photos）、ワイド・ワールド・フォト（Wide World Photos）の四社、映画会社は、フォックス・ハースト（Fox-Hearst Corporation）、パラマウント（Paramount News）、ユニヴァーサル（Universal Newsreal）、パテー（Pathe News）の四社であった。[45]

日本の新聞通信社が独自に写真やニュース映画を入手しようとすれば、これらの米国メディアと契約を結ぶ必要があった。日本の主要な新聞通信社にとって、ロサンゼルス大会の視覚イメージを手に入れることは重要で、朝日はフォックス、毎日はパテー、聯合はAP、日本新聞聯盟はインターナショナル・ニュース・フォトとそれぞれ契約を結んだ。電通は、かねてから契約関係にあったUP（United Press）が撮影権を所持していなかったため、他社との契約も模索したが、最終的にはUPから配信を受けた。聯合と電通は、二大有力通信社であり、日本新聞聯盟は、福岡日日、新愛知、河北新報、北海タイムスが共同で編集・営業を行うために一九三〇年に設立した共同機関である。ここに挙げた朝日・毎日・聯合・聯盟・電通は、いずれも巨額の資金投入が可能な新聞通信社であり、『日本新聞年鑑』には「写真戦即資本戦[46]」であったと記されている。各社は、契約した米国メディアに依頼して、特派員をクルーの一員に加えてもらったり、日本用に写真を撮影してもらったりした。写真の充実度には、投資額や提携する米系通信社の影響力が反映され、電通と聯盟の写真報道は、他と比べると見劣りしたという(47)。

写真やニュース映画では、輸送のスピードをめぐっても激しい競争が繰り広げられた。速報合戦に参加したのは、東京・大阪の市場を寡占状態におき、資金力のうえで抜きんでていた朝日新聞社と毎日新聞社である。両社では、一刻も早く写真を日本に上陸させようと、飛行機を使った。写真を梱包したものを、日本近海の太平洋上で吊り上げ、飛行機で陸まで運んだのである。図1-3にあるように、大会初日の開会式の写真は、その写真がどのようにして運ばれてきたのかということが「ニュース」として報じられた(48)。朝日では、写真輸送の模様をニュース映画にも収録している。「報道すること」自体が報道の対象となり、オリンピックというイベントの一構成要素となったのである。

ニュース映画の場合も、いち早く公開するための工夫がされた。朝日新聞社では、生フィルムの各場面とその長さをロサンゼルスから電報で報告させ、あらかじめアナウンス原稿を作っていた。日本写真化学研究所（東宝映画の前身）の撮影所に投下されたフィルムは、ただちに現像され、用意していたサウンドがつけられてニュース映画になったという(49)。『大阪毎日新聞』は、大阪などでのニュース映画の公開を「晴れのスタヂアム――突如、京阪神に出現(50)」と報じており、オリンピックは、ただ記事で読むだけではなく、実際に参加・体験するイベントになった。

新聞社のオリンピック関連イベント

新聞社のロサンゼルス大会に対する姿勢は、報道のみならず事業活動においても、前回とは大きく異なっていた。表1-5は、ロサンゼルス大会時に朝日新聞社、毎日新聞社、読売新聞社が開催したイベントである。新聞社が旗振り役となって日本選手団の派遣費が募集され、応援歌、エールなどが作られていたことがわかる。読者参加型の

およそ想像し得るスピードの限を盡す
房州野島岬沖で汽船より受取り
飛行機で海上釣上げ
オリムピツク寫眞速報經路

寫眞入りの袋を洋上で受け取る
飛行機に積むまで

寫眞說明　オリムピツク塔下を進行する各國選手入場の壯觀

本社機が洋上釣上げの瞬間

図１－３　開会式写真の速報経路についての記事

出典：『東京朝日新聞』1932年８月13日，第２号外１頁。

表１－５　1932年ロサンゼルス大会時に朝日・毎日・読売各紙が開催したイベント

大阪朝日 東京朝日	オリンピック応援歌の懸賞募集（４万8581編の応募。賞金500円，「走れ大地を！」山田耕筰作曲でレコード化） 遠征選手歓迎オリンピック列車（選手団出発・到着時の歓送） 選手団の凱旋帰国の際に自社飛行機を飛ばす 平沼団長報告講演会 ニュース映画公開
大阪毎日 東京日日	日本エールの懸賞募集（１万3635票の応募。賞金100円） 日本選手の得点予想の懸賞募集（11万4357票の応募） 優秀日本選手に優勝杯・殊勲杯を贈呈 ロサンゼルス大会開会式場で「勝て！　日本！」と書いた飛行船を巡航，バルーンも放つ メトロ社と協定してオリンピック見物客30名をハリウッドのスタジアム見学に招待 選手団の凱旋帰国の際に自社飛行機を飛ばす ニュース映画公開
読　　売	派遣費募集事業 オリンピック派遣選手を送る夕べ 選手団の凱旋帰国の際に自社飛行機を飛ばす 東京市長・大日本体育協会幹部の講演会 オリンピック展覧会（後援）

出典：各紙紙面より筆者作成。

イベントも多い。懸賞への応募数からは事業活動の規模の大きさがうかがえる[51]。

ロサンゼルス大会時に新聞社が行った様々なイベントのなかでもとりわけ注目に値するのが、新興紙の読売新聞社が行った派遣費募集事業である。ロサンゼルス大会への選手派遣事業の財政的側面については第四章で詳述するが、池井優が論じるように、満洲事変以降、日本を取り巻く環境が悪化するなかで、ロサンゼルス大会への選手派遣には対日イメージ向上といった国家的意義が見出され、在米日系人の支援や一九四〇年東京オリンピックの招致の点からも、ロサンゼルス大会は重要であると考えられていた[52]。こうした国家的意義を掲げて、代表選手団派遣のための政府補助金として当初は三〇万円が申請された。しかし、不況によって政府補助金は大幅に減額されて七万円となり、為替も暴落したことから、ロサンゼルス大会に大選手団を派遣するうえでは財政的問題が立ちはだかることとなった。こうした状況において、国家的意義をもちながらも苦境に陥っていたオリンピック選手派遣事業を国民が支援するという構図が生まれるのであるが、この時に、国民と選手団を仲介したのがマス・メディア、なかでも読売新聞社であった。読売新聞社の派遣費募集事業は、五月七日に紙面で発表され、六月二〇日が締切りであった。紙面では、五月下旬から連日のように寄付者の名前と累計金額を発表している。オリンピック後援会（大日本体育協会や東京市の有志が中心となった組織）との協力事業であったため、直接オリンピック後援会に送られた寄付も含まれているかもしれないが、集まった寄付の累計額は一七万円を超えたようである[53]。

読売新聞社が派遣費を募集したのに対し、他の新聞社は別の企画を打ち出していた。朝日新聞社では、日本選手を勝たせるためには全国民の「力ある精神的支援[54]」が必要であるとして、応援歌を募集した。この応援歌募集には、二週間の応募期間中に四万八五八一編もの応募があった。一等に選ばれた作品（「走れ大地を」）には、山田耕筰が曲をつけ、朝日講堂での発表会はラジオで中継され、その後も予選会で演奏されたりコロンビア・レコードに吹き込まれたりした[55]。「走れ大地を」は、一九三六年のベルリン大会時に国民歌謡に指定され、戦後も歌われることになるが[56]、すでにロサンゼルス大会の時点において、多くの日本人をオリンピックに巻き込んでいく役割を果たしていた。当選発表の記事では、「走れ大地を」を作詞した一七歳の少年が「前に三勇士の歌に応募しようかと考へた事があつたのでしたが締切りに間に合はず、今度は直ぐにだしましたが一等当選等とは夢にも思ひませんでした[57]」と語っている。この少年や新聞社にとって、「肉弾三勇士の歌」と「オリンピック派遣選手応援歌」は同じ次元にあったのである。

事業活動を行ったのは、東京や大阪の新聞だけではなかった。例えば、中国新聞社は、織田幹雄ら広島・山口県出身選手の派遣金募集事業を行っている[58]。名古屋新聞社では、派遣選手の壮行会を主催、「オリンピック選手歓迎」の日米埃（エジプト）水上競技会と国際拳闘大会を後援している[59]。前述のように、ロサンゼルス大会では、地方紙のなかにもオリンピックに際して記者を現地に派遣するところが出てきている。取材・報道体制を充実させるだけではなく、事業活動においても、オリンピックに関するイベントを実施する地方紙が出てきた。

ロサンゼルス大会に際して行われたオリンピック関連の新聞社のイベントは、いかなる意味をもっていたのだろうか。第一に、人々は、読者参加型のイベントに参加することで、ただ遠い地での出来事としてオリンピック報道を見聴きするだけではなく、日本（自分の家・地域社会）にいながらオリンピックを体験できるようになった。距離は隔たっていても、メディアの事業活動を通して、オリンピックに参加したのである。

第二に、オリンピックが疑似戦争として捉えられていた可能性がある。オリンピックに関する新聞社のイベントは、慰問金や慰問文に代えて派遣金や応援歌を募集し、講演会や映画会を開催するといったように、満洲事変や上海事変の時の新聞事業活動と酷似していた。戦争もオリンピックも、読者には、ともにメディアのイベントとして経験されたのであり、人によっては、両者の経験の違いが曖昧になっていた可能性がある。どちらの場合も、写真や号外で掻き立てられた感情を、募金活動や歌の募集、映画会、講演会などの新聞社のイベントが吸収していくという構図があった。

ここまでみてきたように、オリンピックにおける日本選手の活躍や新聞社の企業化傾向の加速により、ロサンゼルス大会では日本の新聞社のオリンピック取材・報道体制は大幅に強化され、新聞社が主催するイベントも大規模化した。有力新聞社間での競争が激化したのに加え、地方紙のなかにも、オリンピックに記者を派遣したりイベントを開催したりするところが出てきた。日本のメディアがオリンピックを初めて取材してから二四年を経て、ようやく、オリンピックが大規模報道の対象となったのである。

4　ベルリン大会の取材・報道体制と事業活動——同盟通信社の誕生とオリンピック

同盟通信社の伝えるオリンピック

新聞社が総力をつぎ込んでオリンピックを取材・報道するという現象は、ベルリン大会でも引き続きみられた。ロサンゼルス大会の新聞社間の競争が、速報合戦や写真合戦といったかたちで激化して、資金力の戦いの様相を呈していたことは、ここまでみてきた通りである。ベルリン大会の新聞社間競争も、『日本新聞年鑑』では「近代科学戦、資本戦の絵巻物」[60]と評された。前回大会と同じように、主要新聞社からは多数の記者が派遣され、視覚メディアが多用され、速報合戦が繰り広げられていた。ただ、ベルリン大会の取材・報道体制には、ロサンゼルス大会と比べて若干の相違点もあった。

第一に、ロサンゼルス大会と大きく異なっていた点として、ベルリン大会では、同盟通信社が日本の新聞社へのニュースの重要な供給源となっていたことが挙げられる。電通・聯合の二つの通信社を統合して同盟通信社を設立する計画は、満洲事変に際して情報統括に失敗したという認識から具体化した。同盟通信社は、一九三五年一一月に設立され、まずは聯合加盟社のみで一九三六年一月から業務を開始していた。電通と地方紙の最終的合意を得るまで紆余曲折はあったが、一九三六年四月の政府裁定に同盟・電通の双方が合意し、一九三六年六月以降、同盟通信社が日本を代表して内外のニュースを収集し、国内外に発信するようになった。ベルリン大会の開幕直前に、長年にわたる電通（UPと提携）と聯合（ロイター、APと提携）の対立が終結し、国家的な情報宣伝を担うナショナル・ニュース・エージェンシーが生まれていたのである。[61]

ベルリン大会は、電通と統合してまもない同盟通信社にとって、最初の大規模なイベントであった。同盟通信社は、ベルリン大会に運動部員を二名派遣し、在外特派員を一名出張させて協力させ、速報および電送写真の国内新聞社への頒布に力を入れた。[62]ベルリンのスタジアムには、通信社用のキャビンが一八室用意されていたが、そのうちの一つは同盟通信社に割り当てられた。このことは、設立まもない同盟通信社が、ロイター、ハバス（Havas）、AP、UPなどと並んで世界的にも重要な通信社の一つとして認識されていたことを示している。[63]里見脩によれば、地方紙は、中央紙の地方進出を懸念して同盟通信社の設立に反対していたが、ベルリン大会で同盟通信社のオリンピック・ニュースが地方紙にも配信されたことを機に、地方紙の反発は沈静化した。[64]

第二に、ベルリン大会では、四年前と比べて通信技術の飛躍的向上がみられた。最もインパクトが大きかったのは、ベルリン―東京間の写真電送の実現である。ベルリン大会の写真電送計画は、当初、朝日新聞社が極秘に進めていた。だが、逓信省が、これは一民間で行う事業ではなく国家的事業であると懸念を示し、結局、逓信省とドイツの郵政庁の間で交渉が行われた。[65]必要経費四万五〇〇〇円は、逓信省、日本電気、同盟通信社で三分の一ずつ負担し、同盟の負担分は、加盟各社で新聞社の大小に応じて分担された。[66]

写真は、ドイツのナウエン無線台から埼玉県小室受信所まで無線、そこから東京中央電信局まで有線で送られ、わずか一七分間で受信が完了した。さらに東京の同盟本社から主要都市（大阪、名古屋、岡山、広島、福岡）の受信局へも電送が利用され、中部、関西、九州の有力紙は、その日のうちに写真の配給を受けた[67]。電送配給を受けられなかった新聞社のなかには、東京から飛行機で写真を輸送するなどの方法で対応した社もあった[68]。朝日新聞社の社内資料によれば、電送写真は大幅な修正が必要で、「殆ど修正係によつて『描き直された』というふべき[69]」ものであった。朝日では、写真に登場する人物の保存写真とつきあわせながら修正を行い、原画が不明確な場合には、国際電話でベルリンに問い合わせを行って寸法などを確認したという[70]。だが、いずれにしても、オリンピックの写真は、迅速に、しかも全国の新聞社にあまねく届けられた。同盟通信社では、東京の伊東屋と大阪の阪急デパートを会場として、電送写真によるオリンピック写真展も開催した[71]。

同盟通信社の電送写真は、日本国内だけではなく満洲やフィリピンへも配信されている。満洲国通信社は、東京に届いたオリンピックの写真を福岡へと電送し、福岡から定期空輸を利用して大連・新京へと運んだ[72]。『新聞研究所報』は、『フィリピン・ピープル・プレス』も同盟通信社のベルリン‐東京間電送写真を購入し、「極東各植民地も日本中心で取材　通信の分野も大変革[73]」と報じている。オリンピックを機に、欧米の通信網に代わって、同盟通信社が東洋の情報網を構築していった。オリンピック競技だけではなく、情報の流れという点においても、「日本が『東洋』を代表して世界とつながる」という意識が顕在化したのがベルリン大会だったのである。そうした意識は、一時的なものではなかった。逓信省では、ベルリン大会の写真電送の成功をうけて、日欧間・日米間の写真電送網の構築に乗り出し、一九三六年一〇月には、翌年五月にロンドンで行われる英国国王の戴冠式を写真電送することを決定している[74]。

無線電信・無線電話が活用されたことも、ベルリン大会報道の特徴である。特派員は、競技場に特設された電信局を利用して、刻々とニュースを送った。東京‐ベルリン間の通信速度は、オリンピックを契機に大幅に短縮され、従来は二〇分から二五分を要していたのが、最短で一分四〇秒を記録した[75]。資金力のある新聞社は、国際電話を使ってインタビューも行った。

ここまでみてきたように、ベルリン大会では、通信技術の向上と同盟通信社の誕生によって、オリンピックの情報がより迅速かつ均質的に日本の新聞社に届けられるようになっていた。したがって写真吊り上げのような視覚性と速報性を追求する個々の新聞社間の競争は、ロサンゼルス大会時と比べると収束していたという見方もできよう。

報道競争の継続

しかし、莫大な資金を投入して他社の報道との差異化を図ろうという動きは、決して後退したわけではない。朝日・毎日・読売では、国際電話によるインタビューを連発し、オリンピック取材のために作家や詩人をベルリンへ派遣した。『朝日新聞』は、詩人の西条八十、作家の武者小路実篤を送りこんでオリンピック観戦記を連載した。西条八十は、『読売新聞』にも国際電話で詩を送っている。[76] 一方、『毎日新聞』には、社友でパリに滞在していた作家の横光利一が記事を書いている。また、朝日・毎日は、ロサンゼルス大会と同様に、独自に撮影・入手した写真とニュース映画の輸送をめぐって競争した。読売新聞社も、東京‐ベルリン間でオリンピック写真空輸飛行を三日間で行う計画を元旦紙面で発表していたが、これは、ソ連上空通過の許可が下りず、代替となる南方コースもモンスーンのため飛行不可能となったため、失敗に終わった。[77]

『日本新聞年鑑』は、朝日・毎日のオリンピックへの投資を、ロサンゼルス大会では一〇万円以上、ベルリン大会では三〇万円ほどと推定している。[78] 朝日の社内資料にも、ベルリン大会では電信だけでなく国際電話も使用したので、通信費が前回の倍額になったとある。朝日は特に国際電話の利用に積極的で、八月一日から一七日までに三六回、合わせて四時間半通話している。[79] ベルリン大会では、オリンピックをめぐって比較的画一化した情報空間が成立していたものの、有力紙は、地方紙や他紙との報道内容の差異化を図るために投資を惜しまなかったことがわかる。

潤沢な資金のなかった新聞社は、同盟をほぼ唯一の情報源とするしかなかったように思われる。しかし、比較的弱小の新聞社のなかにも、オリンピック報道の差異化を図るために投資するところはあった。現地に記者を送った新聞社には、『日刊新聞時代』の記述をみる限りでも、名古屋、新愛知、報知、国民、聯盟、神戸、中外商業がある(80)。このうち中外商業は、かつてドイツに六年滞在しウルシュタイン紙（Ullstein-Verlag）に勤務していた名取洋之助を派遣し、名古屋も彼に委託した(81)。地方紙の連合組織である聯盟は、インターナショナル・ニュース・サーヴィス（ＩＮＳ）と提携したほか(82)、カメラマンの金丸重嶺と元米国陸上ヘッドコーチのロバートソンを送った(83)。ロバートソンの派遣は、聯盟がベルリン大会を報じるに際して、外国人の視点に立った記事を欲していたことを示している。

以上のような独自の取材陣の結成のほかに、各紙では、人員増、締切延長など、オリンピック向けの特別報道体制をとっていた(84)。他社との差異化を図るのが新聞各社の目標であり、そこでは、朝日新聞社 対 毎日新聞社、名古屋新聞社 対 新愛知新聞社といった通常の対立関係が、オリンピックをめぐって鮮明になっていたといえる(85)。

ベルリン組織委員会のメディア対応

ベルリン大会組織委員会のメディア対応に目を向ければ、組織委員会では、オリンピックの成功には世界中のマス・メディアの介在が不可欠であるという認識から、各国向けの報道をサポートする万全の設備・サービスを整えていた。オリンピックを世界中にあまねく発信しようという姿勢が非常に強く反映されたのは、次章でみるラジオ放送や、レニ・リーフェンシュタールが制作した記録映画であるが、大会組織委員会報告書によれば、写真の電送は、日本のみならず満洲や中国でも実現している(86)。

ただし、報道陣向けの各種サービスは、規制とセットであった。ベルリン大会では、国際的な通信社を除いて、報道陣用のチケットの枚数は、各国の参加選手数に応じて定められ、各国のオリンピック委員会が自国の報道関係者への配分を行った。日本の場合は一六枚のチケットが割り当てられたようだが、日本の新聞社が現地に派遣した記者の数はそれを大幅に上回っており、国内のオリンピック委員会であった大日本体育協会が調整にあたったと考えられる(87)。また、スタジアム内での写真撮影は、ドイツ写真連盟加盟のカメラマンが独占し、外国の新聞・通信社は、スタジアムの写真事務局に展示された写真のなかから選んで購入することになっていた(88)。ベルリン大会のメディア対応は、最先端の技術を導入し、報道陣を厚遇するものであった。こうすることによって、当局は巧みに報道陣をコントロールしていたといえる。

ベルリン大会時の新聞社事業

日本の新聞社の事業活動についても確認しておこう。ベルリン大会でも、新聞社はオリンピック派遣事業に積極的に関与し、様々なイベントを行っていた。表1-6にあるように、朝日・毎日・読売の三社については、毎日が新春企画として行った応援歌募集を除いて、ロサンゼルス大会時のように広範囲の人々を巻き込んでいく事業はない。しかし、新聞社の存在感を誇示するような、あるいは読者に参加を呼びかけるようなオリンピックの周辺事業は行われている。『日刊新聞時代』によれば、『東京日日新聞』の第一回目のオリンピック映画の入場者数は、三日間で一六万人を超えたという(89)。

地方紙も、オリンピックの事業化に乗り出した。『北海タイムス』は、ベルリン・オリンピック開幕にあわせて「少年少女オリムピック」を開催した(90)。イベントではないが、中国新聞社・福岡日日新聞社は、『オリムピック大観』を発行した(91)。新聞社の事業活動から、オリンピックに関する表象と言説が無数に生み出される状況は、ロサン

表1-6　1936年ベルリン大会時に朝日・毎日・読売各紙が開催したイベント

大阪朝日 東京朝日	派遣選手応援歌「走れ大地を！」の国民歌謡化 ニュース映画公開
大阪毎日 東京日日	オリンピック応援歌の懸賞募集（3万752編の応募。賞金1000円，「あげよ日の丸」山田耕筰作曲でレコード化） 開会式を旅程に含む欧州一周旅行団の主催 表彰台に揚がる日章旗の数を予想する懸賞 優秀日本選手に優勝杯・殊勲杯を贈呈 ニュース映画公開
読　売	派遣選手応援歌「起てよ若人」の作成（末弘厳太郎作詞，中山晋平作曲，レコード化） ベルリン大会開会式で祝賀飛行 オリンピック写真空輸計画（→失敗） 水上競技表彰台に揚がる日章旗の数を予想する懸賞

出典：各紙紙面より筆者作成。

ゼルス大会に引き続き、ベルリン大会でもみられたといえる。

新聞社によるオリンピックのイベント化

ここまで本章では、日本の新聞社がオリンピックを発見し、やがて大規模報道の対象として位置づけるまでをみてきた。一九〇八年にロンドン大会が日本で報じられた背景には、日本の新聞界の産業構造の変化、日露戦争後の戦勝国意識の形成、それらと連動した西洋近代への関心の高まりがあった。一九一二年以降、日本のオリンピック参加選手数は、回を重ねるごとに増えてきたが、新聞社の取材・報道体制はそれほど変化しなかった。新聞社のオリンピックをみる視線が大きく変化したのは、一九二八年のアムステルダム大会終了後である。企業化した新聞社は、アムステルダムでの日本選手の活躍や、ラジオのスポーツ実況中継の人気上昇を目にして、国際的なスポーツ・イベントを自社事業として熱心に開催した。さらに、新聞社のイベントやセンセーショナルな報道を重視する傾向は、満洲事変後、強まっていった。結果として、一九三〇年代のオリンピックでは、新聞社間の競争が過熱した。

一九三二年のロサンゼルス大会に、日本の新聞社は大規模な取材陣を送り込み、速報体制も強化して、視覚メディアを駆使した報道を行った。一九三六年のベルリン大会では、同盟通信社が設立されていたが、新聞各社は、引き続き資金を投じて、競い合うようにオリンピック報道を行い、紙面の差異化を試みた。また、一九三〇年代を通じて、新聞社はオリンピックを事業活動の資源とみなし、報道だけではなく事業活動の面でも、鎬《しのぎ》を削っていた。新聞社の事業活動によって、オリンピックは、ただ新聞で受動的に読むだけのものではなく、懸賞に参加したりニュース映画をみたりして主体的・能動的に参加、体験するイベントになったといえる。

第二章　放送局——新技術の実験舞台としてのオリンピック

オリンピックは一九三〇年代に、新しい通信技術の実験舞台となった。前章でも一九三二年ロサンゼルス大会時の写真の空輸や電信網の整備、一九三六年ベルリン大会時の写真電送について述べたが、国際的な通信網は、オリンピックの各大会に照準を合わせるかのように整備されていった。新しい通信技術が採用されるたびに、オリンピックというイベントが時間的にも空間的にも拡張し、それ以前には考えられなかった新たな体験が可能となる。さらに、オリンピックにあわせて新技術が開発・導入されること自体が、オリンピックに先進的・近代的といった意味を付与する。本章では、一九三〇年代のオリンピックの体験に決定的な変化をもたらしたと考えられる放送に焦点を当てる。

1　ラジオとスポーツの出会い

日本におけるラジオ放送の開始

日本におけるラジオ放送は、一九二五年に東京、大阪、名古屋で始まった。新聞社が営利企業として互いに競争し合っていたのに対し、ラジオは国家的なメディアとして制度化された。本放送開始前のラジオ放送の可能性を試す実験は、逓信省や研究者のみならず、新聞社、アマチュア無線家、百貨店らの手によって行われていたが、政府では、国家が放送を一元的に管理する方式を採用した。さらに逓信省は、送り手にも受け手にも逓信大臣の許可取得を義務づけ、原則として、一都市一放送局とする方針をとった。一九二五年の放送開始当初は、東京、大阪、名古屋の放送局は独立した組織であったが、一九二六年に全国での放送事業主体として日本放送協会が設立され、各放送局は、日本放送協会の支部扱いとなった。戦前日本のラジオ放送の特徴の一つは、それが政府に管理された単一の放送事業者に独占されていたことである。

戦前日本におけるラジオ放送のもう一つの特徴は、放送局が、ニュースの自主取材をはじめとするジャーナリズム活動を行わなかったことである。一九三〇年まで、放送局は編集機能すらもたず、基本的には新聞社や通信社から提供されたニュースをそのまま読み上げるだけであった。一九三〇年以降は、提供されたニュースを放送局で編集して全国放送するようになったが、放送局が独自取材を行うようになるのは戦後である。

戦前のラジオがジャーナリズム活動を行わなかった最大の理由は、新聞社がラジオを牽制していたためである。新聞社は、ラジオの正式放送開始前から、ラジオという新しいメディアのもつ速報性と同時性に注目して公開実験を行っていたが、新聞社の放送事業への参入は叶わなかった。代わりに、新聞社は、放送局の理事・幹事に多くのメンバーを送り込み、自らの意向をラジオの制度化の過程に反映させた。日本のラジオは、新聞と競合することがないよう、独自の取材機能をもたないメディアとして制度化された(1)。このことによって、ラジオとスポーツの出会いが一層重要な意味をもつことになった。

ラジオのスポーツ中継

独自のニュース取材機能をもたなかった戦前期のラジオが、メディアとしての特性を発揮できたのが、スポーツ中継であった。スポーツのラジオ中継は、スポーツの試合を、試合会場から離れたところにいながらにしてリアルタイムで体験することを可能にした。

日本放送協会では、一九二七年八月の朝日新聞社主催全国中等学校優勝野球大会を皮切りに、六大学リーグ戦、大相撲、国際水上競技大会、極東選手権などを実況した(2)。朝日新聞社の国際水上競技大会をはじめ、一九二八年アムステルダム大会後に新聞社が開催した国際スポーツ・イベントの多くが、ラジオによって放送された。『ラジオ年鑑』（一九三一年度版）は、「一般スポーツをして家庭化さしめ、斯くも短時日の間にスポーツ熱を煽りたるは蓋しラジオによる中継放送の為といふも敢て過言にあらざること、信ずる(3)」とし、一九二九年度の「運動競技及び運動に関する諸種の放送」は三八一回、二九八時間五七分にのぼったとしている(4)。ラジオのスポーツ実況中継は、ラジオの普及を促しただけではなく、スポーツが聴く娯楽として普及していく重要な契機となったと考えられる。

スポーツ・イベントの多くは新聞社の主催や後援によるものであったから、スポーツ・イベントの中継は、新聞社にとって自社や自社イベントの宣伝となった。一方、放送局にとっても、スポーツ中継は速報性や同時性といった本領を発揮できる唯一のジャンルで、その充実によって聴取者拡大を見込むことができた。ラジオ放送の開始間もない時期に、新聞社と放送局はニュース報道では牽制しあっていた。しかし、スポーツ中継においては、企業的関心から自社のイベントを盛り上げたい新聞社と、ラジオというメディアの特性を発揮したい放送局の利害が一致したのである。

2　初めてのオリンピック放送（ロサンゼルス大会）

警戒されるラジオ放送

オリンピックというイベントの普及・拡大にとっても、ラジオ放送は、新聞とともに、また時には新聞以上に重要な役割を果たした。同時に、オリンピックは、ラジオ放送の発展を促進するイベントでもあった。

日本において最初のオリンピック放送が行われたのは、ロサンゼルス大会である。日本に向けたロサンゼルス大会のラジオ放送は、オリンピック史上初めての本格的なラジオ放送であった。欧米諸国のラジオ放送は、第八回オリンピック大会がパリで開催された一九二四年にはすでに始まっていた。電波には国境を容易に越えるという特質があるから、国際中継放送の試みも早い時期からあった。一九二五年にはオーストリアのザルツブルクのモーツァルト祭がヨーロッパ各地で中継放送され、その後も、音楽祭、歌劇、国際連盟代表の演説などの国際中継が行われている。[5]しかし、オリンピックについていえば、ベルリン大会まではラジオの果たす役割は極めて限定的で、制限が多かった。

オリンピックでラジオがなかなか積極活用されなかった背景にも、ラジオという新しいメディアを警戒する勢力の存在があった。アムステルダム大会では、国際スポーツ記者協会（Association Internationale de la Presse Sportive）が、競技結果をラジオで放送すると、現地にわざわざ記者を派遣する新聞・通信社との公平性が保たれないと主張し、結局、オランダの通信社の顧客に向けた放送しか行われなかった。[6]ロサンゼルス大会でも、米国内でＮＢＣ（National Broadcasting Company）と組織委員会の交渉が決裂し、日本以外では本格的なオリンピック放送は実施されなかった。ロサンゼルス大会組織委員会の報告書によれば、米国内でも、競技の中継とは関わらないオリンピック関連の放送（チケット購入の案内、過去のオリンピックのドラマ、音楽の演奏、専門家による解説、過去のオリンピック・チャンピオンのインタビューなど）は行われたようである[7]。また、マッコイの研究によれば、大会期間中には、CBS（Columbia Broadcasting System）が東部時間の深夜二三時から一五分間の短い放送を行ったようであるが[8]、このことは、組織委員会の報告書には記されていない。

米国でロサンゼルス大会の本格的放送が実施されなかった要因としては、ラジオ放送におけるスポーツ中継の役割、あるいはスポーツにおけるラジオ中継の役割がまだ十分に理解されていなかったことが挙げられるだろう。この頃の米国では、ラジオ中継による客の減少を恐れて、大リーグが一部試合の放送を禁止していた[9]。オリンピックでも同様の懸念があり、さらに、新しいエンターテイメントとしてのラジオ放送を警戒していたハリウッド映画業界が圧力をかけたという[10]。結局、組織委員会が、ラジオ中継によって入場券の売上が減少することを危惧し、巨額の権利金をNBCに要求したのに対し、NBC側はそれを拒否した[11]。

一方、日本向け放送の場合には、ラジオ中継によってオリンピックを直接観戦する人が減るのではないかといった心配はなかった。ロサンゼルス大会は、米国で開催される大会であり、日本での放送実施が観客の減少につながるとはいいがたい。ただ、ロサンゼルス大会の頃の日本では、米国とは異なり、スポーツ・イベントは、ラジオや新聞といったメディアに報じられることによって、ますます盛り上がることがすでに十分に認識されていた。日本でも、スポーツ放送の開始直後には集客を懸念する声があったものの、一九二〇年代末から三〇年代初頭にかけての新聞社主催のスポーツ・イベントを通じて、ラジオ放送と新聞報道とスポーツ・イベントが相乗的に盛り上がっていくという公式ができていたといえる。

日本向け放送の実現

日本では例外的にロサンゼルス大会の放送が行われたわけであるが、これは、いかなる経緯で実現したのだろうか。日本放送協会では、一九三一年初頭からロサンゼルス大会の放送計画を立て、計画実現に向けた交渉を進めていた。ロサンゼルス大会の放送は、太平洋を隔てた土地で開かれるオリンピックを、日本にいながらにして多くの人々がほとんど時間差なく体験できる画期的試みであった。この初めての海外からのスポーツ実況中継計画は、NBC、オリンピック委員、日本のサンフランシスコ総領事、ロサンゼルス領事らの賛同を獲得し、NBCからは技術関係での便宜供与の約束を一旦取り付けた。ロサンゼルス大会の中継放送は空電障害の多い夏の昼間の実施となることから、ちょうど一年前の一九三一年八月一一日には、サンフランシスコから日米昼間受信試験放送も行った[12]。

しかし、アナウンサーらの出発前の一九三二年六月に、前述した米国向けの放送に関するNBCと組織委員会の交渉が決裂する。米国内の放送が取りやめとなったことは、日本放送協会へも伝えられた。ただ、外務省筋から、オリンピック委員は日本への放送に好意的であるという見方が伝えられたことを受け、日本放送協会では、報道課長（寶田通元）と三人のアナウンサー（松内則三、河西三省、島浦精二）をロサンゼルスへ派遣した。

米国の世論の反発を避けるためか、最終的に、実況放送は不可という決定が下されたが、日本放送協会では、競技場での模様を記録して、近くの放送局から一時間の実感放送を行った。放送時間は、現地時間の午後七時から八時（日本時間の正午から午後一時）までだった[13]。

競技結果判明後に行われる実感放送は、本物らしく演出された擬似的実況中継であった。最初の数日は、雑音とフェーディングで聞き取れないこともあったようだが、現地からは、開会式、陸上一〇〇メートル準決勝・決勝、四〇〇メートル障害、三〇〇〇メートル障害、棒高跳、三段跳、水泳一〇〇メートル自由形決勝、閉会式の実感放送に加えて、監督による競技予想、役員や選手の挨拶などが放送された[14]。

表２-１　ラジオ受信契約数と普及率

年度	年度末契約数	普及率（%）
1924	5,455	0.1
1925	258,507	2.1
1926	361,066	3.0
1927	390,129	3.2
1928	564,603	4.7
1929	650,479	5.4
1930	778,948	6.1
1931	1,055,778	8.3
1932	1,419,722	11.1
1933	1,714,223	13.4
1934	1,979,096	15.5
1935	2,422,111	17.9
1936	2,904,823	21.4

出典：日本放送協会編『20世紀放送史　下』日本放送協会，2001年，532頁。

ラジオは印象を伝達し、感情を煽るメディアである。レイダー（Rader）のいうように、聴取者は、実際に起こっていることを視覚的に捉えることができないからこそ、ラジオの放送内容に基づいて想像力を働かせる[15]。実感放送は、アナウンサーがその場で見たことを同時に言葉にして伝える実況中継以上に、印象を伝達し感情を煽るラジオの、メディアとしての特性を発揮したといえよう。聴取者にも、このロサンゼルス大会の放送は、実況ではなく実感放送であることは知らされていた。聴取者は、放送が実況ではなく実感であることに不満を抱くというよりも、むしろ、擬似的実況中継を積極的に楽しんだと考えられる。オリンピック放送の実施が当時の人々に画期的な出来事として受け止められたことは、ラジオ放送のスケジュールや実施状況、ラジオの周りに集う人々の様子が新聞で比較的大きく報じられ、ラジオの実感放送のアナウンスの内容が雑誌に掲載されていたことからもうかがえる[16]。なお、新聞や雑誌におけるオリンピック放送の表象は、第Ⅱ部で分析する。

ラジオの普及率

ところで当時の日本では、ラジオはどのくらい普及していたのだろうか。日本では、一九二八年一一月の天皇御大礼にあわせて全国中継網が整備され、ロサンゼルス大会が開幕する半年ほど前の一九三二年二月には、全国のラジオ聴取加入者数が一〇〇万を突破していた。さらに一九三二年四月からは、聴取料が月額一円から七五銭に引き下げられ、**表２-１**にあるように、一九三二年度末には、聴取加入者数は一四〇万を超えていた。

ただ、一九三二年度末の普及率は、まだ一割強にすぎない。また山口誠によれば、大阪市でさえも、一日中電気を使える（従量使用の電気契約を結んでいる）家庭は少なく、過半数の世帯が日没までラジオを聴くことができなかった。昼間の野球放送を、人々は街頭ラジオに群がって聴いていた[17]。ロサンゼルス大会の放送も、日中行われていたことから、家庭におけるオリンピック放送の聴取には制約があり、街頭ラジオが重要な役割を果たしていたと推測できる。しかし、日本中であまねく享受されていたわけではないにせよ、ラジオ放送によって新しいオリンピックの体験がもたらされたことは、ロサンゼルス大会の特徴である。ラジオは、ロサンゼルス大会でも新聞社のロサンゼルス大会関連イベントでも、活用されていた。ラジオ聴取の模様が新聞紙面で報道されることも多く、メディア相互の連関増幅が作り出されていたといえる。

3　聴取者の拡大と国際化（ベルリン大会）

ベルリン大会時のラジオ放送

ロサンゼルス大会時のラジオ普及率は、およそ一割であった。オリンピック放送が行われて新しいオリンピック体験がもたらされたとはいえ、実際にこれを聴いた人はそれほど多くなく、しかも都市部に偏在していたと推測される。国際的な観点からみても、オリンピック放送は、日本で例外的に実施されただけであった。

しかし、ベルリン大会時には、日本国内におけるラジオの普及状況や外国からの放送の位置づけが、ロサンゼルス大会時とはやや異なっていた。オリンピック大会における放送の位置づけも、ロサンゼルス大会とベルリン大会では、大きく違っていた。

まず、日本国内における普及率である。一九三六年八月のラジオ聴取加入者数は、約二六四万、普及率は一九・

五％であった（表２－２）。四年前と比べて、普及率は約二倍になっている。東京では半数以上の家庭がラジオをもっていた。しかし、これは、裏返せば、ラジオの普及状況には地域間で差があったということであり、普及率五％以下の県は四県もある。ベルリン大会のラジオ放送は、東京・大阪といった大都市周辺を中心に聴かれていたといえるだろう。

国際的な中継放送の流行

ベルリン大会の放送を考えるうえで普及率の上昇と並んで重要なのが、国際的な中継放送の発展である。これは、一九四〇年東京オリンピックの計画とも関わってくるので、やや詳しくみておこう。

戦前期の日本では、外国と関わってくる放送に、「海外放送」と「国際放送」という区別があった。海外放送とは、海外の聴取者が送出局の電波を直接受信する放送のことである。日本では、外務省情報部、逓信省、日本放送協会の協力で一九三五年六月一日に定期的な海外放送が始まった。海外放送の目的は、海外在留邦人を慰安するとともに諸外国に日本固有の文化を紹介し、日本に対する正しい認識を付与し、さらに海外二世の教育問題に寄与することにあるとされた[18]。海外放送は、採算を度外視して国家的立場から放送を行うものであった。『ラヂオの日本』によれば、一九三五年八月時点で、オランダ、英国、ドイツ、フランス、イタリア、ベルギーがすでに海外放送を行っていて、日本の海外放送の開始は、当時の先進欧米諸国の動向を追いかけるものであったといえる[19]。

『放送』によると、一九三六年六月の海外放送は、次のような内容であった。放送時間は、日本時間午後二時より午後三時までの一時間で、放送は、北米太平洋岸、カナダ西部、ハワイなどに向けて行われていた。毎日のプログラムは、（一）開始アナウンスおよび当日のプログラム紹介、（二）英語ニュース、（三）日本語ニュース、（四）音楽演芸講演実況など、（五）終了アナウンスおよび翌日のプログラム紹介、国歌という構成であった。開始およ

表２-２　府県別ラジオ受信契約数と普及率（1936年８月）

道府県名	契約数	普及率（%）	道府県名	契約数	普及率（%）
東京府	712,353	55.5	石川県	20,817	13.2
神奈川県	108,133	30.2	富山県	21,686	14.0
埼玉県	37,740	13.6	広島県	55,686	14.6
千葉県	40,891	13.9	愛媛県	17,608	7.2
茨城県	22,022	7.7	山口県	31,059	12.0
栃木県	24,611	11.6	島根県	11,656	7.4
群馬県	31,364	13.9	高知県	9,737	6.2
山梨県	8,683	7.0	熊本県	33,013	12.6
静岡県	68,595	19.7	福岡県	90,836	17.0
長野県	30,256	9.1	長崎県	23,603	9.3
新潟県	40,352	11.3	佐賀県	9,690	7.6
大阪府	347,913	38.8	大分県	13,875	7.1
兵庫県	165,941	27.2	宮崎県	5,573	3.5
京都府	113,003	32.0	鹿児島県	15,044	4.5
奈良県	20,725	16.7	沖縄県	471	0.4
和歌山県	22,309	12.1	宮城県	29,254	14.6
滋賀県	16,268	10.8	福島県	17,766	6.5
徳島県	12,673	8.7	岩手県	9,019	5.2
岡山県	37,699	13.4	山形県	11,543	6.2
鳥取県	6,790	7.1	秋田県	13,978	8.0
香川県	17,861	11.7	青森県	7,555	4.7
愛知県	161,166	28.3	北海道	63,635	11.7
三重県	28,782	12.0	樺太	3,611	5.5
岐阜県	32,824	13.4	南洋	64	-
福井県	18,055	13.6	全国	2,643,788	19.5

出典：『放送』６巻10号，1936年10月，167頁より筆者作成。

び終了時には、東京や地方の気象、気温、年中行事、季節の話題、流行の話、街頭風景などが伝えられたという[20]。

一方、国際放送とは、送出側においては海外放送とほぼ同じであるが、受信側では、国際受信所で一度受信した後、国内の放送局から再放送を行う形式の放送である。数ヵ国間で行われる場合と二ヵ国間で行われる場合があり、さらに一方向で行われる場合と双方向で行われる場合がある。双方向で送受信を行う放送は、「交歓放送」（あるいは「交換放送」）と呼ばれていた[21]。「交歓放送」と「交換放送」が言い換え可能であったのは、放送の交換が「当事国の親交増進」「友情文化の交換[22]」に貢献すると認識されていたからであろう。

すでに述べたように、世界的にみれば、国境をまたいだ中継放送は、ラジオ放送開始直後から行われていた。日本でも、一九三〇年一月のロンドン軍縮会議会場からの若槻礼次郎による演説中継、同年一〇月の軍縮条約成立を祝う日英米国際交換放送がそれぞれ成功している。その後、国際放送は、対象国、回数、プログラム内容ともに拡張、充実し、一九三四年は一年間に三九回、一九三五年は二五回行われている。その内容は、クリスマス祝賀、オペラや音楽の中継、皇太子誕生・紀元節・天長節等の奉祝記念、極東選手権の実況、世界休戦記念日の記念、英国皇太子即位二五周年奉祝式典などであった[23]。

ベルリン大会の交歓放送

こうした国際的な放送機会の増加を背景として、一九三六年のベルリンからの放送は、単なる競技中継だけではなく、国際文化交流の様相を呈していた。新しいタイプの双方向型の国際放送（交歓放送）が盛んに行われたのである。ベルリン大会への参加国の多くがインターナショナリズムを積極的に追求していたことの現れともいえるだろう。日本では、六月八日に、オリンピック前奏日独交歓放送、七月五日に、約二十ヵ国の代表者の挨拶を中継したオリンピック・コール、八月一日に、東京決定速報放送とオリンピック序曲日独国際放送、八月五日に、東京オリンピック決定祝賀放送が行われた。

例えば、六月八日のオリンピック前奏日独交歓放送は、『放送』によれば、次のようなものであった。まず、午後八時に、日本から、ドイツ国有鉄道日本支局長でベルリン大会組織委員会日本代表を務めていたヨルン・レオが、開始のアナウンス、日本体育協会副会長平沼亮三の激励の辞があり、水上監督の松澤一鶴とヨルン・レオの選手予想等に関する対談、上野児童音楽団による「往けよ伯林」、東京男声合唱団による「オリムピツク讃歌」が送られた。そして八時二八分に、ドイツからの放送が始まり、大瀧少佐（馬術選手）による母国への報告第一声、鶴岡英吉（調査員兼外国関係委員としてドイツで日本選手団受入準備にあたっていた人物）による大会施設の状況、在留同胞の後援会の活況、西大尉（馬術選手）の挨拶が伝えられ、八時四二分からベルリン放送交響楽団によるベートーベン「エグモンド序曲」の演奏があった。そして、八時五二分に放送終了であった。[24] 同様の放送は、五月に第一回目としてドイツと米国との間で行われたほか、英国、フランス、イタリア、ユーゴスラビアとの間でも行われたようである。[25]

一方、七月五日の約二十ヵ国の参加国代表が挨拶したオリンピック・コールは、十数ヵ国の受信局を相手に同時にプログラムを送出する新形式によるものだった。この番組は、七月五日の日本時間の午後八時に開始され、まず、ベルリン・スタジアムからのラッパ吹奏があり、オリンピックの鐘が打ち鳴らされた。続いて、ベルリン大会組織委員会会長のレワルト博士が挨拶し、鐘の音が響いている間に、参加国（米国、アルゼンチン、豪州、ブラジル、ブルガリア、デンマーク、英国、フィンランド、オランダ、日本、ユーゴスラビア、イタリア、ノルウェー、ポーランド、ルーマニア、スウェーデン、スイス、ハンガリー、ウルグアイ）の代表が交互に挨拶した。[26] 日本は、鶴岡英吉が、「日本軍本部隊は三日伯林着、伯林市長リツペルト氏の招待を受け、記念品を贈られた[27]」と報告したようである。そして最後に、組織委員会総主事ディーム博士が、「世界の友よ、われは世界の青年に心からの友愛を捧げる[28]」と挨拶して、午後八時四〇分に放送が終了した。複数国を電波でつなぐ放送は、当時、世界的に流行していた放送のスタイルで、国

表2－3　ベルリン大会競技放送状況

月　日	日本時間	放送形式	放　送　種　目
8月2日	前　6：30－ 7：00	実況録音	開会式
8月2日	後 11：00-12：00	実況	100 m 第二予選，走高跳決勝
8月3日	前　6：30－ 7：00	実況録音	1万 m 決勝
8月4日	前　6：30－ 7：00	実況録音	100 m 決勝
8月5日	前　6：30－ 7：00	実況録音	走幅跳決勝
8月6日	前　6：30－ 7：00	実況録音	棒高跳決勝
8月7日	前　6：30－ 7：00	実況録音	三段跳
8月7日	後 11：00-12：00	実況	5000 m 決勝
8月8日	後 11：00-12：03	実況	100 m 自由型準決勝，女子100 m 自由型予選
8月9日	後 11：00-11：53	実況	100 m 自由型決勝
8月10日	前　6：30－ 7：00	実況録音	マラソン
8月11日	後 11：00-12：06	実況	800 m リレー（継泳）決勝，女子200 m 平泳決勝
8月12日	後 11：00-12：00	実況	400 m 自由型決勝
8月14日	後 11：00-12：00	実況	200 m 平泳準決勝，1500 m 自由型準決勝（第一組）
8月15日	後 11：00-12：40	実況	200 m 平泳，1500 m 自由型，女子400 m 自由型決勝

注：女子種目には女子と表記。それ以外は男子種目。泳法の表記がないものは，陸上競技。
出典：日本放送協会編『ラジオ年鑑（昭和12年版）』大空社，1989年，43頁より筆者作成。

際的な紐帯の形成に寄与するものであったといえるだろう。

ベルリン大会の競技中継

日本に向けたベルリン大会の競技放送についても述べておこう。表2－3は、ベルリン大会の放送実施状況である。ベルリン大会では、初の実況放送が行われた。ロサンゼルス大会と比べて、放送回数も増加している。ロサンゼルス大会では、開閉会式と陸上五種目、水泳一種目だったのに対し、ベルリン大会では開会式と陸上八種目、水泳八種目の放送が行われた。放送形式は、ロサンゼルス大会はすべて実感放送だったが、ベルリン大会では、実況放送と実況録音放送が半分ずつであった。午前六時半からの放送は実況録音、午後一一時からの放送は実況となっている。ベルリン大会のラジオ聴取を二・二六事件との連続性に着目して考察した山口誠は、ベルリン大会の録音放送は、放送局側にとっては画期的な放送であったかもしれないが、二・二六事件の「兵に告ぐ」で臨場感あふれるニュースを聴く体験をしたオーディエンスにとっては物足りないもので、送り手と受け手の評価にはズレが生じていたと指摘している。[29]東京や大阪では、朝刊で試合結果を知った後で、ラジオの録音放送が始まっていた。放送の時間的制約に対する不満は少なくなく、大会後半には、放送時間の延長といった措置も取られた。[30]ベルリンへと派遣されたのは、頼母木眞六主事と河西三省・山本照の二人のアナウンサーである。「前畑頑張れ！」で知られる女子二〇〇m平泳ぎ決勝を実況した河西は、前回大会に引き続き派遣されたことになる。『日刊新聞時代』によれば、この実況放送の予算は六万円であった。[31]

ナチスのラジオ・テレビ放送

ここまでみてきた競技に関する放送、あるいは文化交流を主眼とした放送が実現した前提条件には、ナチス・ドイツが国家の威信をかけて準備した放送設備があった。これが、ロサンゼルス大会との決定的な違いである。ロサンゼルス大会では、組織委員会側がラジオ放送の実施に及び腰になり、放送局との交渉が決裂したため、日本向けの放送しか実現しなかったのである。

ナチス・ドイツは、政権掌握当初からラジオ放送の重要性を認識して、宣伝省で一括して管理・統制し、各家庭に一台ずつラジオを所有させる政策をとっていた。[32]オリンピック大会に際しては、短波放送用の四〇キロワット送信機六台とアンテナ一一基を新設、大会終了後もこれを用いて海外放送を行った。[33]大会では、ドイツ放送会社(Reichs-Rundfunk-Gesellschaft)が公認放送路を提供し、海外から放送に参加したのは、四〇ヵ国、四一社、アナウンサーは一〇五人にのぼった。[34]『ラジオ年鑑』によれば、ドイツ政府は、オリンピック放送に五〇〇〇万マルク(日本円で約六三〇〇万円)を投じ、放送回数は、国内五〇〇回に対して国外二五〇〇回であった。[35]世界中のラジオ聴取者の数は三億人に達したという。[36]**表2-4**は、欧米を中心とした各国の聴取加入者の状況であるが、ベルリン大会の時までにラジオはずいぶん普及していた。ナチス・ドイツは、ラジオという電子メディアを効率的に活用し

表2－4　世界各国聴取加入数

国名	聴取加入数	現在日
アルジェリア	50,336	7月末
オーストリア	577,698	7月末
豪州連邦	825,136	6月末
チェコ	865,315	6月末
ダンツィヒ	29,241	7月末
デンマーク	640,162	7月末
蘭領インド	34,211	7月末
フランス	2,972,019	7月末
ドイツ	7,404,144	7月末
英国	7,718,557	7月末
ハンガリー	355,069	7月末
イタリア	595,080	7月末
ラトビア	88,215	7月末
モロッコ	28,311	7月末
オランダ	939,439	6月末
ニュージーランド	199,272	5月末
ポーランド	531,375	7月末
ポルトガル	48,420	7月末
スイス	436,992	7月末
ユーゴスラビア（ベルグラード）	53,757	7月末

出典：『放送』6巻11号，1936年11月，108-109頁より筆者作成。
『国際放送連盟月報』（1936年8月号）から転載されたものであるが，原典にはあたれなかった。

て、ベルリン・オリンピックの到達範囲を拡張することに成功したわけであるが、そのことが可能となる基盤がすでに一九三六年には各国で整っていたということも重要である。

ベルリン大会組織委員会は、設備だけではなく、サービス面でも、各国放送局を手厚く処遇した。『放送』（一九三六年九月号）によれば、各国放送局の派遣員には、ベルリンに向けて出発する前にオリンピック委員会より参加証が渡され、車馬賃の割引、無関税などの特権も付与された。ベルリン到着後は、ドイツ放送局より随時いずれの競技場にも入場できるオリンピック・パスが無償で提供され、思いのままにマイクロフォンを操作できた。放送の実施とは関係なく、自由に競技を観覧することもできた。宿泊施設としては、ドイツ放送会社の斡旋する宿舎が提供され、希望すれば食事つきで電話・浴室のある部屋が提供され、ベルリン滞在期間中は放送補助員がつき、ドイツ語の不便などの問題に対処してくれたという(37)。まさに、至れり尽くせりの対応だったといえる。

さらに、ベルリン大会では、テレビの試験放送も行われ、ベルリン市内の二五ヵ所にテレビ受信用の会場が設けられ、一六万二二二八人が入場したという。[38]ベルリン大会は、世界中に聴覚的に伝えられるメディアのイベントであっただけではなく、ベルリン市内だけとはいえ、視覚的にも同時体験することのできるイベントとなっていたのである。日本ではすでに新聞社がオリンピックのニュース映画を盛んに上映していたし、ベルリン大会の記録映画は二年後にドイツで封切られ、日本でも一九四〇年に一般公開された。[39]より多くの人々が、「オリンピックを見る」時代が目前に迫っていたといえる。

東京オリンピックの放送に向けて

本章でみてきたように、ラジオという新しいメディアに対して、既存のメディアやスポーツ関係者は、警戒心を抱いていたが、一九二〇年代末から一九三〇年代にかけて、スポーツの実況中継が人気を博すようになり、オリンピックでも、瞬時に国境を越えてイベントを伝えていくラジオの力が活用されるようになった。特に一九三六年のベルリン大会では、各国に向けた放送（各国をつなぐ放送）によって、オリンピックのもつ国際性が示されていった。ナチスは、オリンピックの成功にはメディアの活用が不可欠であることを認識し、ベルリン大会を、欧米中心ではあったが世界中でメディアによって体験されるイベントとしたのである。

日本でも、ロサンゼルス大会とベルリン大会を通じて、新技術を駆使したメディアを通じて体験されるべきイベントとしてオリンピックが認識されるようになった。日本放送協会は、外務省の協力を得ながらロサンゼルス大会の放送計画実現のために奔走し、日本は、ロサンゼルス大会を放送した唯一の国となった。この時の放送は実感放送であり、ラジオ普及率も一割程度に過ぎなかったが、印象を伝達し感情を煽るラジオ放送によって、新しいオリンピック体験がもたらされたことは間違いない。そしてベルリン大会では、ナチスが威信をかけて整備した放送設備を用いて、日本向けの放送も行われた。第五章でみていくように、ベルリン大会でテレビの試験的放送が実施されたことは、一九四〇年東京オリンピックに向けた日本におけるテレビジョン開発を刺激することにもなった。日本では、各方面においてベルリン・オリンピックを東京大会の模範となるイベントとして認識していたが、特に放送界においてはそうした認識が強かったといえる。

第三章　企　業――消費文化とオリンピックの結合

オリンピックがメディアのイベントとして成立していく過程には、マス・メディアだけではなく企業も関わっていた。メディアの受け手が量的質的に拡大するとともに、人々の生活様式も変化し、消費文化が興隆していく。オリンピックは、この消費文化と結合した娯楽として展開するようになった。本章では、企業とオリンピックの関係についてみていく。

1　オリンピックの商業主義の萌芽

オリンピックの商業主義は、一九八四年ロサンゼルス大会以降に本格化したというのが通説である。しかし、オリンピックへの商業的な関心は古くからみられた。バーネイ（Barney）らの研究によると、IOCが発行する冊子には、既に一九〇〇年代にスポーツ用品やアルコールの広告が掲載されていた。一九三二年ロサンゼルス大会では、ヘルム（Helms）というパン商人が、選手村にパンを供給するとともに、オリンピックのマーク、「より速く、より高く、より強く（Citius, Altius, Fortius）」というモットー、オリンピックという言葉とその派生語の商標登録を行っ

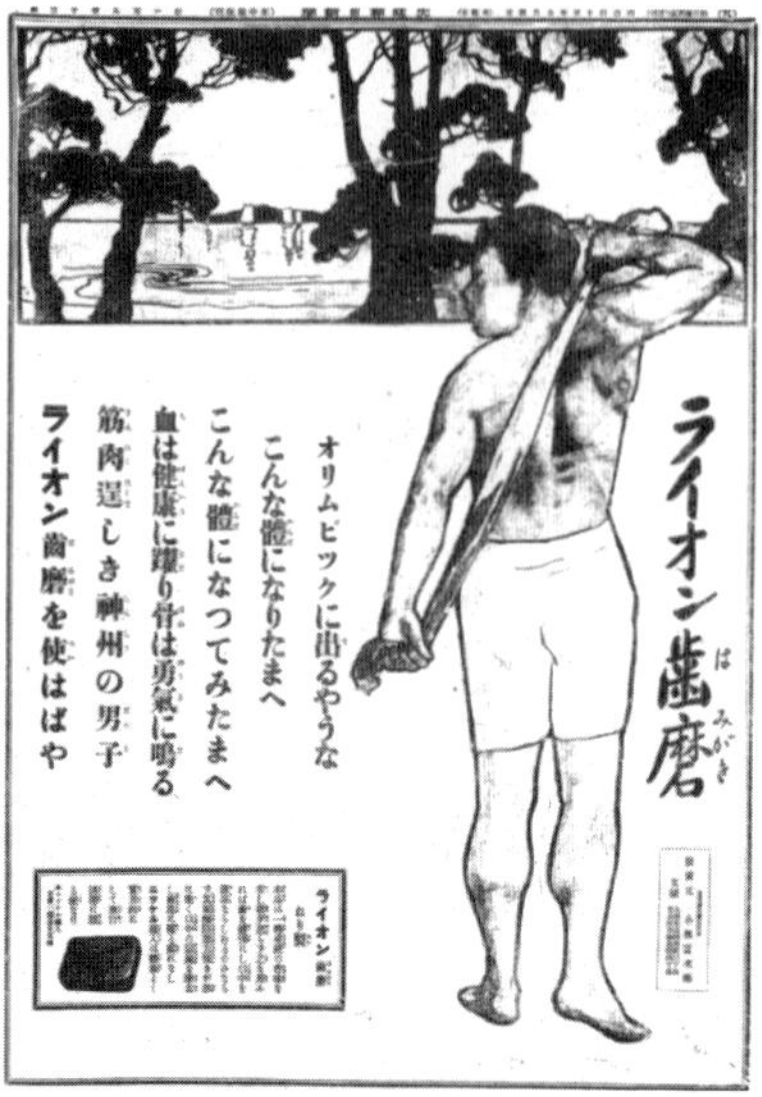

図3－1　ライオン歯磨のオリンピック広告

出典：『大阪朝日新聞』1912年7月4日，朝刊8頁。

た。[1]キーズも、一九三二年のロサンゼルス大会こそがオリンピックが商業主義と結びつきを強めた大会であったとしている。ロサンゼルス大会では、飲料、食品、服飾、ホテルといった大衆用の商品やサービスを提供する企業が、オリンピックを使ったマーケティング活動を行ったという[2]。オリンピックのような大規模報道の対象となるイベントに、企業が広告価値を見出すことは、スポンサーシップ制度が確立し、テレビの放送権料が開催地の選定を左右するようになる以前から、顕著とまではいえないにせよ、みられた現象である。

日本の企業は、オリンピックとどのように関わっていたのであろうか。筆者のみる限り、オリンピックに関する最も古い新聞広告は、一九一二年の『大阪朝日新聞』に掲載された「ライオン歯磨」の広告である（図3－1）。これは全面広告で、乾布摩擦をする青年に「オリムピツクに出るやうな　こんな体になりたまへ[3]」の文字が重ねられている。ただし、この時期には、一頁すべてを使った「全面広告」はまだ珍しく、オリンピックも大きく報じられていたわけではない。次節でみていくように、日本の企業がオリンピックに積極的に関わるようになったのはロサンゼルス大会からであり、このライオン歯磨の全面広告は例外的なものと考えられる。

2　オリンピック関連の企業広告――商業的価値の上昇

『東京朝日新聞』のオリンピック広告の推移

戦前日本では、現在のようにオリンピック・マークや「オリンピック」という言葉が徹底的に管理されることはなく、企業は自由にこれらを利用していた。表3-1は、オリンピック大会期間中に『東京朝日新聞』に掲載された広告のなかで、オリンピックに言及していた広告件数の推移である。一九二四年パリ大会と一九二八年アムステルダム大会では、オリンピックに言及した広告のほとんどすべてが、図書の広告であった。薬品・化粧品・食料品・銀行会社・機械などでオリンピックに言及した広告は皆無である。それが、ロサンゼルス大会になると、業種が多岐にわたるようになり、広告の合計件数もアムステルダム大会と比べると九・五六倍となっている(4)。

ロサンゼルス大会時の時代状況を考えるうえで重要なのが、一九二九年一〇月二四日のニューヨーク株式取引所での株暴落に端を発した世界恐慌である。アメリカのみならずヨーロッパ各国が苦境に陥り、その余波は、少し遅れて日本へもやってきた。表3-2は、一九二六年から三二年までの日本の商品輸出入額であるが、一九三〇年から三二年にかけて輸出・輸入とも大幅に落ち込んでいる。日本経済は一九二七年の金融恐慌により元々停滞していたが、さらに対外貿易が縮小して、内需・外需ともに冷え込み、深刻な不況に陥っていた。

しかし、第一章で述べたように、朝日新聞社や毎日新聞社といった主要新聞社の発行部数は大きく落ち込むことはなく、企業化した新聞社の勢いは増していた。表3-3にあるように、『東京朝日新聞』の広告行数は漸増していた。一九三二年度の『東京朝日新聞』の広告行数は、一九二八年度の一・一三倍である。ただ、表3-1にあるように、オリンピック広告の伸張は、九・五六倍であり、全体的な広告量の伸びを大きく上回っている。

表３－１　『東京朝日新聞』のオリンピック関連広告件数の推移

大会	薬品	化粧品	図書		食料品	銀行会社	機械	服装雑貨		演芸	朝日新聞社の社告					その他	合計	1928年大会を1としたときの値
				うちスポーツ専門雑誌					うち百貨店		イベント	うちニュース映画	増ページ・号外	書籍	その他			
1924年パリ大会	0	0	21	9	0	0	0	0	0	0	3	0	0	3	0	0	36	1.13
1928年アムステルダム大会	0	0	15	6	0	0	0	1	1	2	3	0	0	5	0	0	32	1.00
1932年ロサンゼルス大会	11	9	53	1	16	4	17	6	5	55	59	49	8	3	2	8	306	9.56
1936年ベルリン大会	17	14	123	14	28	0	24	13	5	101	25	24	9	6	1	17	421	13.16

注：分析対象としたのは，各大会とも体育協会の選手団送別式の翌日から選手団解散式の翌日までの『東京朝日新聞』（号外を除く）である。広告の業種別分類は『新聞年鑑』を参考にした。ただし一部の広告については，企業および商品の性格を筆者が判断して分類した。（例えば，『新聞年鑑（第11巻）』では「雑（その他）」に掲載されていた東京電気株式会社を「機械」とみなし，業種としては「図書」に該当する「大日本雄弁会講談社」の栄養剤の広告を「薬品」とみなした。）『新聞年鑑』の主要広告主一覧にない企業についても，筆者の判断で分類を行い，業種分類が明確ではないものはすべて「その他」とした。

出典：『東京朝日新聞』紙面より筆者作成。

表３－２　商品輸出入額

（単位：千円）

年次	輸出額（計）	輸入額（計）
1926	2,414,369	2,917,770
1927	2,382,899	2,712,024
1928	2,400,113	2,744,666
1929	2,604,315	2,764,834
1930	1,871,173	2,005,498
1931	1,479,514	1,686,124
1932	1,802,119	1,936,288

出典：日本銀行統計局編『明治以降本邦主要経済統計』日本銀行統計局，1966年，279頁より筆者作成。

表3-3 『東京朝日新聞』の年間広告行行数の推移（1928～1942年度）

（単位：千行）

年度	薬品	化粧品	図書	服装品	食料品	機器	雑品	会社	決算	官公署	病院	出帆	演芸	雑件	死亡	案内	記事面	計	1928年度を1としたときの値
1928	825	410	1,479	133	329	293	154	139	21	6	70	29	164	186	47	380	99	4,763	1.00
1929	895	477	1,321	125	452	302	197	93	20	7	78	29	188	197	45	520	103	5,050	1.06
1930	1,015	507	1,291	141	477	224	196	71	19	4	61	27	170	151	39	516	108	5,017	1.05
1931	1,065	571	1,170	150	453	272	177	75	16	3	55	26	153	130	40	590	145	5,092	1.07
1932	1,348	600	1,083	198	378	216	185	85	17	2	56	28	200	158	38	651	160	5,402	1.13
1933	1,466	898	1,210	213	471	223	292	117	16	3	70	29	160	224	45	760	159	6,354	1.33
1934	1,663	1,041	1,240	284	519	285	328	144	16	4	57	33	344	222	49	998	169	7,397	1.55
1935	1,774	953	1,181	312	533	325	484	117	17	2	47	30	434	234	48	847	166	7,507	1.58
1936	1,539	915	1,007	360	543	358	400	102	18	2	39	28	511	203	54	708	188	6,973	1.46
1937	1,810	927	1,209	581	608	450	272	116	21	2	40	29	532	242	54	837	220	7,950	1.67
1938	1,549	762	1,205	364	514	420	324	109	20	3	39	29	540	288	70	812	223	7,269	1.53
1939	1,411	624	1,073	191	317	377	295	104	21	4	36	32	374	307	76	742	227	6,211	1.30
1940	1,071	283	950	126	69	261	174	86	27	5	32	47	286	279	80	712	256	4,743	1.00
1941	702	108	618	72	24	169	105	46	27	3	25	33	226	136	59	524	207	3,086	0.65
1942	304	67	409	22	8	103	52	73	44	2	7	-	80	112	83	573	315	2,254	0.47

出典：『新聞総覧』昭和四年版～昭和十八年版より筆者作成。

ロサンゼルス大会においてみられた新しい動きが四年後のベルリン大会にも引き継がれることは、他の領域でもみられたことであるが、企業のオリンピックへの関心も例外ではない。**表3-1**にあるように、ベルリン大会は、アムステルダム大会の一三・一六倍もの広告件数を記録している。種類別にみると、朝日新聞の社告の減少が目立つ一方で、薬品・化粧品・図書・食料品・機械・服装雑貨・演芸では前回を上回る件数となっている。**表3-3**にあるように、『東京朝日新聞』の戦前期の広告のピークは、一九三七年度であり、一九三二年度から一九三六年度にかけても広告全体の伸張がみられる。しかし、一九三六年度の広告行数は、一九二八年度比一・四六倍であり、オリンピック関連の広告量の増加は、全体の広告量の増加を大幅に上回っている。

広告増加の理由

なぜ、ロサンゼルス大会、そしてベルリン大会においてオリンピック関連の広告が急増したのだろうか。その理由としては、第一に、オリンピックと社会との関係の変化――オリンピックが大規模報道の対象となり、次章でみていくように、選手派遣が国民的事業として意味づけられていたこと――が挙げられる。社会全体がオリンピックに注目するという雰囲気であれば、企業も、自然とオリンピックを自社の販売促進活動に活用しようとする。

第二に、新聞社が企業に対して広告を出すよう働きかけた可能性がある。第Ⅱ部で広告を詳しく分析するが、ロサンゼルス大会終了後のオリンピック選手凱旋歓迎に際し、『東京朝日新聞』では、選手の到着を伝える伝書鳩に企業の名前を冠し、「どの鳩が一番早く東京朝日の本社に到着するか」を当てる懸賞事業を行った。この懸賞事業には二三社が参加し、『東京朝日新聞』には、「オリンピック選手凱旋歓迎」の全面広告が六回にわたって掲載された。[5] 伝書鳩を用いた広告は、当時、最先端の広告手法であった。[6] また、企画連合広告は、一般の広告より単価も収益率も高かった。[7] オリンピックは広告増収を図る絶好の機会であるとして、新聞社は広告集めに奔走していたと考えられる。

ベルリン大会でも、新聞社は積極的にオリンピック関連の広告を集めていた。[8] 地方紙である『静岡新報』や『静岡民友新聞』までもが、連合広告を出している。[9] また、『東京朝日新聞』では、有力広告主を招待してオリンピック映画鑑賞会を行っている。[10] 第一章でみたように、新聞社のオリンピック報道や事業への投資は、採算を無視したものであった。しかし、新聞社の側にオリンピックを営業活動に利用しようという意図が全くなかったわけではなく、新聞社は、オリンピックを利用して広告での増収を図ろうとしていた。新聞社と企業が相互に結びついて、オリンピックを商業的に利用し始めたのである。

3　オリンピック関連の企業イベント——祝祭空間の移転

ナショナル・アイデンティティの喚起と娯楽の提供

いくつかの企業は、オリンピックに関して広告を出すだけではなく、イベントを開催した。表3－4は、ロサンゼルス大会時の企業のイベントの代表例である。都市の消費生活との結びつきが強いラジオや化粧品の販売促進活動が、オリンピックに際して行われていたことがわかる。

例えば、天野源七商店では、七月下旬に、オリンピックの水上競技で「日本は何《ど》の種目に優勝するか？」という懸賞を募集し、予想が当たった人全員にチューブ入りヘチマクリームを贈呈するとした（図3－2）。さらに、九月の水泳選手帰国時には、自社で一二〇〇トンの「歓迎船」を出した。これは、午前六時に霊岸島（現在の中央区新川）を出航、横浜沖に出て、選手が乗った船を迎えて横浜に入港し、正午頃に東京に戻ってくる企画であった。しかし、誰でも歓迎船に乗船できたわけではなく、「規定」には、「愛用者のお印として亦収容力に制限が御座いますのでチューブ入ヘチマクリーム（三十銭）二個の空箱を御持参の方先着一千名様に限ります。猶ほ当日、乗船場にてもチューブ入ヘチマクリームを発売致しております」[11]とある（図3－3）。商品を買った人だけが、特別な船に乗って、オリンピック選手の凱旋に立ち会うことができたのである。

商品を買った人だけが乗り物に乗れるというイベントは、当時、他の企業も行っており[12]、オリンピック選手歓迎船もその延長線上にあった企画と考えられる。『広告界』は、この天野源七商店の歓迎船について、「オリンピック選手凱旋　これは立派な国としての宣伝だが、この歓迎も個人的な広告にすることを見逃がさない程、日本の広告人もエラクなつた」[13]と書いている。消費者のナショナル・アイデンティティを刺激して、娯楽を作り出し、商品を

表３‐４　1932年ロサンゼルス大会時に企業が開催したオリンピック関連のイベント

開催時期	主催企業（業種）	イベントの概要
1932年７‐８月	天野源七商店（化粧品）	オリンピック水上競技の予想（日本はどの種目に優勝するか？） 予想が的中した人全員にヘチマクリーム（チューブ入）１個贈呈。
1932年８‐９月	東京電気株式会社（機械）	マツダ真空管オリンピックセール 期間中ラジオ受信用真空管お買い上げ金３円ごとに抽選券１枚並びに景品（上等化粧石鹸）贈呈。 抽選により，１等・金３円鉄道旅行券（500本），２等・金１円鉄道旅行券（1500本）が当たる。
1932年９月	天野源七商店（化粧品）	ヘチマコロンオリンピック水泳選手歓迎船 商品の空箱をもってきた人先着1000名が乗船できる。
1932年９月	玉置合名会社（薬品・医療品）	オリンピック選手歓迎の夕 朝日オリンピック映画と発声漫画の上映。希望者は無料で招待。

出典：『東京朝日新聞』紙面より筆者作成。

図３‐２　オリンピック水上競技の予想の懸賞募集（天野源七商店）

出典：『東京朝日新聞』1932年７月21日，夕刊７頁。

図3-3　オリンピック水上選手歓迎船（天野源七商店）

出典：『東京朝日新聞』1932年9月8日，夕刊3頁。

売り、さらには企業ブランドを確立する。天野源七商店は、オリンピック広告にも力を入れており、イベントと広告とがともに商品イメージの構築に活用されていったといえるだろう。

オリンピック・キャンペーンの「脱オリンピック化」

企業によるオリンピック関連のイベントは、ベルリン大会でもみられた。ベルリン大会時の新聞社事業は第一章で述べたように大掛かりなものは少なく、新聞社のイベントよりも企業のイベントの方が盛り上がりをみせていたともいえる。**表3-5**にあるように、ベルリン大会でも、都市の消費生活と結びつきが強い商品（菓子や酒）がオリンピック・キャンペーンの対象となった。特に森永と明治が、オリンピックのイベント化に競い合うように取り組んでいた。

さらに企業のオリンピック・キャンペーンの一部は、狭義のオリンピックやスポーツを超越したもの、例えば芸能界や映画界なども巻き込んだイベントになっていた。**図3-4**は、一九三六年七月に森永が開いた「勝て！オリムピックの夕」というイベントの広告であるが、このイベントは、オーケストラ演奏、独唱、映画の上映など、プログラムは、オリンピックとはあまり関係のない、娯楽性の強い内容である。

表3-5にあるもののほかにも、「オリンピック」という言葉を派生的に用いたイベントとして、宇野達之助商会（化粧品メーカー）では、「銀幕の人気者オリムピック大会」という懸賞を実施している（図3-5）。これは、「各国代表選手」として、日本、米国、

表3-5　1936年ベルリン大会時に企業が開催したオリンピック関連のイベント

開催時期	主催企業（業種）	イベントの概要
1936年6-8月	明治製菓株式会社（食品）	男子陸上100メートル，男子水上1500メートルの優勝タイム予想懸賞。 賞品・一等ポータブル蓄音機1台，二等明治チョコレート（豪華箱入）1個が当たる。1万5000通以上の応募があった。
1936年7月	森永製菓株式会社・森永製品販売会社（食品）	勝て！オリンピックの夕（日比谷新音楽堂） 入場者は森永ミルクキャラメル・森永ミルクチョコレート30銭分（外装紙）を持参する。
1936年8月	森永製菓株式会社（食品）	森永海浜オリンピック（逗子，片瀬，鎌倉由比ヶ浜，保田の各森永キャンプストア） 競技種目は，竹馬競争，お菓子合せ競争，障害競争，オリンピック・リング・レース，スター・リレー，むかで競争，風船競争など。日活スターが審査員をつとめる。
1936年8月	伊東屋（その他）	伯林オリンピック大会電送写真ニュース展（大日本体育協会後援，同盟通信社提供） オリンピック記念品・アルバム売り出し
1936年8-9月	明治製菓株式会社（食品）	オリンピックニュース映画の夕（日比谷新音楽堂） 朝日新聞社提供オリンピック・トーキー・ニュースの上映。入場者に10銭の明治キャラメルを進呈。
1936年10月	キンシ正宗（食品）	オリンピック選手の凱旋を祝して映画と音楽オリンピックニュースの夕（日比谷新音楽堂） 入場者に生詰キンシ正宗ポケット壜と漫画の本を進呈。（入場料10銭）
1936年10月	明治製菓株式会社（食品）	オリンピック画報 明治チョコレート1円分のレーベルと引換に，明治製菓特輯オリンピック画報を進呈

出所：『東京朝日新聞』紙面より筆者作成

ドイツ、スウェーデン、フランスの五ヵ国の女優の名前を正確に挙げさせるもので、正解者には、賞品が当たった[14]。一等は訪問着・アフタヌーンドレス・三面鏡絹夜具・洋家具セットが一〇名に当たるなど、豪華な景品が期待でき、しかも、全員が一五銭の化粧品をもらえた。「オリンピック」という言葉は「競い合い」や「お祭り」といった意味で用いられるようになり、「オリンピック」の名を冠したセールを行う企業も出現した。スポーツ・イベントとしてのオリンピックというよりは、オリンピックという言葉が連想させる祝祭的な雰囲気や娯楽性に、企業は着目したのである。

　こうした経済界の活動は、オリンピックが、都市を中心に広がりをみせていた消費文化や娯楽と融合しやすいイベントであったことを示している。これらの活動は、新聞社のオリンピックに関する報道や事業活動の過熱に刺激されたものであったかもしれない。懸賞募集にせよ選手団の歓迎イベントにせよ、新聞社がオリンピックに際して催したイベントと非常によく似ている。一方で、企業の行ったオリンピック関連のイベントにマス・メディアが同調し、オリンピックのイベント化にさらに拍車がかかったという側面もあっただろう。国家的メディアであったラジオに商業的関心の入り込む余地はなかったが、オリンピックの放送によって企業が行うオリンピック関連のイベントや広告が盛り上がり、商品の宣伝効果が高まったともいえる。(15) オリンピックへの新聞社の関

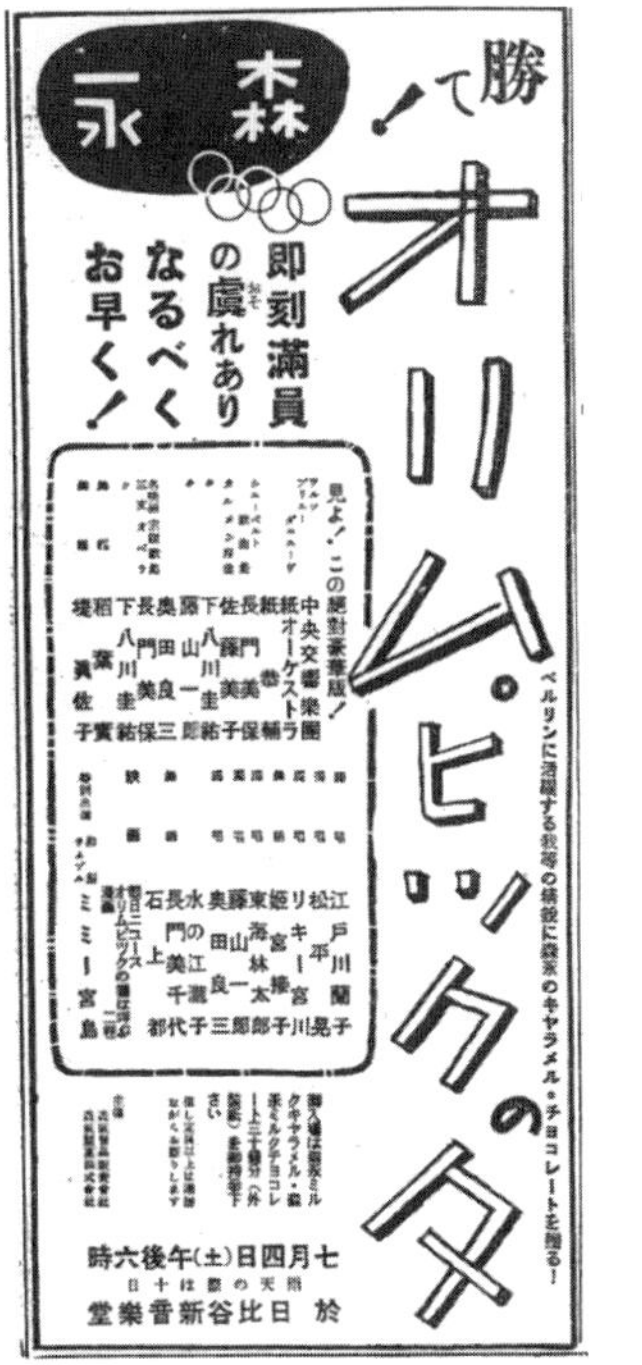

図３－４　勝て！オリムピツクの夕（森永）

出典：『東京朝日新聞』1936年７月４日，朝刊５頁。

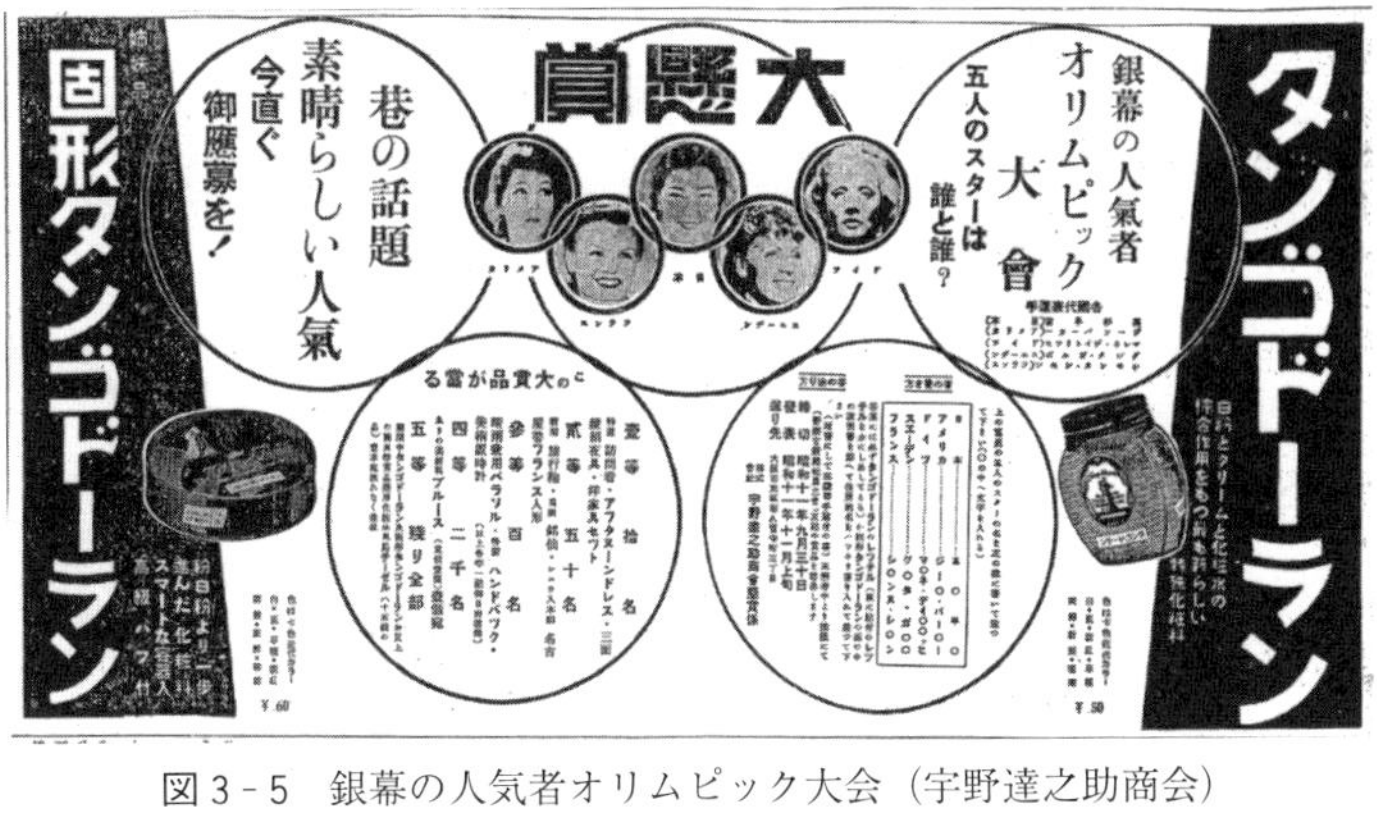

図３－５　銀幕の人気者オリムピック大会（宇野達之助商会）

出典：『東京朝日新聞』1936年８月10日，朝刊10頁。

わり方の変化、ラジオやニュース映画などオリンピックを伝えるメディアの多角化と連動して、あるいは次章でみていくように、国家が選手団を国家の代表として意味づけたことを背景として、企業のオリンピックへの関わり方も、ロサンゼルス大会を契機に大きく変化したのである。

オリンピック・キャンペーンの盛り上がりにより、ロサンゼルスやベルリンといったオリンピックの開催地から遠く離れた場所に、擬似的な「オリンピック」が次々に出現した。企業や新聞社が行う懸賞、凱旋イベント、講演会、映画会、セールなどは、オリンピックの祝祭空間が地理的な制約から解放されて移転したものであったといえる。

第四章　政府・国家——対外宣伝・国内統合・外交戦略

戦前日本のオリンピックは、政府や国家によって利用されたイメージが一般にある。しかし、それは、あくまで戦前のスポーツやオリンピックのステレオタイプ的なイメージであり、政府や国家とオリンピックの関係の実態は、冷静にみていかなければならない。戦前日本のオリンピックをめぐる諸組織の役割と諸組織間の関係性を解きほぐすことによって浮かび上がってくるのは、オリンピックを国民的関心事として仕立て上げたのは、国家権力というよりは民間であったという点である。しかし、国家も次第に、オリンピックを対外宣伝・国内統合・外交戦略との関連で捉えるようになり、一九四〇年東京オリンピックの構想に関わるようになる。本章では、一九二〇年代半ばから一九三六年ベルリン大会までの時期を中心に、日本における国家とスポーツ、そしてオリンピックとの関係をみていく。

1　スポーツと国家——縮まる距離

スポーツに対する関心の高まり

まずはじめに確認しておきたいのは、オリンピックに最初に関心をもったのは、政府でも体育関係者でもなく、マス・メディアであったという点である。一九〇八年にロンドンの博覧会場で開かれていたオリンピックは、日露戦争後に、世界の一等国の新聞社を自負して海外情報の収集に乗り出した大阪毎日新聞社が発見したものであった。その後、日本のオリンピック参加に向けて、嘉納治五郎が、クーベルタンからの要請をうけて一九〇九年にＩＯＣ委員に就任し、一九一一年に選手の選出・派遣母体として大日本体育協会を設立した。嘉納は当初、文部省や日本体育会（国民体育の振興のための団体、日本体育大学の前身）にオリンピック選手の派遣母体となるよう働きかけを行ったが実現せず、大学関係者らの協力を得て、自らの手で大日本体育協会を作ったのであった。(1)

一九一二年ストックホルム大会以来、日本はすべてのオリンピック大会に選手を送り込んでいるが、大日本体育協会設立の経緯からもわかるように、初期の段階では、オリンピック選手派遣に対して政府に確固とした方針があったとはいい難い。一九二八年に大日本体育協会の機関誌『アスレチックス』に掲載された北豊吉（文部省体育課長）の論文によると、一九二〇年アントワープ大会の頃には、「体育に従事して居る民間の遣方は、政府と手を繋ぐとか、政府に頭を下げると云ふことは一種の恥辱であるかの如く考へた人(2)」があり、「又政府はさう云ふ事業を国務として取扱ふのは不似合であると考へ(3)」る状況であった。外務省外交史料館の所蔵資料からも、ストックホルム大会やアントワープ大会では、政府は、嘉納治五郎らオリンピックへの参加者と、ＩＯＣや開催国との間の取り次ぎ役に徹していたことがうかがえる。(4)

日本において、オリンピックに関して日本選手団と政府との間に密接な協力関係が築かれたのは、一九二四年パリ大会が最初である。アントワープ大会からパリ大会に至るまでの四年間に、スポーツと国家の関係がいくつかの段階を経て変化していた。

まず、この間、皇室がスポーツに積極的に関わるようになった。きっかけとなったのは、皇太子裕仁（のちの昭和天皇）の訪欧旅行である。皇太子裕仁は、一九二一年三月三日に日本を出発し、英国、フランス、ベルギー、オランダを訪問後、九月三日に帰国した。この六ヵ月に及ぶヨーロッパ訪問は、皇太子裕仁に次期天皇としてふさわしい国際感覚を身につけさせるべきであるとの認識から実現したもので、皇太子の思想形成に大きな影響を与えた。特に最初の訪問国の英国では、王室と親交を深め、昭和天皇は晩年に、英国王室は「私の第二の家庭」(5)であったとふり返っている。皇太子は、英国の国家体制――国民から親しみをもたれる皇室と政党政治による統治――を理想とするとともに、欧州の生活スタイルに感化され、帰国後には、ゴルフやテニスに興じるようになった(6)。

さらに皇太子の訪欧旅行での堂々とした様子は、メディアでも報じられた。梶田明宏によれば、この訪欧旅行は皇室イメージにとって転換点となり、これまでの近づきがたい皇室イメージに代わって、親しみのある動的な皇太子像がメディアによって報じられ、国民の間での皇太子の評判は高まった(7)。皇太子は、訪欧中に二〇歳の誕生日を迎え、帰国直後の一九二一年一一月二五日に摂政に就任した。

英国の文化的香りをまとったスポーツの地位は、皇太子の人気とともに上昇していった。皇太子の帰国後、一九二一年一〇月には、当時の世界的テニス選手であった清水善造らが宮城内のテニスコートに招かれて台覧試合を行い、皇族がこれを観戦した。

一九二二年四月には、皇太子訪英に対する答礼として、英国皇太子が来日した。日英両国の皇太子は、ともに「スポーツマン」と報じられ、この時、裕仁は英国皇太子とゴルフを行った。さらに英国皇太子は、滞在中、陸上四〇〇メートル競走の優勝者に授与するカップを、プリンス・オブ・ウェールズ杯と名づけて大日本体育協会に贈った[8]。一一月に開催された全日本選手権陸上競技大会では、英国皇太子がプリンス・オブ・ウェールズ杯を寄贈したのにならって、皇太子裕仁も十種競技の優勝者に東宮杯を授けた。

今日では、「天皇杯」「秩父宮杯」などの名称を冠したスポーツ・イベントが多く存在するが、この全日本選手権に登場した東宮杯が、日本の皇室がスポーツの優秀者にカップなどを授与した最初である[9]。翌一九二三年五月の第六回極東選手権（大阪）では、天皇杯が授けられたほか、秩父宮が大会総裁に就任し、国旗を日本選手団に下賜した[10]。皇室が自らスポーツを実践するとともに、推奨し、スポーツ・イベントの勝者を表彰するようになったのである。

一九二〇年代に入ると、政府もスポーツに関与し政策化をし始めた。総力戦となった第一次世界大戦を経て、強健な身体をもった国民の育成が重視され、体育奨励や衛生・保健政策が登場した。これには、従来から学校体育を所管していた文部省に加え、内務省も関わってきた。文部省は、一九二〇年、社会教育事務打合会において「公衆体育の奨励に関する事項」を協議し、一九二一年に再設した学校衛生課の所管事項に体育運動を加えた。一九二一年には、社会教育主事会議に「公衆体育の振興方法」を諮問し、運動体育展覧会も開催している[11]。一方、内務省は、一九二〇年に内務大臣が国民体位改善のための積極的保健政策を提唱し、一九二一年には保健衛生調査会が具体的な調査を開始したほか、海水浴・登山・運動・競技などのフィルムも作成した[12]。文部省と内務省が、互いに競い合うようにスポーツの政策化を推し進めていったのである。

スポーツの政策化（一九二四年）

文部省と内務省によるスポーツ奨励策が結実したのが、一九二四年である。この年に開催されたパリ・オリンピックでは、選手団の派遣に政府から六万円の補助金が拠出されたほか、秩父宮による日章旗下賜が行われ、文部大臣が送宴を催して訓辞をした[13]。このパリ大会への政府の対応は、前年に大阪で開催された第六回極東選手権を踏まえたものであった。前述のように、第六回極東選手権には、秩父宮の大会総裁就任、天皇杯の下賜など、皇室による積極的な関与があったが、天皇杯とともに、文部大臣杯、外務大臣杯、内務大臣杯なども登場していた[14]。皇室、内務省、文部省のスポーツをめぐる動きが活発化するなかで、一九二四年パリ大会から政府によるオリンピックへの関与が始まったのは、当然の成り行きであったといえる。

さらに、開催時期はパリ大会のあとになるが、一九二四年には、第一回明治神宮競技大会が内務省主催で行われた。明治神宮競技大会は、戦後の国民体育大会へとつながっていくスポーツ競技会である。明治神宮設立の経緯に関する山口輝臣の研究が明らかにしているように、明治神宮は、明治天皇の死後、明治天皇を記念して東京に建立された神社で、内苑と外苑からなる。内苑は、国費によって国家が造ったのに対し、外苑は、奉賛会が全国から寄付を集めて造営し、近代的な都市生活に不可欠な諸施設（聖徳記念絵画館や運動競技施設）が建てられた。外苑造営にあたっては、寄付だけではなく、全国各地から献木や青年団の勤労奉仕が行われた。内苑は一九一五年に起工、一九二〇年に完成したが、外苑は一九一八年に起工、一九二六年に完成した。ただ、外苑の競技場は、関東大震災で工事が中断したものの、一九二四年一〇月二五日には完成していた[15]。

第一回明治神宮競技大会は、国民の手によって建てられたばかりの外苑の競技場で行われた、日本で初めての総合的な競技会であった。実施競技は、陸上、フットボール、ホッケー、バレーボール、バスケットボール、相撲、柔道、剣道、弓道、野球、水泳、ボートレース、テニス、馬術と多岐にわたった。会期は、一〇月三〇日から一一月三日までの五日間であった。一一月三日は、明治天皇の誕生日で明治神宮の例祭日であり、明治神宮競技大会は、翌年以降もこの日にあわせて行われた。大会の趣旨には、「全国の選手を東京に集め、神前に於て光栄ある全国的一大競技を行ふは啻に　明治大帝の御聖徳を憬仰する所以なるのみならず国民の身体鍛錬並精神の作興上其の効果尠少ならず」[16]とあった。明治神宮競技大会は、明治天皇の記念事業であり、かつ国民の身体・精神を鍛えるための事業であった。国民の身体鍛錬の必要を訴える主張は、第一次世界大戦後の体育行政の延長線上にあったといえるが、ここでは、関東大震災後に課題として浮上してきた国民精神作興上の効果も説かれている。[17]

一九二四年には、内務省に対抗して文部省が、明治神宮競技大会の最終日（一一月三日）を体育デーとし、全国各地の学校、青年団、婦人会、在郷軍人会、工場などで体育関連のイベントが行われた。明治神宮競技大会と体育デーは、翌年以降も明治神宮例祭日に催される。山口輝臣によれば、明治神宮内苑が完成する前は、明治天皇を記念した祝日（明治天皇祭）は明治天皇の亡くなった七月三〇日であり、一一月三日（明治天皇の誕生日）は、明治神宮例祭日となることによって特別な意味をもつようになったという。一一月三日は大正時代には平日であり、この日が祝日（「明治節」）になったのは、一九二七年である。[18]明治節の制定には、この日に明治神宮競技大会と全国体育デーという二つの体育イベントが、全国の国民の身体を巻き込んで大掛かりに行われたことも関係していたと考えられよう。

体育行政は、一九二八年に文部省の所管となって一本化され、思想善導の手段としての運動競技の奨励という方向に舵がきられて軌道にのっていく。一九二四年のパリ・オリンピックや一九二五年にマニラで開かれた極東選手権に引き続き、一九二八年のアムステルダム・オリンピックでも、政府からは六万円が拠出され、秩父宮から日章旗が下賜された。[19]

ただし、一九二〇年代の政府や皇室のオリンピックへの対応は、後の時代と比べると中途半端なものであった。パリ大会の際の大日本体育協会から政府への請願書は、関東大震災からの復興が第一となっている事情を踏まえて少数精鋭の小規模な派遣計画を立てているとしながらも、一〇万円の補助を願い出ている。[20]しかし、実際の補助額は六万円で、アムステルダム大会も同じ額であった。また一九二四年、内務省では、冬季・夏季の両オリンピックの活動写真を購入しようと外務省を通じて在仏日本大使館に問い合わせているが、予算不足により断念、一方で、朝日新聞社と毎日新聞社はこれを購入したようである。[21] オリンピックに積極的に関わったのは、マス・メディアであった。政府・国家がオリンピックに本腰を入れて取り組むようになるのは、財政面においても儀式面においても、一九三〇年代の大会まで待たなければならない。

2　政府・国家と一九三〇年代のオリンピック——積極的関与のはじまり

オリンピック派遣事業の資金

本節では、一九三〇年代のオリンピックに政府・国家がどのように関わったのかについてみていくが、まずは、戦前日本のオリンピック派遣事業の財政的側面について確認しておこう。

図4-1は、オリンピック日本選手派遣費および派遣人数の推移である。大日本体育協会の会計報告は、日本が冬季大会に初めて参加した第九回（一九二八年）大会以降は、冬季競技も含めたものになっている。オリンピックの選手派遣費は、大会のたびに増加していた。とりわけ一九二八年大会から一九三二年大会の間に約四倍、一九三二年大会から一九三六年大会の間にさらに約二倍となった。派遣人数も、一九二八年大会では夏季五六名、冬季七名であったのが、一九三二年大会では夏季一九二名、冬季二二名、一九三六年大会では夏季二四九名、冬季四八名と増えていた。

図4-2は、選手派遣費の収入内訳の推移である。政府から選手団に拠出された金額は、一九二四年大会六万円、一九二八年大会六万円に対して、一九三二年大会一〇万円、一九三六年大会三〇万円と一九三〇年代に入ってから大幅に増えた。しかし、一九三〇年代の大会では、政府補助金の増加以上に民間からの寄付が増加していた。一九

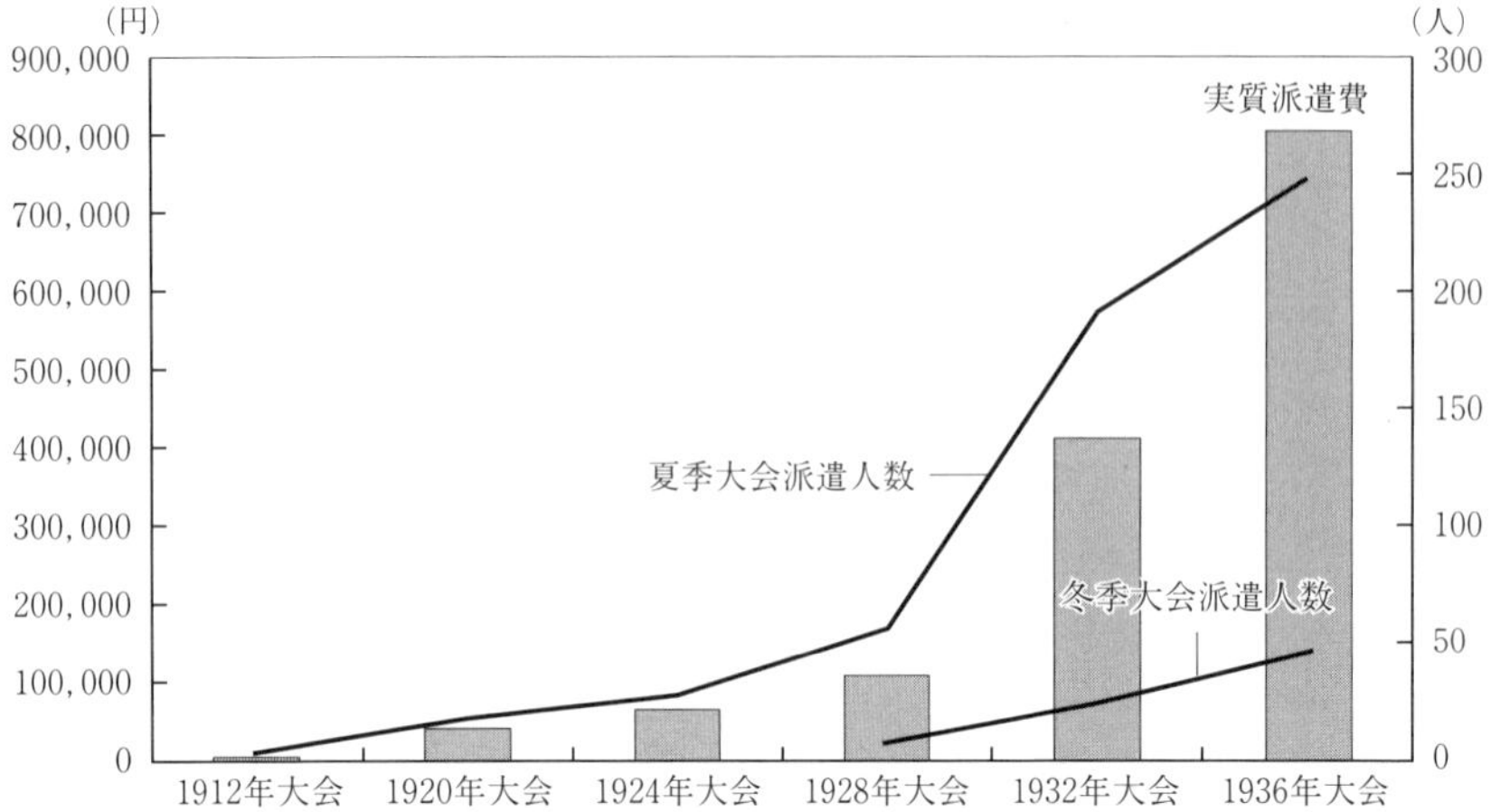

図４－１　オリンピック日本選手派遣費・派遣人数の推移（1912年大会～1936年大会）

注：1920年大会については，予選会の経費も含めた会計報告となっているため，選手支度費，選手渡航準備諸費，渡航後選手旅費の合計額を実質派遣費とした。1932年大会については，派遣費合計額から次回大会積立額を引いた額，1936年大会については派遣費合計額から残高を引いた額を実質派遣費とした。

出典：大日本体育協会編『大日本体育協会史（上巻）』1936年；大日本体育会編『大日本体育協会史（補遺）』1946年より筆者作成。

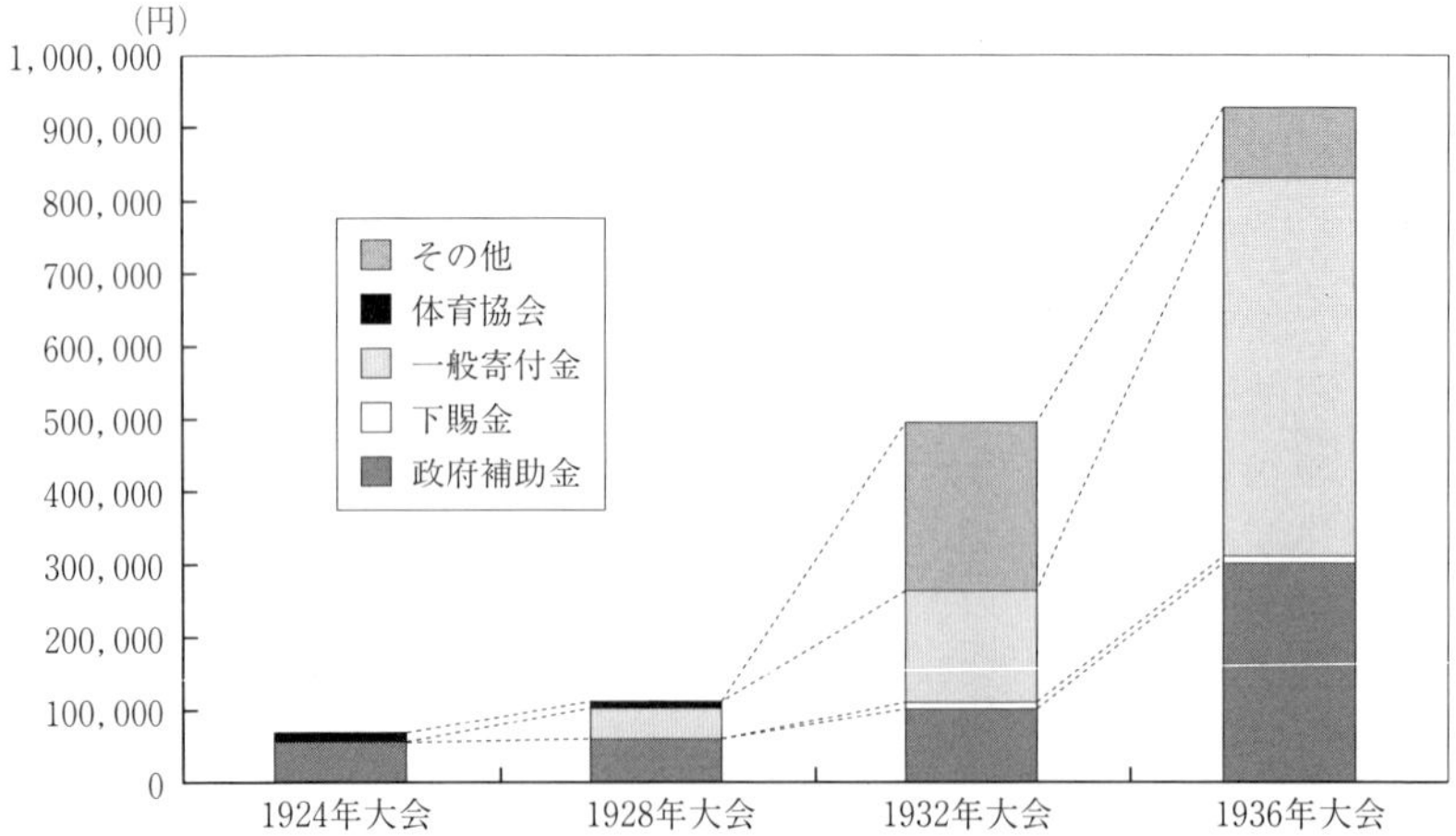

図４－２　オリンピック日本選手派遣費収入内訳の推移（1924年大会～1936年大会）

出典：大日本体育協会編『大日本体育協会史（上巻）』1936年；大日本体育会編『大日本体育協会史（補遺）』1946年より筆者作成。

二四年と一九二八年の大会では、派遣費の半分以上が政府からの補助金によって賄われていたが、一九三二年大会では、派遣費負担のバランスは、政府の負担大から民間の負担大に転じた。一九三二年大会では、民間の寄付の増加によって、派遣費全体に占める政府補助金の割合は、約二割に減ったのである。さらに一九三六年大会では、政府補助金は一九三二年大会の三倍の三〇万円となったが、民間の寄付金の規模は一九三二年大会時と比べると三倍以上になった。オリンピック後援会が民間から集めた寄付金の総額は、ベルリン大会報告書によれば四八万七五五〇円、戦後に刊行された『大日本体育協会史（補遺）』によれば五二万八二五円だった[22]。

つまり、オリンピック代表選手派遣事業は、一九一二年と一九二〇年の大会では小規模で、これに対する政府や社会の関心は乏しく、もっぱらスポーツ界によって担われてきた。一九二四年と一九二八年の大会では、政府が財政支援をしたが、民間の関心はほとんどなかった[23]。しかし、一九三二年ロサンゼルス大会になると、政府がこれまでにない規模の資金を投じ、民間もそれに全面的に協力するようになった。

ただ、ロサンゼルス大会の政府補助金も、体育関係者たちが当初目論んでいた額と比べれば、少額であった。政府補助金は、当初は三〇万円だったのが、一旦は七万円まで減額、結果的に一〇万円で落ち着いた。政府がオリンピックに真っ先に飛びついたというよりは、政府は、新聞社も含めた民間組織におけるオリンピックへの関心の増大を背景として、オリンピックを支援していった、あるいは支援せざるをえない状況に追い込まれていったといえるだろう。ロサンゼルス大会への代表選手派遣事業は、国家事業というより国民的事業であった。そしてベルリン大会では、ロサンゼルス大会以上に大きな規模で、国家からの資金援助と民間からの資金援助が選手団に対して行われるようになり、挙国一致的な色彩を強めたのである。

精神的・象徴的・実務的な支援

一九三〇年代のオリンピックで、国家は、資金面だけではなく精神的・象徴的・実務的にも選手団を支援するようになった。ロサンゼルス大会では、オリンピック派遣費募集に際して、鳩山文相が財界実業界関係者を招待して後援を依頼した[24]。外務省も、在ロサンゼルス領事から本庁へ、本庁から在外公館へと働きかけを行った[25]。前述のようにラジオ放送の実施に関しても、外務省の果たした役割が大きかった。出発前の送別会には、東京市長とともに文部大臣が出席した。帰国時には、選手団は、まず文部大臣の感謝状授与式、その後、大日本体育協会主催の解散式、東京市主催の歓迎会に出席している。選手団は皇室との結びつきを強め、出発時にも帰国時にも明治神宮参拝と二重橋での宮城遥拝が行われたほか、恩賜のブレザー、秩父宮下賜旗などが用いられた[26]。ベルリン大会でも、出発時と帰国時の明治神宮参拝と二重橋での遥拝が行われ、文部省、逓信省、鉄道省がそれぞれ視察団を派遣した。視察団派遣は、次回第一二回大会の東京開催を見込んだものである。ロサンゼルス大会からは、下賜金も拠出されるようになった。下賜金は、ブレザーや旗とともに、皇室と選手団との強い結びつきを象徴的に表している。

3　国家戦略のなかのオリンピック

アムステルダム大会における日本選手の活躍

このように一九三〇年代に国家による多方面からの援助が行われた背景には、第一に、一九二八年のアムステルダム大会以降、政府がオリンピックに意義を認めるようになっていたことがある。新聞社が国際スポーツ・イベントに商業的・娯楽的価値を見出したのに対し、政府は、オリンピックにおける日本選手の活躍が、外交や国民統合に益すると認識するようになった。

『第九回国際オリムピック競技大会報告書』によれば、日本選手団に対する外国人の態度は、アムステルダム大会の期間中に徐々に好転していった。[27] オリンピックでの活躍によって日本の国際的地位が上昇したことは、新聞や体育雑誌の記事でも紹介された。[28] 大会終了後には、内閣総理大臣と外務大臣を兼任していた田中義一から、「『オリンピック』第九回大会ニ於テ帝国側役員選手諸君一同ノ奮励努力ニ依リ未曾有ノ成績ヲ収メ我『スポーツ』ノ名声ヲ中外ニ挙ケタルハ我国民ノ誇トスル所ニシテ誠ニ欣快ニ堪ヘス深ク其成功ヲ祝スルト共ニ諸君ノ労苦ニ対シ茲ニ深厚ナル謝意ヲ表ス」[29] との電報が選手団へと送られた。さらに帰国後の一〇月二七日、一行は、文部大臣から官邸に招待された。[30] オリンピックにおける好成績が対外的な国力の誇示につながり、外からの評価を獲得することを通じて国民の間に自尊心が生まれ、国内を統合することにもなる。このことを政府がはっきりと認識したのが、アムステルダム大会であった。

対外問題とオリンピック

さらにアムステルダム大会からロサンゼルス大会までの間に、日本が置かれた国際環境が変化し、オリンピックのもつ国家的意義の重要性が一層高まった。一九三一年九月一八日の柳条湖事件後、中国は即座に国際連盟に提訴し、国際連盟では、英・米・仏・独・伊の代表からなる調査団（いわゆるリットン調査団）を結成した。はじめ国際社会は事態の早期収拾を期待していたが、一〇月八日には、関東軍によって錦州が爆撃された。さらに一九三二年一月には、上海事変が勃発、一九三二年三月一日には、実質的には日本の傀儡《かいらい》国家である満洲国が建国を宣言した。ロサンゼルス大会が開催されたのは、まさにリットン調査団が満洲事変の調査を進めている最中であった。[31] ロサンゼルス大会で、政府は、これまでになくオリンピック選手派遣が対外関係に与える影響に注目・期待して、多方面から支援するようになったわけだが、その主な動機として、対日イメージの改善、在米日系人問題の解決、満洲国問題の解決、の三点を挙げることができる。

満洲事変後、政府内では、諸外国における対日イメージの悪化に対する懸念が強まり、対外宣伝の必要性が叫ばれていた。一九三二年五月には、時局同志会が立ち上げられ、一九三二年九月には、外務省内に官制によらない情報委員会が設置されている[32]。特にロサンゼルス大会は、国際社会で影響力をもち、日系移民排斥運動を抱える米国で開催されるものであった。満洲事変後の対日イメージについては、研究者によって評価が分かれ、錦州攻撃や上海事変がきっかけで悪化したという見解もあれば、一般の人々は満洲問題に無関心であったという見解もある。ただ、米国における日本の評価の実態とは別に、日本では、米国における反日感情の高まりというイメージが広がっていたことは確かであろう[33]。そのイメージに基づいて、オリンピックは、米国国民の対日感情の改善を図る絶好の機会として捉えられていた。オリンピックを通じた諸外国における対日感情の好転への期待は、ベルリン大会を経て一九四〇年東京大会の計画が挫折するまで維持される。

次に在米日系人の問題については、二世や永住希望者の増加により日本への帰属意識が希薄になっていることが、満洲事変前から憂慮されていた。外務省の文書をみる限り、ロサンゼルス大会時、在米日系人に関しては、選手団に対する資金援助への期待がなによりも先行していたようである[34]。しかし、オリンピックには、在米日系人に日本人としての意識を再確認させる――国境を越えて日本人を統合していく――意味もあった。オリンピックを通じた対日イメージの改善と日系人の支援を政府が重視していたことは、外務省が日本選手に関する米国の反応を注視し、在米日本人会と緊密に連携をとっていたことからも明らかである[35]。なお、ベルリン大会では、「在外邦人の支援」という名目が顕在化することはないが、皆無であったわけではない。オリンピック取材の記者数に制限があったことは第一章で述べたが、外務省では、「在南北米日本新聞」を代表して渡独する記者にその権利を与えるようにという通達を大日本体育協会に出している[36]。

結果的には失敗するが、政府には、オリンピックを利用して満洲国の国際的承認を獲得しようという野心もあった。単に対日観の好転を図るだけではなく、この機会に、満洲国を独立国としてオリンピックに出場させようとしたのである[37]。結果的に満洲国出場は叶わず、日本側が満洲国代表として出場させようと考えていた選手は、中国の代表としてオリンピックに出場した。満洲国出場が不可となった経緯については諸説ある[38]。政治的対立をまずはスポーツの場で解決しようとすることは、今日に至るまで度々みられてきたことであるが、この時の日本政府も、そうした手法をとろうとしたのである。満洲国参加問題は、一九三四年の極東オリンピックで表面化し、さらに一九四〇年のオリンピックに至るまで、日本の国際スポーツ参加に付随する問題として長く尾を引くことになる[39]。

オリンピックの国内的意義

ここまでみてきた対日イメージの改善、在米日系人問題の解決、満洲国問題の解決は、いずれも対外的な問題である。しかし、政府はオリンピックに、対外的な効果だけではなく国内的な効果も期待していた。政府は、ロサンゼルス大会で日本向けラジオ放送の実現に奔走し、ベルリン大会でも写真電送や実況放送の延長に協力した。様々な儀礼を通じて日本選手団を国家の代表として承認するのに加えて、日本選手が世界の舞台で奮闘する様子が日本国民に最新の技術によって伝えられるように動いたのである。

オリンピック選手派遣は、国民の体育の問題としても捉えられていた。国民体位の向上という課題は、一九二四年パリ大会への補助金拠出が始まった時からみられたが、一九三〇年代半ばには、兵士の質に対する危機意識が広がり、重要度を増していたようである[40]。ベルリン大会への参加に際して、大日本体育協会の平沼亮三は、「莫大な費用を投じて強固なる国防軍備が出来ましても之を活用する将兵の体位健康が衰弱でありましては折角の軍備又何の用に立ちませう。素よりオリムピツクの費用などといふものは国軍備費に比すれば真に九牛の一毛でありまして私は寧ろ国民の健康を忽にして何の軍備ぞやと敢て云ひたいのです」[41]と述べている。下賜金も建前上は、「体育奨励」のためとなっている[42]。東京オリンピック決定後には、都新聞主催の国民体位向上スポーツ展覧会を、東京大会組織委員会が後援している[43]。「国際スポーツ」と「国民体位向上」は、少数のスポーツ選手の英雄化が国民全体の体力レベルに及ぼす弊害が指摘されることはあったものの[44]、基本的には、国家の政策レベルのみならず、体育関係者やメディアの間でも、矛盾することなくセットとして捉えられていたといえる。

東京オリンピック招致運動

政府がオリンピックを対外宣伝・国内統合・外交戦略の手段として捉えるようになった時期は、東京オリンピック招致運動が行われた時期でもあった。オリンピック招致の構想を抱き、その夢に向かって最初に走り出したのは、次章でみるように、政府ではなく、東京市と大日本体育協会である。東京オリンピックの構想は、一九三〇年代初頭に生まれ、東京市は、ロサンゼルス大会の直前に開催されたＩＯＣ総会において、第一二回大会の開催地に正式に立候補した。

ロサンゼルス大会にアムステルダム大会の約三倍もの選手を日本から出場させた背景には、東京オリンピック招致に向けたアピールといった意味合いがあったことは確かである。だが、政府がこのことを強く意識していたとはいい難い。政府は、オリンピックを対外宣伝の好機と捉えるようになっていたが、「大日本体育協会側に於ては『オリムピック』大会が其の性質上政府と関係なき建前[45]」であるとして、招致運動には協力するものの一定の距離をとっていた。ただし、これは、招致運動開始当初の「建前」であり、招致活動が佳境に入るにつれて、大日本体育協会も政府の強力な援助を期待し、政府も、招致成功に向けて積極的に運動することになる[46]。

ここまで本章でみてきたように、一九三〇年代のオリンピックにおける国家の存在感の高まりは、オリンピックが国民的事業として位置づけられたことを示している。初期のオリンピックに注目したのは、マス・メディアであり、政府は、オリンピックへの選手派遣に関して明確な方針をもっていたわけではなかった。一九二〇年代に入ると、政府もスポーツに積極的に関与するようになり、一九二四年には、内務省主催の明治神宮競技大会と文部省主催の全国体育デーが創設されるとともに、パリ・オリンピックに政府から補助金が拠出され、秩父宮から日章旗が下賜された。しかし、政府がオリンピックに熱心に関わるようになるのは、一九三〇年代のことである。

一九二八年に開催されたアムステルダム大会での日本選手の活躍を契機に、政府は、オリンピックを重要なイベントとみなすようになっていた。こうした認識は、朝日新聞社主催の国際水上競技大会など、アムステルダム大会後に日本国内で開催された国際スポーツ・イベントに寄せられた熱気によって、さらに補強されていっただろう。そこに国際環境の悪化が重なり、政府は日本選手団に対して、各方面から支援を行うようになった。日本選手団は、政府や皇室から財政的な支援を受け、出発時と帰国時には、恩賜のブレザーを着用して明治神宮参拝と宮城遥拝を行うなど、国家的な儀礼を欠かさないようになった。こうして日本選手団は、国家の代表として意味づけられていったのである。日本選手団が国家の代表として意味づけられれば、マス・メディア、財界関係者、一般国民、そして政府までもが、日本選手団を支援したり、日本選手団にあやかろうとしたりするようになり、オリンピック選手派遣は、国民的事業となる。オリンピックは、政府や国家に支持されることによって、ますます国民の多くを惹きつけ、巻き込んでいくイベントになったといえるだろう。

政府の行ったオリンピックへの財政的投資は、短期間で回収できるようなものではなかった。だが、政府は、オリンピックを通じた対日イメージの改善・向上や、それが「イベント」として報じられることによって達成される国内の統合を期待していたといえよう。また、オリンピックは、一九三二年ロサンゼルス大会以降、国際政治の一舞台として認識されるようになり、外交戦略のなかにも位置づけられるようになったと考えられる。

第五章　一九四〇年東京オリンピック——東京市・政府・メディア・企業の交錯する思惑

第一章から第四章まで、マス・メディア、企業、国家といった諸組織が、一九三六年ベルリン大会までのオリンピックにどのように関わってきたのかについて述べてきたが、一九三〇年代のオリンピックの日本における展開は、一九四〇年に開かれる第一二回大会の東京への招致運動と密接に関係している。東京大会の招致から返上までの経緯については、組織委員会による報告書と東京市による報告書があり、先行研究も蓄積されている[1]。本章では、これらの報告書や先行研究に部分的には多く依拠しながら、一九三〇年代を通じて、東京オリンピックの構想がなぜ、どのように生まれ、変化したのか、それが日本社会にどのようなインパクトを与えてきたのかについてみていきたい。

以下では、まず、東京大会の招致から返上までの経緯を簡単に述べ（第一節）、招致運動期並びに大会準備期において主要な役割を演じた組織（第二節）、人物のネットワーク（第三節）についてみていく。そのうえで、東京オリンピックをめぐる動きが活発化し広範囲に広がった大会準備期を中心に、メディア（放送・新聞・雑誌）や企業・経済界と東京オリンピックとの関係について考察する（第四節）。

1　招致から返上まで

皇紀二六〇〇年にオリンピックを

一九四〇年東京大会の構想については、なぜ一九四〇年に、日本で、東洋で最初のオリンピックを開催することが計画されていたのかという点から考えていく必要がある。一九四〇年は、伝説において初代天皇とされる神武天皇の即位の年を紀元とする皇紀で二六〇〇年という節目の年であった。この年に国際的なスポーツの祭典を東京で開催すれば、東洋における日本の優位性を内外にアピールすると同時に、天皇を中心とした日本の国家的伝統を示すことにもなる。また一九四〇年には、もう一つの国際的な祭典として、万国博覧会の東京での開催も予定されていた。

東京大会の報告書（組織委員会の報告書および東京市の報告書）によれば、一九四〇年のオリンピックを東京に招致する動きが現れたのは、一九三〇年六月である。(2) 東京市長永田秀次郎が山本忠興と懇談した際に、一九四〇年、即ち皇紀二六〇〇年にオリンピックを東京で開催する希望を伝え、学生を引率して欧州遠征に出かける山本に調査を依頼したという。山本は一二月に帰国し、東京大会開催の可能性があることを永田に報告した。

オリンピック招致に向けてまず動き出したのは、東京市であった。一九三一年一〇月二八日には、東京市会で五名の市議によって提出されたオリンピック大会東京開催の建議案が満場一致で可決された。建議案では、大会招致の理由が次のように説明されている。

従来国際オリンピツク競技大会は各国主要都市に於て開催せられたるも未だ曾て東洋に於て開催せられたるこ

となし。復興成れる我が東京に於て第十二回国際オリンピック競技大会を開催することは我国のスポーツが世界的水準に到達しつつあるに際し時恰も開国二千六百年に当り之を記念すると共に、国民体育上裨益する処尠からざるべく延ては帝都の繁栄を招来するものと確信す。(3)

ここで注目すべきは、東洋では一度もオリンピックが開催されていないという主張が第一になされていたことである。「東洋で最初のオリンピックを！」という主張は、これ以降、東京大会招致運動の原動力となり、オリンピックの普遍性を追求するＩＯＣ委員の心をつかむこととなる。

オリンピック開催が、関東大震災からの復興、紀元二六〇〇年記念、帝都繁栄の契機と捉えられていたことも重要であろう。特に「建国から二六〇〇年」という意味づけは、「東洋初のオリンピックを！」とともに招致運動期に繰り返され、内外の支持を集めた。また、オリンピックは、当初から、帝都の復興を示し、さらなる繁栄をもたらすイベントであると主張され、その計画は、東京の都市計画とも密接に連動することになった。建議案には日本のスポーツの水準が世界的なものへと向上していることへの言及もあるが、一九三〇年代初頭に、スポーツ、特に国際競技に対する関心がこれまでになく高まりをみせていたことは、これまでみてきた通りである。

第一二回大会開催地に立候補

東京市は、一九三二年七月二九日、ロサンゼルス大会開幕直前に当地で開催されたＩＯＣ総会で、一九四〇年第一二回オリンピック大会の開催候補地として正式に立候補を表明した。この総会で、嘉納治五郎と岸清一が東京市長からの招聘状を提出したのである。

ロサンゼルス大会後、招致運動は本格化し、一九三四年一二月一七日の東京市会は、各国選手派遣費補助として一〇〇万円を支出する建議案を、全会一致で可決した。東京市は、ヨーロッパやアメリカから地理的に離れた東京での開催に各国が示していた懸念を払しょくするために懸命であった。

東京大会招致運動が転機を迎えるのは、一九三五年初頭である。一九三五年二月二五日から三月一日にかけて、オスロでIOC総会が開催された。当初、この総会では、一九四〇年第一二回大会の開催地が、ローマ、東京、ヘルシンキのなかから選出される予定であった。日本は、会議直前にムッソリーニとの間でローマ辞退の約束を交わしていたが、結局、この総会では、開催地の選出は行われなかった。IOC委員の間で、日本側の行ったムッソリーニとの直接交渉を、オリンピックへの政治の不介入という原則への違反とみなす向きが強まったことから、決議は、翌年のベルリン総会に延期されたのである。

一方、日本国内では、オスロ総会後、オリンピック招致運動に国が関与するようになり、広範な支持が集まる。ムッソリーニとの直接交渉によってローマ辞退という回答が引き出されたことから、東京でのオリンピック開催が現実味を帯びたと認識されたのである。政府と議会は、オリンピック開催支持の立場を明確にし、一九三五年一二月一八日、「官民一致」[4]の招致委員会が結成された。

招致委員会には、IOC委員、体育関係者、東京市長などのほか、政財学各界の有力者、外交官、各省次官ら六七名もの委員が任命され、外務省情報部長、内務省神社局長、国際観光局長などが幹事に名を連ねていた。会長に就任したのは、徳川宗家一六代目の徳川家達である。招致委員の人数は非常に多く、どの人物が招致運動に実際に熱心で、どの人物が名ばかりの委員であったかを判断するのは難しい。ただ、委員の顔ぶれと肩書から、官民のネットワークをすべて活用して東京オリンピックの実現に向けて動き出そうとした、その熱意だけは感じられる。

ラツールIOC会長の来日

一九三六年春（三月一九日から四月九日）には、ラツールIOC会長が来日した。ラツールは、東京市、大日本体育協会、招致委員会はもとより、新聞社、外務省、陸軍省、鉄道省によって盛大にもてなされた。ラツールのスケジュールには、大会に直接関係する明治神宮外苑競技場やホテルの視察だけではなく、歌舞伎座観劇、明治神宮参拝、各国大使招待会、関西（京都・奈良）、箱根、日光の見学なども組み込まれた。日本側は、ラツールを各地の観光地に連れて行ったのである。個人的な旅行とされたが、旅費・滞在費の一万五〇〇〇円を負担したのは、東京市であった(5)。

ラツールはその後ヘルシンキも視察しているが、ラツールの来日によって、東京オリンピックの実現が一歩近づいた。ラツールは、日本視察後に、東京大会支持へと転向したようである。外務省外交史料館の史料から、日本の外務省が、ベルギー紙が東京特派員の通信として掲載したラツールの訪日の感想を把握していたことがわかる。それによれば、ラツールは、日本の運動界の進歩やアマチュア・スポーツ精神に驚嘆し、オリンピック大会の設備案にも満足した。距離の問題が難点ではあるが、船や鉄道の運賃の割引によって緩和されるだろう。東京大会は有望だ。国際委員会（IOC総会のことだと思われる）の決定は予断しがたいが、自分は東京に投票すると述べたという(6)。ベルリン総会の三ヵ月ほど前に、前年のムッソリーニとの直接交渉から生じたネガティブなイメージを挽回してIOC会長の高評価を獲得できたことは、オリンピックの東京招致成功の決定的要因となったと考えられる。

招致成功

一九三六年七月下旬、ベルリンでは、オリンピックの開幕直前に、次回の大会開催地を決定するIOC総会が催された。日本からは、嘉納治五郎、副島道正のIOC委員が出席した。また、東京市からは市会オリンピック実行委員の辰野保、中塚栄次郎、森富太、長野高一、一又安平、花村四郎、そして市会議員の瀧澤七郎、佐藤栄志、黒田保次がベルリン入りした。一方、東京大会招致委員会では、牧野耕蔵、深澤豊太郎らの列国議会同盟会議参列の衆議院議員に招致運動に対する協力を要請するとともに、東京大会招致成功を予期して、大谷武一、宮木昌常、白山源三郎、栗本義彦、岸田日出刀、諸井三郎、斉藤一男、松本瀧蔵、李相佰に、調査委員を委嘱した。東京大会に関連してベルリンに出掛けた関係者は、正式に派遣された人だけでも、相当な数に上っていた。

第一二回大会開催地の決定は、最後まで混迷を極めた。かねてから招致運動を行っていた東京とヘルシンキに加え、総会直前になって、一時はロンドンの立候補が取り沙汰された。しかし、最終的に七月三一日に投票が行われ、東京三六票、ヘルシンキ二七票で、東京での第一二回オリンピック大会の開催が決定した。なお、ベルリン総会では、ムッソリーニとの交渉の責任をとって杉村陽太郎がＩＯＣ委員を辞任し、代わりに、第一二回オリンピック大会招致委員会会長の徳川家達が委員となった。冬季オリンピックの開催地についても、順当にいけば夏季オリンピックの東京開催が決まると同時に札幌となるはずであった。当時のＩＯＣ憲章では、夏季オリンピックの開催国に冬季オリンピックを開催する優先権があるとされ、一九三六年三月の時点で日本国内の候補地として札幌が決まっていたからである。しかし、スキーのアマチュア規定の問題が紛糾したことから、一九四〇年冬季オリンピックの開催地の決定は延期となった。札幌での冬季オリンピック開催が、一九三八年三月までに準備を進めることを条件に決定したのは、一九三七年六月のＩＯＣワルシャワ総会であった。

東京へのオリンピック招致成功後は、東京大会に向けた準備が始まった。一九三六年一二月二四日には、組織委員会が結成された。組織委員会は、ＩＯＣ委員三名、東京市長、大日本体育協会会長、外務・内務・大蔵・陸軍・海軍・文部・逓信・鉄道各省次官、東京市会議長、日本商工会議所会頭、東京市助役、大日本体育協会副会長（二名）の計一八名で構成された。その後、厚生省次官、第一二回オリンピック東京大会組織委員会事務総長、北海道庁長官、東京市国際オリンピック委員会委員長、大日本体育協会専務理事、第五回冬季オリンピック札幌大会実行委員、[7]東京府知事、厚生省体力局長、ヨット競技開催予定地の横浜市長が加わったものの、組織委員会は、招致委員会と比べるとコンパクトであったといえる。また、日本放送協会会長も将来的に委員に推薦される予定があった。

東京大会の組織委員会の会長には、招致委員会から継続して徳川家達が就任した。副会長には、東京市長（牛塚虎太郎、後に、小橋一太）と大日本体育協会会長（大島又彦陸軍中将、後に、下村宏）が、事務局長には、初めは大日本体育協会専務理事の久保田敬一、続いて、事務総長として元駐独大使の永井松三が就任した。組織委員会には、直属で総務・構築委員会が設置され、[8]組織委員会事務局には、事務局長統括のもとに総務部・競技部・宣伝部が置かれ、競技部には、競技部委員会・競技場委員会・科学施設研究会・芸術委員会・競技場施設委員会・近代五種競技委員会が置かれた。この組織委員会が、東京オリンピックのイベント主催者としての役目を担っていたのである。

ただ、組織委員会が結成されたとはいえ、東京オリンピックに向けた準備は思うように進行しなかった。早くも一九三七年三月二〇日には、衆議院予算総会において、政友会の河野一郎が一触即発の国際情勢下でのオリンピック開催の可否について質問した。また同じ時期に、競技場の新たな建設を予定していた神宮外苑の拡張をめぐって、賛成派と反対派が紛糾していた。明治神宮外苑は、あくまで神社の一部という位置づけであり、博覧会などの開催場所にはふさわしくないとされていた。[9]それゆえ、オリンピックの開催場所をめぐって混乱が生じたのである。

日中戦争の勃発と大会返上

一九三七年七月七日、日中戦争が勃発した。当初、日中戦争は短期間で収束するという見方が大勢であった。しかし一九三七年八月二五日、陸軍では、「技術の訓練、馬匹調教に長期間を要する馬術選手として現役将校を推薦する事は、此際不適切なり」[10]とし、オリンピック馬術選手の準備中止を発表した。[11]一九三七年九月六日には、再び衆議院予算総会で河野一郎がオリンピック中止論を唱えた[12]。こうしたオリンピック中止説は、海外へも波及し、組織委員会事務総長の永井松三が、海外に向けて声明を出さなければならないような事態となっていた。

しかし、「組織委員会は来るべき国際大会実現に関する要求は総て万端滞りなく準備さる様努力し、適宜なる処置に万全を期さんとして居ります[13]」という永井の声明通り、オリンピックに向けた準備は継続された。一九三七年一〇月二九日には、技術顧問クリンゲベルグ（ベルリン・オリンピックの競技部長）が来日し、一一月一日より日本で執務を開始した。クリンゲベルグの招聘は、IOC会長ラツールの推薦によるものであった。このことは、ベルリン大会がIOCにおいても模範的な成功事例として当時は評価されていたことを示しているだろう。

一九三八年三月一三日から一八日まで開催されたIOCカイロ総会では、日本のIOC委員に対し、東京大会の開催を断念する場合には、その旨を伝えるようにとの勧告がなされた。東京での開催が不可能となれば、IOCとしては、第一二回大会は他の開催地で行う必要があるためである。ただ、カイロ総会では、東京でのオリンピック開催反対を表明する中国のIOC委員の電報が読み上げられたが、日本は日本での開催をあくまで希望していることを表明し、それ以上の問題にはならなかった。東京オリンピックをボイコットする動きもあったが、カイロ総会の議題は、大会会期（具体的には、万博と開催時期をずらすこと）や聖火リレーなど、実務的なものであった[14]。なお、カイロ総会が始まる少し前の三月五日、国内の議会では、再び、オリンピック中止に関する質問がなされていた。一九一〇年代初頭から日本のオリンピック大会への参加を率い、東京大会招致・準備においても重要な役割を果たしてきた嘉納治五郎は、一九三八年五月四日、カイロ総会から戻る途中、死去した。

東京オリンピック中止が決定したのは、一九三八年七月一五日であった。これに先立つ六月二三日、鉄材を含む重要物資の統制計画（「昭和十三年ニ於ケル重要物資ノ需給計画改訂ニ関スル件」）が閣議決定され、戦争遂行とは関係のない土木建築工事は、着工中のものも含めて禁止された[15]。これにより、大会開催に欠かせない競技場の建設自体が困難となった。そして七月一五日に、木戸幸一厚生大臣は「今や支那事変の推移は長期戦の備を一層堅くするがために物心両面に亘り益々国家の総力を挙げて事変の目的達成に一路邁進するを要する情勢にあるので、遂にこの際オリンピツク大会の開催も之を取止むるを妥当なりとするに至つた」[16]と東京大会の中止を発表したのである。

ただし、オリンピック開催の希望は、七月一五日を境に消滅したわけではなかった。東京市は、次回のオリンピック大会招致や競技場等の施設整備の継続になお積極的であったし、一九三九年四月には、東京市、外務省、鉄道省国際観光局が、米国のＩＯＣ委員ブランデージを招待している。[17]東京オリンピックの構想は、わずか八年ほどの間に膨らみ続け、それが「幻」となった後も、簡単には消えることはなかった。

本節では、東京オリンピックの招致から返上までの経緯についてみてきた。次節では、少し視点を変え、東京オリンピック計画の推進組織についてみていくこととしたい。

2　東京オリンピック計画の推進組織——東京市・体育協会・関係各省の協力体制

東京市と体育協会

東京オリンピックの計画に、各組織はどのように関わっていたのだろうか。本節も、特に断りがない限り、組織委員会や東京市の報告書に依拠する。[18]

招致運動期から返上に至るまでの準備期を通じて、主導的な役割を果たしたのは、東京市と大日本体育協会である。第一節で述べたように、東京市長永田秀次郎が一九三〇年頃にオリンピック招致の希望を抱き、渡欧予定の山本忠興に調査を依頼したのが、東京オリンピック計画の端緒であった。一九三一年一〇月末には、東京市会に東京大会開催の建議案が出された。一九三二年ロサンゼルス大会時には、正式の招聘状の提出をＩＯＣ委員嘉納治五郎と岸清一に依頼するとともに市会議員五名を米国に派遣し、また、「国際オリンピック競技大会に関する実行委員会」を設置した。一九三四年一二月には、各国選手派遣費補助として一〇〇万円を支出する建議を満場一致で可決した。招致委員会では、市長・市会議長・市会副議長が委員に、組織委員会では、市長が副会長、第一助役が常務委員、市会議長および市オリンピック委員会委員長が委員になったのをはじめ、多くの職員が、オリンピックの招致・準備において重要な役割を果たした。

東京市のオリンピック関係負担経費は、表5-1のようになっている。この他に、東京市会では、一九三八年三月にオリンピック大会施設費として六〇〇万円、オリンピック関係街路修築費として一〇〇〇万円を計上することを決議した。その後、同年五月、主競技場の駒沢移転に伴いこれを修正し、大会施設費一二一三万円、街路修築費一〇八〇万円とすることを決議した。返上直前に組まれた予算は、実際にオリンピックに関連して東京市から支出されたものとは桁違いの額になっていたことになる。石坂友司の研究によれば、一九三八年時点で計画されていたオリンピック関連の予算は、実際に一九四〇年までの間に東京市で支出された街路修築費などと比べても、規模が大きかった(19)。

一九一二年ストックホルム大会以来、オリンピック選手派遣母体となっていた国内のオリンピック委員会である大日本体育協会も、当然のことながら東京オリンピックに協力した。当初は、大日本体育協会は、東京市が言い出した東京でのオリンピック開催に消極的であった。しかし、東京市と協力して第一二回大会東京招致の方針を決定して以降、嘉納治五郎、岸清一、徳川家達、副島道正、杉村陽太郎らがＩＯＣ委員として東京大会の実現に全面的に協力した。招致委員会結成に際しては、上記のＩＯＣ委員のほか、平沼亮三副会長、大島又彦専務理事、今村次吉顧問が委員となり、理事ら四名が幹事に就任した。ベルリン大会にも調査委員を送っている。さらに、東京大会決定後は、体育協会の会長、副会長、専務理事（のち理事長）が組織委員会の委員となり、競技部長に郷隆、総務

表5－1　東京市のオリンピック関係負担経費決算

（単位：円）

年度	誘致費	準備費	施設費	街路修築費	計
1934	42,611.29	—	—	—	42,611.29
1935	27,573.73	—	—	—	27,573.73
1936	103,838.25	23,249.63	—	—	127,087.88
1937	—	159,586.59	—	—	159,586.59
1938	—	16,551.00	55,558.00	55,286.00	127,395.00
1939	—	—	—	—	—
1940	—	—	—	—	—
計	174,023.27	199,387.22	55,558.00	55,286.00	484,254.49

出典：東京市役所編『第十二回オリンピック東京大会東京市報告書』1939年，311頁。

委員会第一部委員に高島文雄、第二部委員に久富達夫、幹事に久保田敬一（久保田の事務局長就任後は宮木昌常）、書記に野口岩三郎をそれぞれ推薦した。

文部省・厚生省の主管

政府内についてみると、一九三八年一月の厚生省設立まで、オリンピックを主管していたのは文部省であった。オスロ総会後、第一二回オリンピック招致委員会の設立を斡旋したのも、文部大臣松田源治である。文部大臣は、招致委員会結成に際して、日本が紀元二六〇〇年に、世界の盛典であるオリンピックを初めてアジアで開催することは意義深く、この機会に、「我国の文物人情を、広く各国人の視聴に印象せしめ、我国の実情を誤なく認識せしめる」[20]ことができる、と挨拶している。こうした文部省の見解は、招致成功後に決定された東京大会宣伝方針とも一致する[21]。

財政面をみると、政府は、招致運動終盤に、東京大会決定時にはこれに援助することを閣議で決定し、議会の協賛を経て、第一二回オリンピック大会招致費一〇万円を支出した。さらに欧米各国に出張する衆議院議員らに招致運動を委嘱し、文部省体育官栗本義彦、体育研究所技師大谷武一、斉藤一男、東京帝国大学教授岸田日出刀らを調査委員としてベルリンに派遣した。東京大会決定後は、昭和一二年度文部省予算に、大会開催指導監督諸費四万円、大会開催費補助金七五万円を計上し、大会開催費補助金は、組織委員会に交付したという。

表5-2　第12回オリンピック東京大会収支決算　（昭和13年7月15日迄，単位：円）

収入の部	
補助金	875,989.23
（政府補助金）	750,000.00
（東京市補助金）	125,989.23
寄付金	18,299.24
其他ノ収入	13,213.86
（預金利子）	5,260.94
（借入金）	6,000.00
（戻入金）	841.85
（雑収入）	1,111.07
合計	907,502.33

支出の部	
競技場構築費	350,470.42
（俸給）	10,805.68
（技術顧問招聘費）	50,335.36
（外国旅費）	1,714.28
（事務費）	37,415.10
（新営助成費）※	250,200.00
開催調査費	112,792.67
（俸給）	2,378.51
（外国旅費）	77,540.00
（外国旅費補助）	17,500.00
（事務費）	3,442.43
（研究費）	3,877.11
（コース調査費）	149.62
（器具費）	7,000.00
（競技場模型製作費）	905.00
開催準備費	158,507.10
（俸給）	20,142.90
（事務費）	126,087.60
（IOC 総会出張準備及雑費）	10,585.44
（器具費）	1,400.00
（式典費）	291.16
宣伝費	17,848.14
（海外宣伝費）	17,300.24
（国内宣伝費）	547.90
冬季競技費補助	5,653.20
（技術者招聘費）	2,190.00
（国際オリンピック委員会納付金）	3,463.20
計	645,271.53
差引残高	262,230.80
合計	907,502.33

注：新営助成費の内訳は，漕艇競技場 200,200円，ヨット競技場 50,000円（※）。
出典：東京市役所編『第十二回オリンピック東京大会東京市報告書』1939年，313-314頁より筆者作成。

結果的に、返上までの間のオリンピック準備費用の多くは、政府が負担した（表5-2）。ロサンゼルス大会やベルリン大会への選手派遣事業が、財政的にマス・メディアや民間の寄付に大部分支えられていたのに対し、東京大会の準備資金は、政府が多く支出していたのである。

オリンピックの所管は、返上の少し前に移動した。厚生省が一九三八年一月一一日に設立されたことにより、国民体育の所管は文部省より厚生省体力局に移され、オリンピック大会の事務も、同省体力局体育課へと移管された。政府は、オリンピック準備のために特別の官制も設けたが、七月一五日にオリンピックは返上されることとなった。

外務省のネットワーク

所管の文部省や厚生省以上に、早くからオリンピック招致運動において実質的に重要な役割を担っていたのは、外務省である。外務省は、過去のオリンピック大会への日本選手団派遣に際して、情報収集および、現地放送局や邦人などとのパイプ役を担っていた。一九四〇年東京大会に関しても、外務省では、一九三二年の東京市の正式立候補の前から、東京市からの依頼によって、在外使臣を通じて非公式にＩＯＣ委員や各国オリンピック委員会への申し出や意見収集にあたっていた。

第一二回大会開催地の決定が予定されていたオスロ総会開会時には、東京開催への賛成投票を働きかけるよう在外使臣に通達し、在独大使から博覧会期間の変更を要するとの情報が寄せられた。また、総会に先立って、ＩＯＣ委員であり在伊大使でもあった杉村陽太郎がムッソリーニに面会し、ローマ辞退の約束を取り付けた。さらに、在スウェーデン公使白鳥敏夫をストックホルムからオスロへと派遣している。

一九三五年一二月に設立された招致委員会では、杉村陽太郎、松平恒雄（在英大使）、佐藤尚武（在仏大使）、武者小路公共（在独大使）、有田八郎（在ベルギー大使）、白鳥敏夫（在スウェーデン公使）、重光葵（外務次官）が委員に、天羽英二（情報部長）が幹事となった。他にも、ベルリン総会の直前になってでてきたロンドン立候補の問題では、ロンドンが自発的に立候補を取り消したことについて、外務大臣となっていた有田八郎が在京英国大使クライヴに謝意を表するなど、外務省は、折に触れて精力的に活動をしていたといえる[22]。

大会準備期においても、外務省は海外に向けた大会宣伝業務全般を担っていた[23]。外務省の活動は、純粋なオリンピック大会の宣伝の域を越えることもあり、日中戦争開始後は、オリンピックを名目とした対外宣伝を意図的に実施していた形跡すらある。外務省情報部の執務報告によれば、一九三七年一二月から、サンフランシスコ・エグザミナー（*San Francisco Examiner*）に勤務するハス・アンド・シュライナー（Hass and Schreiner）写真通信のシュライナーを招聘して日本に滞在させ、紀元二六〇〇年の万国博覧会およびオリンピックの宣伝部の名で、米国新聞に対して日本に有利な写真の配給を行った[24]。これらの写真は、欧州・オーストラリア・フィリピン方面にも送付され、情報部では「各地新聞ニ多数掲載セラレ対外啓発及宣伝ニ多大ノ効果アリタリ[25]」と総括している。これは、満洲事変前後に始まった米国記者招待事業の延長線上にあった動きであると考えられる[26]。また、例えばシドニーの現地新聞に東京大会開催反対運動の記事が掲載されたのをうけ、親日のオーストラリア人に反駁記事を投書するよう依頼したというように、オリンピック東京大会を遂行するための海外世論の操作も試みていた[27]。

逓信省、鉄道省、内務省

逓信省の場合も、招致委員会および組織委員会で次官が委員となった。逓信省の担当は、オリンピック大会に向けた国内外の通信ネットワークの構築である。ベルリン大会へは金原淳・本多静雄技師を派遣し、調査させた。東京大会決定後は、一九三六年一二月八日に工務局内にオリンピック委員会を設置し、同委員会を放送関係、国際電話関係、国内電信電話関係の三部に分け、放送協会、日本無線、国際電話等の各実行機関の指導督励に当たった。

前述のように、ベルリン大会において、ナチス・ドイツは最新の通信技術を駆使した大会運営を行っていたし、日本も、写真電送や国際放送に積極的に取り組んだ。当然のことながら、開催国として迎える東京オリンピックに向けて、さらなる通信技術の開発・実用化を目指す動きがでてくる。東京オリンピックとメディアの技術の問題については、後述する。

鉄道省は、主に外客誘致に関連する仕事を担当した。招致委員会では、次官が委員となったほか、田誠国際観光局長が幹事として協力し、ベルリン大会の交通や対外宣伝のあり方を調査させた[28]。招致成功後は、組織委員会が本格的に始動する前（一九三六年一〇月下旬）にジャパン・ツーリスト・ビューロー（日本旅行協会）と合同でオリンピック準備委員会を設置し、多数の外客を迎えるに当たっての設備や接遇の整備、外国選手や外客向けの宣伝について研究した。組織委員会でも、次官が委員となったが、委員会には田国際観光局長が代理で出席したという。大会宣伝を担当した総務委員会第二部委員会の委員長には、田が就任し、事務も、ジャパン・ツーリスト・ビューローとともに国際観光局が担当した。総務委員会第二部委員会では、『オリンピック・ニュース』を編集発送したほか、海外に配布する各種印刷物（『Travel in Japan』『Tourist』、カレンダーなど）に、東京オリンピックの宣伝文句を挿入したりした[29]。なお、田は、一九三八年五月に渡米、東京大会に関して数回の放送を行っている[30]。

主に競技場の計画に関わったのが、内務省である。組織委員会に次官が加わったほか、組織委員会構築委員会には、都市計画課と神社局の双方から職員を送り込んでいる。競技場は、当初、明治神宮外苑を中心として建設される予定であった。都市計画課はこの道路計画を研究したが、神社局は外苑競技場の改造に難色を示した。競技場問題は、長らく決着がつかず、最終的には駒沢競技場に決定し、道路計画や建設計画を立て、一部は工事に着工していた。

以上が、東京市、体育協会、関係各省のオリンピック関係の動きである。東京市や大日本体育協会が、東京オリンピックの招致・準備において重要な役割を担っていた。そこにオリンピックを主管した文部省と厚生省、そして海外のネットワークをもつ外務省が強く関わっていたといえるだろう。ここに挙げた諸組織のほかにも、ジャパン・ツーリスト・ビューローでは、総務委員会第二部委員会に専務理事を推薦し、宣伝部の事務に三名の職員が協力して、日本への旅行に関する海外からの問い合わせ、外客誘致などに当たった。また、東京オリンピックに向けた準備には、日本商工会議所、同盟通信社、各新聞・通信・雑誌社、国際文化振興会、各大学専門学校、日本郵船、大阪商船、日本航空輸送、南満洲鉄道など、各方面からの協力があったという。東京オリンピック計画に関する観光業界や経済界、メディア組織の動きについては、第四節でみていく。

3　東京オリンピック計画の推進者たち——国際派の人的ネットワーク

東京オリンピックの発案者・永田秀次郎

オリンピックの招致・準備にあたっては、時として、組織を横断する個人間のネットワークが機能していた。続いて、オリンピックの招致・準備に携わった人物の経歴と人物間の関係についてみていく。

オリンピック招致を最初に正式に表明した東京市長の永田秀次郎は、一八七六年生まれで、各県警察部長、三重県知事、内務省警保局長、貴族院議員などを経て、一九一九年一二月に東京市助役に就任し、後藤新平市長のもとで東京市政に携わった。そして後藤の後を引き継いで、一九二三年五月から一九二四年九月まで、東京市長を務めた[31]。

永田の一度目の市長就任から間もない一九二三年九月一日に発生したのが、関東大震災である。永田の市長としての一番の仕事は、東京の復興であり、一九二三年一〇月一八日には、帝都復興院参与・評議員、一一月三〇日には、臨時震災救護事務局参与に就任した。関東大震災からの復興という目標は、後々まで永田の行動を規定することになった。また、市長退任後であるが、一九二六年二月には、第一回建国祭準備委員長になり、国民精神の発揚のために毎年紀元節に神社を参拝し愛国心を養おうとする、建国祭運動を開始した[32]。国民統合をめざす動きは、関東大震災後に内務官僚を中心に活発となるが、永田は、その中心にいた人物であったといえる。

一方、永田は、一九二九年八月から一二月にかけて、初めて欧米を訪問した。その後、再び、一九三〇年五月に東京市長に就任するのであるが、この時には、欧米視察の経験を踏まえてか、訪日外国人との交流に力を注ぎ、エスペラント語の普及にも力を入れた[33]。東京の国際的な地位についても強い関心をもち、一九三二年一〇月一日の東京市域拡張に際しては、

東京市は今回の拡張によりまして、人口五百万の大都市になりましたが、唯今世界中の大都会で、紐育《ニューヨーク》は人口七百万、倫敦《ロンドン》は四百四十万、伯林《ベルリン》が四百三十万、巴里《パリー》が二百九十万となつて居りますから、人口五百万の我東京市は、正しく世界第二の大都市であります。（中略）我東京も、今迄と違つて、世界第二の都会と言はれても恥かしからぬ、品位と設備が必要であります。私は子供の時分に、『山高きを以て貴からず』と言ふ事を教へられましたが、此大都会も、亦人口多きを以て貴からずと言はねばなりますまい。今迄は何事でも、欧米先進国の真似をして進んで来ましたが、かりにも世界第二の都会と言はれて見ますと、今迄の様に、何事でも紐育《ニューヨーク》や、倫敦巴里《ロンドンパリー》の、真似をして居ればよいとは言へませぬ。我より御手本を作つて、世界の大都会の指導をする位の、見識が無くてはならぬ。之が我々の責任である[34]。

と述べている。東京市が、世界の大都市の模範となるべきだというのである。オリンピック東京大会開催の構想は、

日本や東京の国際的地位の向上についての永田の認識から生まれたと考えられる。永田は、一九三三年一月に東京市長を辞任するが、その後も、一九三五年一二月に発足した招致委員会に名を連ね、オリンピック大会の動向については注視し続けていたようである。[35]

電気工学者・山本忠興のネットワーク

一九三〇年に永田がオリンピック東京開催に関して相談をもちかけた相手が、山本忠興である。山本は、一八八一年生まれ、日本のテレビジョン開発者の一人として有名な電気工学者である。一見すると、電気工学とオリンピックは無関係であるように思われる。だが、東京オリンピック招致運動初期の国際的な人的ネットワーク形成において、電気工学者である山本は、決定的に重要な役割を担っていたと考えられる。

山本は、東京帝国大学卒業後、芝浦製作所勤務を経て一九〇九年より欧米（ドイツ・米国）に留学し、電気機械の設計と研究に当たった。一九一二年に日本に帰国してからは、早稲田大学電気工学科教授に就任し、一九二一年に早稲田大学理工学部長になった。高知中学、一高時代にスポーツに親しんでいた山本は、スポーツ界では日本学生陸上競技連盟会長を務めたほか、オリンピックでは、一九二四年パリ大会を欧米出張の際に見学し、一九二八年アムステルダム大会に総監督、一九三二年ロサンゼルス大会に陸上監督として参加している。

スウェーデンの有力なIOC委員であり、国際陸上競技連盟会長のエドストロームは、山本と同じ電気工学を専門とする同業者であり、一九二九年に開催された万国工業会議・世界動力会議東京部会に出席するために来日した際に、山本と会っている。[36] 国立国会図書館憲政資料室所蔵の永田秀次郎宛嘉納治五郎書簡の内容から、エドストロームは、東京オリンピックの強力な支持者であったと考えられる。[37]

さらに山本は、熱心なキリスト教信者で、キリスト教のネットワークともつながりをもっていた。日本におけるスポーツの導入において重要な役割を果たしていたのが、キリスト教青年会（ＹＭＣＡ）である。ＹＭＣＡは、バスケットやバレーボールを日本へと紹介し、極東選手権の創設を呼びかけた組織である。[38] 一九一七年には、日本で最初の国際競技会として第三回極東選手権が東京で開催されたが、この招請に関わったのもＹＭＣＡで、嘉納治五郎ら体育協会関係者は、消極的であったという。[39] オリンピックでも、一九二〇年代からＹＭＣＡのブラウン主事らが日本選手団に関わっていたし、ロサンゼルス大会には、大阪ＹＭＣＡが二〇名からなる大会見学団を派遣している。[40] 一九二四年パリ大会から戻った日本選手の歓迎会は、神田のＹＭＣＡホールで、東京市とＹＭＣＡの主催で行われている。[41] このようにスポーツに関心をもって独自の国際的なネットワークを築いていたＹＭＣＡで、山本は、一九三四年から一九五一年にかけて会長を務めていた。また山本は、パリ大会見学の際には、自らの専門である世界動力会議（ロンドン）のほか、グラスゴーで開催された世界日曜学校会議にも出席した。一九二八年から一九四八年までは、世界日曜学校協会副会長も務めている。山本は、電気工学者、キリスト教、スポーツと多方面に顔が利く、当時の日本を代表する国際派であったといえる。[42]

永田と山本は、東京オリンピックの構想を生み出した人物であった。一方、永田と山本の発案に基づき、実際にＩＯＣ内で働きかけを行ったのは、嘉納治五郎や岸清一といった当時のＩＯＣ委員であった。東京オリンピックの招致運動期および準備期にＩＯＣ委員を務めた日本人には、嘉納と岸のほか、杉村陽太郎、副島道正、徳川家達がいる。

五人のＩＯＣ委員

まず、日本で最初のＩＯＣ委員は、一九〇九年に就任した嘉納治五郎である。嘉納は一八六〇年生まれで、一八八九年九月に欧州視察に出発し、一八九一年一月に帰国後、五高校長、一高校長、東京師範学校長などを歴任した。

スポーツ関連では、一八八二年に講道館を開き、武術の近代化を推進した。一方で、一九〇九年にＩＯＣ委員に就任し、一九一二年ストックホルム大会に日本からも選手を派遣するために、一九一一年、選手派遣母体として大日本体育協会を設立し、会長に就任した。一九三八年にカイロ総会からの帰途に死亡するまで、嘉納は、日本の伝統的イメージをもった柔道の発展に尽くす一方で、外来スポーツの普及にも熱心で、ＩＯＣ委員として日本スポーツ界の重鎮としての役割を果たしていた。なお、外交官であり一九三三年から三六年にかけてＩＯＣ委員をつとめた杉村陽太郎、一九三三年九月から外務大臣を務め一九三六年三月から三七年二月にかけて内閣総理大臣の座にあった広田弘毅は、嘉納の柔道での弟子であった。杉村にとって広田は、講道館の先輩であった[43]。

東京市が第一二回大会開催地として名乗りを上げた時に、嘉納とともに日本のＩＯＣ委員だったのが、岸清一である。岸は、一八六七年生まれの弁護士であった。東京帝国大学時代には、ボート選手で、陸上競技にも熱中した。法律取調のため渡英中には、ロンドン・オリンピックを見学した。大日本体育協会では、一九一六年に副会長、一九二一年に第二代会長に就任し、一九二四年パリ大会時にＩＯＣ委員に選ばれている。また一九三二年には、貴族院議員にも選ばれた。岸は、私財を投じてスポーツ振興を行ったことで知られ、体育協会には三井・岩崎などに次ぐ多額の維持会員費を出していた[44]。ただし、東京大会招致運動が始まって間もない一九三三年一〇月に死去している[45]。

一九三三年のウィーン総会では、日本からのＩＯＣ委員として、新たに杉村陽太郎が就任した。杉村は、嘉納や岸のように、元々スポーツ組織の運営に携わっていたわけではないが、スポーツの嗜みと外交官としての手腕が買われ、ＩＯＣ委員に就任することになったと考えられる。杉村は一八八四年生まれで、東京高師附中、一高を経て、東京帝国大学法科大学政治学科を卒業、一九〇八年一一月に外交官及領事官試験に合格した。フランス在勤が多かったが、一九二一年には、ワシントン軍縮会議全権委員（加藤友三郎、幣原喜重郎、徳川家達）の随員、一九二七年一月からは、新渡戸稲造の後を継いで、国際連盟事務局事務次長に就任した。ただ、日本の国際連盟脱退とともに事務局を離れ、一九三四年五月に駐伊大使となった。前述のように、杉村は、一九四〇年大会開催地決定が予定されていた一九三五年オスロ総会時には、駐伊大使として、もう一人のＩＯＣ委員、副島とともにムッソリーニに面会し、交渉を成立させた。だが、この交渉は不信を買い、杉村は責任をとって、一九三六年のベルリン総会でＩＯＣ委員を辞任した。前述のように、杉村は、柔道では嘉納の弟子であったが、水泳でも、一高時代に大阪毎日新聞社主催の遠泳大会で優勝していた(46)。他にも、一九二四年パリ大会時にフランス駐在であったなど、ＩＯＣ委員就任以前からスポーツ関係者との親交を重ね、自然と東京オリンピックへの思いを膨らませていたと考えられる(47)。

岸清一の後任として一九三四年のアテネ総会で委員に就任したのが、貴族院議員の副島道正である。副島は、一八七一年に、副島種臣の三男として生まれた。リーズ・スクールを経て、ケンブリッジ大学を卒業し(48)、東宮侍従、学習院講師を務めたほか、日英水電、早川電力などの役員にもなった。なお、日英水電の創始者は、一九三四年に国際文化振興会理事長に就任するなど対外宣伝や国際交流の促進に熱心に取り組み、招致委員会のメンバーでもあった樺山愛輔で、日英水電の有力株主には、岸清一がいた(49)。一九二四年八月から二七年一二月にかけては、京城日報社の社長を務めた。副島は、一貫した日米戦争反対論者であり、また（それゆえ）、激しい民族運動を誘発している朝鮮総督府の統治政策を批判し、朝鮮の自治論を唱えていた。京城日報社長時代に同社の法律顧問を務めたのも、岸であった。岸に勧められてか、スポーツの方面では、一九三一年に日本バスケットボール協会の初代会長に就任した(50)。

杉村陽太郎のあとをうけて、一九三六年七月にＩＯＣ委員に就任したのが、徳川家達である。前述のように、徳川は一九三五年一二月に結成された招致委員会の会長となり、組織委員会でも継続して会長に就任した。招致委員会会長就任時、すでに七二歳の高齢であったが、徳川は、日本でのオリンピック開催に向けた象徴的人物として、最も適任であった。

徳川は一八六三年に生まれ、一八六八年（わずか六歳の時）に朝廷より徳川宗家の家名相続を許され、駿河府中城主となり、一八六九年（七歳）に、版籍奉還により静岡藩の知藩事となった。幼少期から徳川家の跡取りとしての役目を担ってきた家達であるが、一八七七年（一五歳）から一八八二年（一九歳）まで英国に留学する。英国では、エジンバラで個人教授を受けたあと、イートン校で学び卒業している。渡航した翌年には、パリ万博も見学したという。帰国後は、一八八四年に公爵を授けられ、一九〇三年から三三年まで長期にわたって貴族院議長を務めたほか、ワシントン会議全権委員（一九二一年から二二年、随員に杉村陽太郎）、日本赤十字社社長（一九二九年から四〇年に死去するまで）なども歴任した。

英仏語が堪能で欧米流の社交術も身につけた徳川は、この時期の日本の国際交流の舞台において、重宝されたようである。一九二二年に英国皇太子が来日し、皇太子時代の昭和天皇と親交を深めたことは第四章で述べたが、この時、英国皇太子は徳川家も訪問した。『東京日日新聞』によれば、徳川は自宅の庭に土俵を作り、東西幕内力士を呼んでもてなした[51]。一九三〇年には、ロンドンで列国議会同盟会議に出席後、ブリュッセルで開催された第一四回赤十字国際会議にも出席し、一九三四年に開かれる第一五回赤十字国際会議の東京招致に尽力した。また、一九三三年には個人で欧米視察に出かけ、ロンドンでは英国国王、米国では、ルーズベルト大統領やハル国務次官と面会している[52]。この視察は、翌年の東京での赤十字国際会議開催に向けた布石の意味もあり、パリの赤十字社連盟執行委員会では、

赤十字の理想は全世界に共通するすう《ママ》高な人道的理想であって、世界各国を離反させるような種々の問題の生じつつある際には、平時よりも一層この種の人道的会議を催してこそこの会議のもつ使命を高度に果し得る

ものと信ずる。今こそ世界の赤十字人が一堂に会して互に理解を深め、人道のために尽そうという一般共通の希望に向って相共に協力することが肝要である。この意味で東京会議の開催とその成功に協力されたい(53)

と、当時の国際状況のなかであえて東京で国際会議を開催することの重要性を強調している。一九三四年秋に「東洋における最初の国際会議(54)」として開催された第一五回赤十字国際会議には、五四ヵ国から三一九名が集まった(55)。この会議は、多数の外国人を、東洋の代表としての日本に迎えるという点において、ミニチュア版の東京オリンピックのようであった。赤十字をはじめ国際的な活動に精力的に取り組んでいた徳川は、東京オリンピックの成功が日本と国際社会に好影響をもたらすことを期待していたといえるだろう。

他にも、ＩＯＣ委員ではないが東京大会計画において中心的な役割を果たした人物に、一九三七年八月以降、組織委員会事務総長を務めた永井松三がいる。永井は、一八七七年に生まれ、東京高師附中、一高を経て、東京帝国大学法科大学政治学科を卒業した。一九〇二年に外務省に入り、米英において勤務したのち、駐スウェーデン公使、駐ベルギー大使、外務次官、駐独大使を歴任した。その間、一九二六年から二九年まで国際連盟総会代表、一九三〇年と一九三五年には、ロンドン軍縮会議において全権委員を務めている。一九三六年に退官した後、オリンピックの事務総長を務め、一九三九年四月には、国際文化振興会の理事長に就任している(56)。永井も、杉村と同様に、一高‐東京帝国大学法科‐外務省というルートを歩み、国内のエリートのネットワークとともに、国際的なネットワークを築いていたといえる。立場的には、国際協調推進派の外交官であった。永井は、駐スウェーデン公使時代の一九二六年に、第二回万国女子オリンピックに日本から単身で出場した人見絹枝にカップを授与しており、スポーツを通じた国際交流の重要性を理解していたといえよう(57)。

東京オリンピック計画推進の中心と周縁

ここまでみてきた人物は、いずれも、東京オリンピックの招致や準備の中心にいた。ただ、招致委員会の委員だけでも六七名にのぼっていたことからもわかるように、周縁部分においてオリンピックに携わっていた人物はさらにいたと考えられる。もっとも、ここまでみてきた人物も、嘉納治五郎を除けば、招致開始から大会返上に至るまで、常に東京オリンピック関連の動きの中心にいたわけではない。国際協調、国際理解、対外国家宣伝の観点から、あるいはスポーツへの純粋な関心から、日本でのオリンピック開催に関心をもつ者は、国際的なネットワークをもつ外交官や実業家など、当時の日本のいわゆる上流階級やエリート層の間に一定程度いた。そのうちの何人かが、周縁部分から中心部分へと躍り出て、招致・準備を主導したと理解すべきであろう。

最後まで中心に出てくることはなかったが、オリンピックの東京開催を望み、それに関わっていた人物に、例えば、外務省情報部長の天羽英二がいる。天羽は、一八八七年に生まれ、一九一二年に東京高等商業学校専攻部領事科を卒業して、外務省に入省し、安東、シドニー、英国、スイス、広東、ハルビン、ソ連などの在外公館で勤務した。その間、一九二一年には、のちにＩＯＣ委員となる杉村陽太郎とともにワシントン会議全権委員随員となっている。そして一九三三年六月から、スイス大使となる一九三七年四月まで、情報部長を務めた。同じ外務省の永井松三とも親しかった。

天羽の日記によれば、天羽は、多忙な生活を送るなかでテニス、ゴルフ、スキー、スケート、水泳などを行い、スポーツには一貫して関心をもっていた。人見絹枝と一緒に撮った写真も残している。[58] 一九三〇年には、山本忠興が率いる欧州遠征の学生選手団をモスクワで迎え入れている。[59] 前述のように、当時、山本は、東京市長に依頼されて、オリンピック東京開催実現の可否を調査することになっていた。天羽と山本の間で実際にオリンピックに関する会話が交わされたかどうかは不明だが、この時に、天羽が早くもオリンピック東京大会の構想を知った可能性はある。日記には、モスクワ勤務中に迎えたロサンゼルス大会については、「『オリンビア《ママ》』記事新聞ニ見ユ[60]」と記されているだけだが、情報部長になって日本に戻っていたベルリン大会では、選手歓迎行事に出席した、子供たちと予選会を見学に行く予定があった、などとあり、オリンピックにおける日本選手の成績を気にするような記述も散見される[61]。

幅広くスポーツを愛好していた天羽にとって、国内外のスポーツ役員・選手と交流することは一種の息抜きであったと推測できる。天羽は時々、日記に新聞記事の切り抜きを挟み込んでいるが、そうした記事のなかにはスポーツに関係するものが多い。オリンピック関係でいえば、一九三六年一〇月には、オーストラリアの商務官から水泳の清川清二らへのメダル授与式について、一九三七年一月には、米国から招聘された陸上の大江季雄とニュージーランドから招聘された陸上の村社講平の送別会についての写真がある[62]。

一方、天羽は、情報部長として、国際スポーツに関する業務を、対外宣伝・民間外交の促進という観点から重視していた。そのことは、一九三五年から三六年頃にかけて、天羽が競泳規則改正に関して情報部長としての意見を対外的に発信したことによく表れている。天羽は、競泳の飛び込みやターンは、背の長短によって不平等であり、日本選手に不利なように作られていると主張し、水中で出発するか、ターンも壁を蹴らないかたちとするべきだ、とルールの改正を提案した。天羽のルール改正の提案は、現在の視点からみれば滑稽極まりないものであるが、海外の新聞に転載されていった[63]。東京オリンピックに関する、天羽の直接的な関与としては、日記を見る限り、一九三六年春のラツールＩＯＣ会長の歓待[64]、翌年春のガーランドＩＯＣ委員の歓待が挙げられる[65]。また、一九三六年一一月には、情報委員会でオリンピック問題について話し合ったほか、新聞社主催の東京オリンピックに関する座談会にも出席しており[66]、直接的・間接的に、東京オリンピックに関わっていたと考えられる。

ここまでみてきたように、東京オリンピックの招致や準備運動に関わっていたのは、多くが、外交官、渡欧経験者など国際感覚をもった人物で、海外の学校や、日本においてスポーツが最初に普及した高等教育機関を卒業するなど、スポーツの嗜みもあった。なかには、当時の日本を代表する国際家ともいえる人物もいる。そして、彼らに共通していえるのが、オリンピックとは別のところで形成された上流階級のエリート層のネットワーク、それも国際的なネットワークを、ある程度もっていたと考えられることである。それゆえに、東京大会の招致・準備においては海外の目が意識され、インターナショナリズムを追求することが重要視されていたと考えられる。

4　東京オリンピック計画をめぐるメディア、企業・経済界の動向

東京オリンピックの招致や準備には、当然のことながら、メディアや企業・経済界も関わっている。東京オリンピックの推進者たちは、海外の目を意識して、インターナショナリズムを追求する立場に立っていたが、実際には、東京オリンピックの計画のなかでは、様々な思惑が交錯していた。本節では、東京オリンピック計画をめぐるメディア、企業・経済界の動向についてみていく。

ベルリンをモデルとした技術開発

東京オリンピックに関して早い時期から熱心に動いていたのが、準備に時間と資金を要する放送局であった。日本放送協会は、ベルリン大会に二人のアナウンサーのほかに頼母木眞六を派遣して、放送設備の調査をさせていた。招致成功後は、組織委員会の総務委員会第二部委員に報道部長の成澤金兵衛（のちに、阿部勇）を送り、頼母木と高野重幾が宣伝部囑託となった。また、競技場施設委員に寶田通元、科学施設研究会委員に大森内を推薦した。

放送関係者は、ベルリン大会を、最先端のメディアを最大限に駆使したイベントであったと高く評価し、日本は次回のオリンピック開催国として、技術開発に一層努めなければならないという意識を形成した。ベルリン大会直後の『ラヂオの日本』一九三六年九月号の巻頭言には、次のようにある。

かく国民を熱狂せしめたその裏に隠れたる技術者の偉大なる力がある事を想起せねばならぬ。伯林オリムピツク・スタヂアムからの中継放送がなかつたなら、又翌日の新聞に選手活躍の有様を髣髴せしむる写真電送が成功して居なかつたなら、これ程までの熱狂は沸かなかつたであらう。前回ロスアンゼルスの時はスタヂアムからの中継放送は許されなかつた。又今回の如く中継放送を録音して置いて数時間後放送する所謂録音放送もしなかつた。只日本の正午に前夜の競技の模様をアナウンサーの記憶により所謂実感放送としてスタヂオから送つたのであるから、観衆の熱狂もなければ又結果を知つて居ての放送であるからその熱に於て到底今回の中継放送に及ぶべくもない。

（中略）

殊に次回は東京で開催せられる。我等は今日独逸国が世界に示した通信施設に更に四年間の進歩を加えて二六〇〇年のオリムピツクを迎えねばならぬ。マラソンの優勝に喜び水上制覇を誇る前に技術者は先づ此覚悟を決めなければならぬと思ふ。[67]

ベルリン大会の通信設備は、ロサンゼルス大会の時と比べて飛躍的に向上していた。このドイツの通信設備をライバル視し、東京大会では、我々の手で、もっと進歩した施設を用意しなければならないというのである。ここには、ベルリン大会でドイツが「世界に示した」[68]ように、紀元二六〇〇年は、日本の技術力を世界に示す機会になるという意識がある。

東京大会に向けた放送関係者の課題は、(一)テレビ放送の実施、(二)海外放送の充実、(三)国際中継設備の整備であった。[69]前述のように、ベルリン大会は、初めてテレビ放送が行われたオリンピックであった。テレビの開発研究は、一九二〇年代後半に英国、米国、ドイツ、日本などで活発に行われるようになっていて、ベルリン大会に先立つ一九三五年三月に、ドイツで世界最初の定時テレビ放送が始まった。この放送は、走査線一八〇本、毎秒二五枚の画像で、仲介フィルム方式によるものであった。一方、米国では、RCAが、一九三四年に走査線三四三本、毎秒三〇枚の画像のアイコノスコープ方式を完成し、一九三六年にはニューヨークでNBCが実験放送を行った。[70]英国でも、一九三六年一一月に、かねてから改良が続けられてきた電子式と機械式の比較実験放送が始まり、一九三七年二月からは、走査線四〇五本、毎秒二五枚の電子式による正式の放送が始まった。フランスでも、走査線六〇本の機械式であったが、一九三五年四月に、逓信省がエッフェル塔からの放送を開始していた。[71]

日本でも、テレビの開発は進んでいた。一九二六年に、浜松高等工業学校の高柳健次郎が、走査線四〇本、毎秒一二枚の画像であったが、「イ」の字を受像機に映し出すことに成功した。他にも、オリンピックとの関わりも深かった山本忠興の率いる早稲田大学や、東京電気、日本電気などが、テレビの開発に取り組んでいた。ドイツ、フランスでテレビ放送が実際に始まり、米国、英国、日本などが技術開発を進めているところに、次回オリンピックの東京での開催が決まったのである。

東京オリンピック招致の成功後すぐに、高柳らが浜松高等工業学校から日本放送協会へ入る。『二〇世紀放送史』によると、東京大会のテレビ放送のために、日本放送協会では、一九〇名以上の態勢で研究を行い、約三〇〇万円の研究費を投じたという。[72]日本放送協会技術研究所の中西金吾は、一九三七年二月、『ラヂオの日本』のなかで、「東洋に覇を唱へ躍進工業国を自負する日本、然も彼国（引用者注：ドイツ）のオリムピツク後更に四年間の研究期間を興へられた我国では来るべき東京大会にいやでも彼（引用者注：ドイツ）に優る施設をせねばならない[73]」と決意を表明している。

また、日本放送協会は、東京大会に向けて海外放送を通じたオリンピックの宣伝を行った。最初に行われたのは、一九三六年八月五日の米国向けの東京オリンピック決定祝賀特集海外放送である。『放送』（一九三六年八月号）は、この放送の内容を次のように説明している。

> 東京開催を支持してくれた全米人よ　われ等の歓喜を聞いてくれ！　と五日午後二時から一時間ＡＫから第十二回オリムピック獲得の祝賀放送が謝意を兼ねて米国に送られた。この日愛宕山旧館、新館の二大スタヂオは日米両国旗と五輪旗を以て飾られ、正二時松隈アナの開始アナウンスも喜びをこめて朗らかに、二時五分から女声コーラス「往けよ伯林」男声コーラスで「オリムピック讃頌」「オリムピック派遣選手応援歌」「あげよ日の丸」が終ると、小型な身体を感激にはち切らせた牛塚市長が東京決定の喜びと東京開催に対する米国民の絶へざる好意、殊にコングレスに於けるガーランド氏の尽力を感謝した挨拶を送れば、続いて吉井アナは英語で東京開催と決定して以来の歓喜のるつぼと化した状況をニュースし、その次には宝塚のオリムピック・レヴュー「起てよ若人」が送られたが、美しいガール達特に五輪模様の団扇片手に気分を出し、これを見た牛塚市長も相格《ママ》崩して大喜び、スタヂオ内は歓喜と明朗に塗りつぶされた珍らしい光景であつた[74]。

娯楽的要素を交えながら日米の友好関係を強調する内容であるが、海外放送の時間に行われた放送であることから、聴取者の多くは日系人だったと考えられる。ただ、米国のＮＢＣとＲＣＡからも、感謝電報が届いた[75]。『放送』には、「四年後の東京オリムピック豪華放送戦を予期して各国の放送局の耳は、今や日本の海外放送に集まりつ、ある。東京オリムピツクのためにもこの海外放送の使命は益々重大となつた」[76]ともあり、オリンピックと海外放送の発展とがセットで捉えられていたことを示している。組織委員会の報告書によれば、日本放送協会では、海外放送ごとにオリンピック・東京（"XIIth Olympiad Tokyo 1940"）をアナウンスし、オリンピックの宣伝のための放送も行ったという[77]。

日本放送協会が意識的に取り組んでいたのは技術開発であり、海外に向けた情報発信であったが、国内向けにも多くの放送が行われた。ラジオ放送は、東京オリンピックに向けた国民の気分を盛り上げるための重要なチャンネルであった。八月一日には、ベルリンのＩＯＣ総会の会場、ホテル・アドロンの「鏡の間」に隣接した部屋から、次回東京大会決定の速報が放送された。放送はわずか一五分と短かったが、ＩＯＣ委員長のラツール、米国ＩＯＣ委員のガーランド、日本のＩＯＣ委員である嘉納と副島の挨拶が放送された。ラツールとガーランドの挨拶には、通訳がついたという[78]。この放送は、新聞記事にもなっている[79]。一九三六年九月には、文部大臣平生釟三郎が、「オリムピツク東京開催と我が国民の覚悟」と題して講演を行っている[80]。

新聞社の協力

新聞社も東京大会には好意的であり、協力を惜しまなかった。組織委員会の報告書には、

オ《マ》ンピツクリ《マ》大会招致から、東京大会決定、開催準備に最も好意を寄せ、終始一貫招致委員会及組織委員会と協力したものに新聞記者団がある。オリンピツク大会招致に対しては、海外の情報を伝へて活動に資し、輿論を導き、組織委員会成立後は或は最も手不足であつた宣伝部に代つて内外の宣伝に努め、或は組織委員会を鞭撻して、事務の進捗を助け、或は不安の情勢下に在つて、オリンピツクの真意義を説く等あらゆる方面より組織委員

会を支持した事は組織委員会として最も感謝して居る処である。[81]

とある。一九三六年春にラツールＩＯＣ会長が来日した際には、東京朝日新聞社や東京日日新聞社主催の歓迎会や講演会が開催された。[82]『日刊新聞時代』によれば、一九三六年七月三一日の東京大会決定に際しては、東京の各紙は、数日前から号外を印刷して待機していた。第一二回大会開催地は、当初三〇日に決定される予定であったが、延期されたため、各新聞社が事前に用意していた号外は無駄になったという。七月三一日の決定では、各社が、締切を延長して、あるいは号外を配布して対応した。[83]また、東京オリンピックの招致成功をうけて、各新聞社ではスポーツ欄を拡大した。[84]

オリンピック準備委員会では、同盟通信社運動部長の宮木昌常、東京朝日運動部員で体協理事の田畑政治が委員に加わり、組織委員会では、宮木が幹事となった。[85]元逓信官僚で朝日新聞社副社長も務めた下村宏は、体育協会とも関係が深く、一九三七年一一月に大日本体育協会会長に就任し、体育協会の代表として組織委員会の副会長になった。[86]東京の各新聞通信社の運動記者によって構成される東京運動記者倶楽部は、組織委員会事務局内に記者室を置いた。そこには、各社二、三名、合計三〇名ほどの記者が常駐し、組織委員会や各競技団体の準備状況を伝えたという。[87]

新聞社は、オリンピック関連のニュースを報じるだけではなかった。ロサンゼルス大会やベルリン大会の事業活動と同じように、東京大会開催決定後、東京オリンピックに関する企画やイベントを発表し、一部は実施した。例えば、時事新報社は、一九三六年一〇月一七日から一一月三〇日まで、上野で体育協会、文部省、内務省、外務省、東京市等の関係組織の後援をうけて、オリンピック東京大会記念博覧会を開催した。[88]他にも、函館日日新聞社は、函館市体育協会、日本旅行協会後援のもと、四年後のオリンピックを団体で観戦する計画を発表している。募集は二〇〇名、毎月二円五〇銭ないし五円を四年にわたって積み立て、往復旅費、食費、宿泊費、入場料等に一〇〇円ないし二〇〇円を充当するというものである[89]。名古屋新聞社は、一九三六年一一月二九日に水上競技講演会を開催し、柴原恒雄、葉室鉄夫、遊佐正憲、鶴田義行らを招き、東京オリンピックに向けての抱負を述べさせた[90]。

オリンピック東京大会に向けてスポーツ記者の全国組織も誕生した。組織委員会報告書によれば、これは、オリンピックを機に開会される国際スポーツ記者協会総会のため、日本でも全国的組織を作り加盟する必要がでてきたからである。東京大会決定後、国際スポーツ記者協会会長ヴィクトル・ボアンから徳川、副島のＩＯＣ委員を通じて、日本運動記者協会設立が要請された。それをうけ、一九三八年五月一〇日、報知、東京日日、東京朝日、中外商業、読売、国民、都の各新聞社および同盟通信社の在京八社の運動部長が出席して、日本運動記者協会（仮称）が創設され、大会各競技場の内外通信社記者席や通信設備等に関して積極的に活動を開始することとなった。同年六月八日には、日本オリンピック記者協会という会名で正式に設立し、台湾、朝鮮、満洲の各紙も含め三〇社ほどから加盟申し込みがあったという。会長は、同盟通信社社長の岩永祐吉で、理事社には、北海タイムス、新愛知、名古屋、大阪朝日、大阪毎日、福岡日日が就任した。同協会は、設立から一ヵ月ほどで東京大会返上決定に直面するが、一部加盟社の変更はありながらも、日本運動記者協会として存続した[91]。

企業の期待

企業も、東京大会に向けて期待を膨らませていた。業界雑誌『広告界』は、一九三六年一〇月号をオリンピック特集号とし、そのなかで、「四年後のオリムピツクには、内外の御客を目ざして、どんな宣伝や仕事が新しくおつ始りませうか、空想に近いものでも何でも構ひません、痛快なところを一つお聞かせ願ひたいです[92]」と、企業家や広告業界の関係者らに東京オリンピック計画を尋ねている。

この記事によれば、森永の計画は、(一)「森永オリンピックキャンプホテル」を五〇〇〇ほど建設し、地方から上京した愛用者を宿泊させる、(二)銀座をはじめ各売店に外国人の「スイートガール」を置き、各国語でサービスする(選手は無料で飲食可)、店員全員に英語を教える、(三)代々木練兵場を借り受け、「オリムピック音頭大会」を開催、揃いの「オリムピック浴衣」で選手らも参加させる、という。「オリムピック音頭大会」については、レコードはレコード会社と、浴衣はデパートとタイアップし、入場者、見物人はキャラメルを購入した人に限るとしている。異業種とタイアップしながら、自社のキャンペーンを一層盛り上げようということであろう。

一方、わかもとは、「ツエツペリン」位の大きな飛行船(客室はガラス張り、胴ぱらに大きく『胃腸と栄養わかもと号』)をいくつも造り、大競技場のうえを低空飛行させて、お得意さんがゆっくり競技を見られるようにする、という。伊勢丹は、(一)ホテル、入場券(スタジアム等)、遊覧バス、御土産品、汽車、その他オリンピックに関する特別待遇をうけられる「月掛オリムピック見学団」を結成する、(二)五ヵ国語(英・仏・独・スペイン・日)の入った「オリムピツク会話レコード」(テキスト付)を発売する、などの計画を発表している。[93] 消費者のオリンピックへの期待を喚起し、それに応えようとしていたことがわかる。

こうした企業主催のイベントのほかに、商品・広告・商品陳列などにオリンピックの意匠を取り込む計画もあった。時計、ハンドバッグ、うちわ、ネクタイ、チョコレートなど、あらゆる商品に五輪マークを入れる案、陳列にも五輪マークを取り入れる案などが、『広告界』誌上では紹介されている。[94] なお、これらの意匠案では、五輪マークに比して日本の国旗を用いたものは少ない。あくまでオリンピックの国際性を通じて消費を喚起しようとする動きが優勢であったといえるだろう。

外国人観光客の誘致

特にオリンピックを商機と捉えていたのが、観光業界である。オリンピックは、様々な国から多くの選手や観客が集うイベントである。そのため、ロサンゼルス大会やベルリン大会といった海外で開催されるオリンピック大会でさえも、日本への外客誘致を宣伝するチャンスと位置づけられていた。

日本では、ロサンゼルス大会の数年前から、金融恐慌で打撃を受けた国家経済の再建対策の一つとして、外客誘致事業の重要性が認識されるようになっていた。一九二九年三月には、貴族院・衆議院両院で、外客誘致に関する調査とその実行に当たる中央機関を設置すべきであるという建議案が提出、可決され、一九三〇年に、国際観光局が鉄道省に設置された。当時、国際観光をめぐる競争が最もはげしく繰り広げられていたのが米国で、一九二八年九月にはジャパン・ツーリスト・ビューローが、ドル客誘致を狙う各国の宣伝機関が集うニューヨークに出張所を開設し、一九二九年四月には、鉄道省とジャパン・ツーリスト・ビューローの提唱で、対米宣伝共同広告委員会が創設された[95]。日頃から西海岸への進出を考えていたジャパン・ツーリスト・ビューローでは、一九三二年六月二五日、ロサンゼルス大会開幕前にロサンゼルス出張所を開設した。同出張所では、日本旅行に不安のないこと、為替安によって日本旅行が有利であることを宣伝し、オリンピックの見物客に対して、太平洋回りで日本を観光して帰国するよう呼びかけ、大成功を収めたという。なお、同出張所は、ニューヨークの出張所とともに、太平洋戦争が始まる直前まで、対米誘致宣伝と現地斡旋の重要な拠点となっていた[96]。ベルリン大会に際しても、国際観光協会パリ宣伝事務所開設にともなう宣伝印刷物が十数万部配布された[97]。

東京大会は、それ自体が日本で開催されるのであり、極東のツーリズムを盛り上げる機会として期待されていた。オリンピックによる観光業の発展は、一九三二年にオリンピック招致運動が本格化した時からの大義名分の一つである。当時、オリンピック後援会の副会長（今村次吉）は、不景気にもかかわらずロサンゼルス大会派遣に協力を

表5－3　主要国籍別入国外客数と外客消費額

年	米国	英国	ドイツ	フランス	ソ連	中国	その他	計（人）	外客消費額（千円）
1925	4,182	3,174	507	354	1,102	9,486	5,034	23,839	47,005
1926	6,704	3,624	536	429	849	10,977	1,587	24,706	47,873
1927	6,654	3,880	609	354	990	12,383	1,516	26,386	50,169
1928	7,782	3,761	742	555	1,251	13,889	1,820	29,800	53,058
1929	8,527	4,362	940	439	1,587	16,300	2,600	34,755	57,983
1930	8,521	5,246	985	466	1,453	14,543	2,358	33,572	50,730
1931	6,612	3,523	672	462	1,082	12,878	2,494	27,273	43,166
1932	4,310	3,525	721	478	1,066	7,792	3,068	20,960	57,158
1933	5,792	5,117	1,118	636	1,091	9,146	3,364	26,264	69,458
1934	7,947	6,391	1,313	883	1,427	12,676	4,559	35,196	89,232
1935	9,111	7,293	1,523	894	1,280	14,260	8,268	42,629	95,266
1936	9,655	6,992	1,446	920	1,315	11,398	10,842	42,568	107,688
1937	10,077	6,097	1,816	882	1,562	8,275	11,593	40,302	—
1938	5,148	3,209	1,861	511	1,648	4,021	11,674	28,072	—
1939	6,711	3,616	2,585	532	157	7,325	16,318	37,244	—
1940	5,983	2,804	5,442	550	447	9,968	18,241	43,435	—

出典：国際観光振興会『国際観光振興会20年の歩み』1984年，301，303頁より筆者作成。

求めるのは東京招致のためであり、東京招致は、外客誘致のためであると説いた(98)。東京大会決定直後の『東京朝日新聞』では、田観光局長が、「今後三年間、三百万円の宣伝費を投じて必死の宣伝を行ったならば、二千六百年の大会には必ず八万以上の外客観衆を誘致することが確実だし、東京オリムピックをきっかけに我が観光収入を年額二億円に増額させる自信もある(99)」との見通しをもっているとある。

オリンピックの東京開催が決まった一九三六年頃は、外客誘致が一層のブームとなっていたといってよい。**表5－3**にあるように、外国人旅行客の数と消費額は、一九三〇年代に入ってから一度減少しているが、三三、四年には回復し、その後、おそらくオリンピックとは無関係に、日常的に増加していた。一九三六年には、来訪外客数は四万二五六八人、外客消費額は約一億七六九万円となった。外客による外貨収入は、綿織物四億八三〇〇万円、生絲三億九二〇〇万円、人絹織物一億四九〇〇万円に次いで四位で、一九三六年の輸出総額の四％を占めていた(100)。

ジャパン・ツーリスト・ビューローの機関誌『Tourist』によると、ツーリスト・ビューローは、一九三七年三月時点ではニューヨークとロサンゼルスにインフォメーション・オフィスをもち、パリにも開局の予定であった。ロンドンやベルリンなどの欧州都市に代理店をもち、トーマス・クック、アメリカン・エクスプレス（American Express）、インツーリスト（Intourist）（ロシア）、ミトローパ（Mitropa）（ドイツ）などと連携していた。ジャパン・ツーリスト・ビューローは非商業組織で、政府、南満洲鉄道、日本郵船、大阪商船のほか、自治体、商工会議所、劇場、ホテル、貿易会社、デパート等のサポートを受けていた[101]。当時の観光業界は、国際的なあらゆるイベントを外客誘致の契機とみなしていた。『Tourist』は、オリンピック大会準備期間中はほぼ毎号、裏表紙を東京大会の意匠で飾っていたが、一九三七年八月号は第七回世界教育連盟国際会議の記念特集号とし、巻頭に、世界の平和と国際協力に寄与することを期待するとともに、参加者の旅行のお手伝いをさせていただきます、と記している[102]。

外客誘致の動きは、外客向けのホテルや接待の整備を促進させる。一九三三年以降、政府の融資で全国各地に多くのホテルが新設・改造された[103]。ＹＭＣＡは、一九三五年四月、東京国際ホテル専門学校を開校させ、外客向けのホテル業に従事する人材の養成に乗り出した。同校が一九四〇年東京オリンピックを一つの目標としていたことは、いうまでもない[104]。ホテルの外国人接客が重要な課題となっていたことは、外国人客の習慣、言葉、そして接待方法に関する参考書が出版されていたことからもわかるだろう[105]。帝国ホテルでは、東京オリンピックにあわせた新館計画が一九三二年からあった。一九三六年五月から一一月にかけて、大倉喜七郎は、建築技師矢部金太郎を伴って欧州視察に出かけ、あわせてベルリン・オリンピックも見学している[106]。新橋駅前には、小林一三が東京オリンピックに備えて建てた第一ホテルが、一九三八年四月に開業した[107]。

オリンピックにあわせて来日する外国人がもたらす経済効果には、観光業界以外からも期待が寄せられていた。岡田徹は、『広告界』の「皇紀二六〇〇年・東京オリムピツクだ　製造家よ小売商店よ　準備はよいか！」[108]という記事のなかで、「外人」に何が売れるか、「内地人」に何が売れるか、を検討している。岡田によれば、外国人には、スポーツ用軽自転車、日本人形、陶器、磁器、漆器、カットグラス、絹織物、日傘、洋装雑貨、靴、一般美術品など、内地人には、東京土産（海苔、塩せんべい、菓子など）、写真機、双眼鏡、時計、指輪、ハンドバッグ、文房具、競技場内で消費される飲食品などが売れるという。さらに岡田は、製造家にはサービス・ステーションの設置、小売店や商店街には外国語学校（特に英・仏・満洲語）の設立、服装の統一改善組合の結成、街頭の美化、共同の営業用ビルの設置などを求めている。

招致運動期においても準備運動期においても、外国人観光客を呼び込むための情報発信が、活発に行われた。東京市は、一九三四年のＩＯＣアテネ総会に際して、写真帖『Tokyo Sports Center of Orient』を作成、嘉納治五郎に依頼して、各国ＩＯＣ委員やスポーツ関係者に配布した(109)。この写真帖は、大日本体育協会、鉄道省、講道館、東京朝日新聞社、東京日日新聞社が提供した写真で構成されている。近代スポーツや伝統スポーツのほか、二重橋、明治神宮、街並、建築物（橋、美術館、国会議事堂、大学）、公園などのスポーツ以外に関する写真も収録されている(110)。これ以降も数種類の冊子が刊行されたようであるが(111)、筆者のみる限り、これらの内容は、おおむね最初に刊行された『Tokyo Sports Center of Orient』を踏襲している。どれも、日本のスポーツの到達度、日本の建築技術（競技施設・交通網を含む）の到達度、そして日本の伝統的なスポーツ・建築・儀礼・文化・観光地・自然（桜・富士山）などを紹介し、近代的日本と伝統的日本を並置している。日本に国際スポーツ・イベントを開催するだけの近代的な技術・能力があるということを示すと同時に、外国人（欧米人）の抱くであろう異国趣味・オリエンタリズムを自分たちで想像し、それに訴えかけていたといえる。

東京大会決定後は、組織委員会がオリンピック・ニュース、ポスター、シールの配布を行い、来日外国人の接待や渡航日本人を介した宣伝にも余念がなかった。さらに、組織委員会による直接的な宣伝活動とは別に、海外のメディアや対外向けのメディア（特に英文雑誌）にオリンピックの記事が掲載されることもあった。組織委員会の報告書によれば、一九三七年六月のポーランドの週刊雑誌が、日本文化紹介号として、徳川のメッセージなど、東京大会関係の記事を掲載したという。また、一九三八年二月号の『Japan Magazine』も、オリンピック特集号であった。[112]このほか、オーストラリア、インド、イタリアなどの雑誌に東京大会の記事が掲載されたという。[113]報告書にはないが筆者の調査により判明した範囲では、『The Japan Times and Mail』が、「オリムピツク東京決定祝賀と感謝」と題した特集号を発行していた可能性がある。[114]グラフ雑誌の『Nippon』（日本工房）や『Present-Day Japan』（朝日新聞社）にも、東京オリンピックに関する記事が掲載されている。[115]ただし、こうした対外向け雑誌の記事は、日中戦争が始まってからは、観光客の来日を促進するというよりは返上説を打ち消すものへと変化している。

戦前日本のオリンピックの終着点

本章ではここまで、一九四〇年東京オリンピックの招致運動および準備の経緯、関係各省・自治体および人的ネットワーク、東京オリンピック計画に関するメディアや企業・経済界の動向についてみてきた。本章で取り上げた組織や関係者は、ロサンゼルス大会やベルリン大会にも関心をもっていた。ただ、これらの組織や関係者にとって、東京大会は、これまでのオリンピックとは全く異なる意味をもっていた。メディアを介して体験するオリンピックではなく、実際に自分たちが当事者として関与し、一から演出していく東京のオリンピックだった。ロサンゼルス大会やベルリン大会をさらに推し進めたところに、東京オリンピックの計画があったのである。結果的に、それは、戦前日本のオリンピックの終着点であった。

東京オリンピックの計画を推進した人々は、オリンピックを通じた東京復興や国際協調を思い描き、そこに「紀元二六〇〇年記念」や「東洋初のオリンピック」といった意義を重ね合わせてもいた。メディアの関係者のなかには、オリンピックを技術開発の契機や目標として捉える見方もあったし、対外宣伝の方策や事業活動の資源という見方もあった。経済界においては、オリンピックが商機として捉えられ、その傾向は、外国人客の増加が見込める観光業で顕著であった。河野一郎のようにオリンピック反対派も存在したが、東京で開かれるオリンピックには、様々な方面から期待が寄せられ、オリンピックのもつ複数の意味・意義が互いに結びついていったといえる。

第Ⅱ部　オリンピックの表象——メディアが描き出した一九三〇年代

第六章　東京三紙のロサンゼルス大会表象——国際舞台で奮闘する日本人

本章では、当時の東京の代表的新聞である『東京朝日新聞』『東京日日新聞』『読売新聞』の一九三二年ロサンゼルス大会の表象の量的・質的分析を行う。第一節では、東京三紙の記事の量的分析を行い、第二節では、オリンピックの主要場面に関する記事について質的に分析を行う。第三節では、『東京朝日新聞』の広告を質的に分析する。第四節では、分析結果をまとめて考察する。

まず、東京三紙の取材体制を確認しておこう。『東京朝日新聞』は『大阪朝日新聞』、『東京日日新聞』は『大阪毎日新聞』とそれぞれ提携関係にあり、ロサンゼルス大会で、両社は競い合うように、取材陣の派遣、速報体制の強化、ニュース映画や写真の収集・輸送を行った。オリンピックに際した臨時支出は、両社とも十万円をはるかに超過したという[1]。一方、『読売新聞』は、東京を中心とした新興の新聞である。一九二四年の正力松太郎の社長就任後、ラジオ版の創設、夕刊発行などによって部数を拡大していたが、ロサンゼルス大会の報道への投資額は数千円と、『東京朝日新聞』や『東京日日新聞』には及ばなかった[2]。

オリンピック取材の名目で日本からロサンゼルスへ派遣された特派員数は、資料によって若干記述が異なる。『日本新聞年鑑』によれば、『東京朝日新聞』三名、『東京日日新聞』四名に対し、『読売新聞』は一名であった[3]。一方、朝日新聞社史によれば、同社では、植村陸男（東朝運動部次長）、渡辺文吉（大朝運動部員）、グレン・ショー（大朝出版編輯部嘱託）、真名子兵太（東朝計画部員）を現地に特派し、木村亮次郎（ロサンゼルス駐在員）、海老名一雄（現地委嘱のサンフランシスコ邦字紙記者）とともにオリンピック取材に当たらせ、ニューヨーク通信局助手でコロンビア大学の学生であった鈴木乾三にも応援を依頼したという[4]。毎日新聞社史によれば、同社のロサンゼルス大会取材は、工藤信一良（ロサンゼルス特派員）が中心となり、高田市太郎（ニューヨーク勤務）、海口守三（大毎外国通信部）、三浦寅吉（東日写真課）、それに日本選手団の南部忠平、斎藤巍洋、山岡慎一（いずれも大毎運動課嘱託）が協力したという[5]。

読売新聞社は、久富進嘱託もロサンゼルスに行っていたが、実質的には、ロサンゼルス特派員の平賀新一と日本から派遣された下田辰雄が報道に従事していたようである[6]。朝日や毎日と比べると、現地で取材に当たった人員は少なく、『読売新聞』には電通や聯合の記事が多く掲載されている。また、『東京朝日新聞』と『東京日日新聞』はそれぞれフォックス社やパテー社と提携してニュース映画を撮影し、競い合って日本へと輸送し全国各地で公開したが、『読売新聞』はニュース映画は作っていない[7]。

1　ナショナリズムの再生産に関する表象の傾向と特徴

東京三紙の量的分析は、ロサンゼルス大会報道におけるナショナリズムの再生産に関する表象の傾向と特徴を数量的に把握することを目的とし、三紙の比較およびロサンゼルス大会と前回アムステルダム大会の比較を行う。アムステルダム大会報道の分析は、ロサンゼルス大会の報道を分析するための補助とし、『東京朝日新聞』のみを対象とした。ただし、『東京朝日新聞』は、アムステルダム大会でも当時の日本の新聞社としては充実した取材体制をとっていて、日本から特派員を一名派遣し、ヨーロッパ駐在中の社員二名が取材に協力している[8]。

分析対象期間は、大日本体育協会の選手団送別式の翌日から選手団解散式の翌日までとした。ロサンゼルス大会は一九三二年六月二一日から九月九日、アムステルダム大会は一九二八年六月一八日から一〇月二八日である[9]。過去のオリンピックやオリンピック大会前後に開催される競技会についての記事も、文中にオリンピックへの言及がある場合に限って分析対象とした。社告も分析対象とした。

『東京朝日新聞』及び『読売新聞』は、データベースで「開催地名（ロサンゼルス・アムステルダム）」か「オリンピック」をキーワードに含む記事を検索し、該当記事を抽出した。ただし、データベースで検索された記事でも、オリンピックとは無関係の記事については除外した。『東京日日新聞』については、マイクロフィルムを用い、筆者が手作業で該当記事を抽出した。

量的分析では、上記の手順で抽出されたオリンピック関連記事について、全体的な報道量を把握するため、記事面積、写真掲載枚数を調べ、分析対象期間中に、オリンピックに関して号外・別刷が発行された回数も調査した。続いて、オリンピック関連記事の見出しにおける特定の言語表現の登場回数をカウントした。特定の言語表現とは、（一）国名、（二）選手名、（三）日本を示す表現（「日章旗」「君が代」「われわれ」など）、（四）戦争・平和・国際親善を連想させる言葉である。さらに、特定選手の個人的な人間関係（家族・恋人・恩師など）を主題とした記事、および、外国人による日本選手の評価を主題とした記事を抽出し、その内容を詳しく量的に分析した。

報道の全体的傾向

表6－1にあるように、紙面に占めるオリンピック報道面積の割合は三・二三～四・〇二％（大会会期中は六・三二～八・二二％）、写真は約四〇〇～四六〇枚、号外・別刷の発行回数は、『東京朝日新聞』と『東京日日新聞』は一四回、『読売新聞』は八回であった[10]。紙面に占めるオリンピック報道の割合はそれほど大きくはないが、写真の

表6－1　報道の全体的傾向

	東朝	東日	読売	前回（東朝）
紙面に占めるオリンピック報道の割合（期間：体育協会送別式〜解散式）※	3.33%	3.23%	4.02%	0.91%
紙面に占めるオリンピック報道の割合（期間：開会式〜閉会式）※	6.52%	6.32%	8.21%	5.11%
写真掲載枚数	398枚	458枚	417枚	80枚
号外・別刷発行回数	14回	14回	8回	0回

注：紙面に占めるオリンピック報道の割合は，紙面のサイズが異なることが多い号外・別刷は含めずに算出した（※）。
出典：筆者作成。

掲載枚数や号外・別刷の発行回数から、ロサンゼルス大会は、当時の新聞にとって重要度の高いイベントであったといえる。比較的取材体制の整っていた『東京朝日新聞』のみのデータとなるが、アムステルダム大会では、大会会期中には報道量がやや増加したものの（紙面全体の五・一一％）、長期的な報道量は、ロサンゼルス大会と比べると圧倒的に少なく（紙面全体の〇・九一％）、掲載された写真枚数も約五分の一、号外や別刷の発行もなかった。ロサンゼルス大会の報道量は、前回のアムステルダム大会と比べると、大幅に増加していたといえる。

ロサンゼルス大会の報道を新聞別にみると、報道面積の割合では、『読売新聞』が他二紙を圧倒し、写真の枚数でも両紙の中間に位置していた。『読売新聞』は、取材・報道体制の面では劣勢に立たされていたが、全体的な報道量では、『東京朝日新聞』『東京日日新聞』と互角であったといえる。『読売新聞』は他紙以上に、ロサンゼルス大会をイベント化して描き出すことに力を注いでいたと考えられる。

見出しにおける国名

見出しにおける国名の登場回数は、『東京朝日新聞』では日本一一四回、日本以外一〇二回、『東京日日新聞』では日本八九回、日本以外一二一回、『読売新聞』では日本一三九回、日本以外一三七回であった。アムステルダム大会の報道（『東京朝日新聞』）では、日本五三回、日本以外七五回で、国名（特に日本）が見出しに登場した回数は、前回大会から大幅に増加していた。ロサンゼルス大会のメディア表象では、国家の存在感が高まっていたのである。

表6-2にあるように、日本に次いで多く登場したのは、三紙とも共通して米国である。米国は、国別優勝者数で他国を圧倒していたが、米国に次いで優勝者数の多かった国々（イタリア・フランス・スウェーデン）が見出しに登場する回数は少なかった。米国の登場頻度が相対的に高かった理由としては、（一）大会開催地が米国であったこと、（二）ロサンゼルス大会が日米関係に及ぼす影響を新聞社もまた強く意識していたことが挙げられる。前述のように、当時の外務省では、米国における排日機運の高まりを受けて、ロサンゼルス大会が米国の対日世論に与える影響を注視していた。外務省外交史料館所蔵資料からは、米国駐在の大使や領事が、米国メディアによる日本選手や日本人の評価を、非常に興味をもって注視し、本省に報告していたことがわかる。[11]こうした外務省の対米重視の姿勢が、メディアの表象にも反映されていたといえる。

表6-2　各紙の見出しに2回以上登場した国名

東朝		東日		読売	
日本	114	日本	89	日本	139
米国	53	米国	62	米国	71
フィンランド	13	フィンランド	23	フィンランド	20
フランス	7	英国	8	英国	9
ドイツ	4	ドイツ	4	ドイツ	7
オーストリア	4	ハンガリー	4	インド	5
英国	3	フランス	4	フィリピン	5
インド	3	インド	3	オーストリア	5
フィリピン	2	支那	3	ハンガリー	3
ハンガリー	2	フィリピン	2	スイス	3
ブラジル	2			フランス	2
				オーストラリア	2
上記以外	9	上記以外	8	上記以外	5
計	216	計	210	計	276

出典：筆者作成。

見出しにおける「日本」を示す表現

表6-3は、「われわれ・われら・わが」、国旗・国歌の通称としての「日章旗・日の丸」「君が代」、「祖国・故国・母国」、在米日系人を示す言葉として「同胞」「邦人」といった言葉が見出しに登場する回数を調べた結果である。三紙とも、

表6－3　「日本」を示す見出し表現の登場回数

	東朝	東日	読売	前回（東朝）
われわれ・われら・わが	65	82	115	22
日章旗・日の丸	22	27	21	5
君が代	7	4	9	2
祖国・故国・母国	6	17	10	1
同胞	4	2	16	0
邦人	6	10	10	2
計	110	142	181	32

出典：筆者作成。

見出しに「われわれ・われら・わが」「日章旗・日の丸」「君が代」「祖国・故国・母国」「同胞」「邦人」を頻繁に用いている。

ビリッグの「日常のナショナリズム（banal nationalism）」に関する議論を踏まえれば、「日本」という言葉を直接用いなくても、日本という国民国家を示す表現は多く存在する。(12) 代表例を挙げると、「日本」や「日本チーム」といった表現よりも、「わが国」「われらの代表」の方が、「われわれ」が一体であることを自明とする表現である。国旗や国歌は、近代日本において戦争や天皇の軍隊を連想させる国家のシンボルであったが、満洲事変後はその傾向が一層顕著となった。「同胞」や「邦人」といった言葉は在米日系人を意味しており、これらの言葉が見出しで用いられていたことは、日本という国民国家の周縁に生きる人々が、オリンピック報道において重要なシンボルとなっていたことを示している。日本という国民国家の共同体が「日本」という国名を直接用いることなく表現されることは、前回アムステルダム大会の報道では少なく、これはロサンゼルス大会の報道の特徴であったといえる。見出しにおける国名の登場回数の分析結果によれば、三紙の見出しに登場した国名のうち日本の占める割合は、四八・七％とそれほど高くはない。だが、それは、ロサンゼルス大会の報道では、日本という国名を用いる必要のないくらい自国が話題の中心となっていたためであると考えられるだろう。

新聞別では、『読売新聞』で「われわれ」が多用されており、『東京朝日新聞』の二倍近くであった。『読売新聞』では、国名への言及頻度、「同胞」や「邦人」といった言葉が登場する頻度も高かった。『読売新聞』の報道の特徴については、後述する。

戦争／国際親善／平和の場としてのオリンピック

表6-4は、戦争／国際親善／平和を連想させる三四の言葉について、見出しに登場した回数を調査した結果である。戦争を連想させる言葉とは、戦、軍、陣、敵、凱旋、部隊、征途、銃士、粉砕、征衣、銃後、玉砕、勇士、征服、一騎討、撃破、爆撃、魚雷、総動員、邀撃《ようげき》、武者、鎧袖一触《がいしゅういっしょく》、弩級《どきゅう》、出征、人間砲弾、屈服である。国際親善を連想させる言葉とは、交歓、親善、スポーツ外交、人類愛、使節、国際親善、国際愛で、平和を連想させる言葉は、平和とした。

オリンピックは現在では、平和の祭典と広く認識されている。ロサンゼルス大会の時にも、オリンピック後援会の今村次吉が、ロサンゼルスへの選手団派遣の理由の一つとして、オリンピックが「世界的親善と平和とに貢献する」ことを挙げている[13]。しかし東京三紙のロサンゼルス大会の報道では、見出しには「平和」は一度も登場しなかった。国際親善を連想させる言葉も、三紙で計八回の登場にとどまっていて少ない。

一方、軍隊や戦争を連想させる言葉は、三紙で計三八九回も登場していた。「軍」の使用例としては、日本軍、第一軍、水上軍、米軍、常勝軍、進軍など、「敵」の使用例としては、強敵、無敵、好敵手、敵状視察などがあった。「陣」は、第一陣、陣容、水泳陣などと使われている。また「戦」は、戦評、戦績、第一戦、奮戦、スポーツ戦線、戦友、戦国、善戦、苦戦、激戦、敗戦、力戦、開戦などである。「勇士」と「銃士」は、二勇士、三勇士、三銃士として使われた。

スポーツ報道における戦争のメタファーの使用は、現在では馴染み深いものであるし、全国中等学校優勝野球大会の報道では、すでに一九一五年の第一回大会からみられた[14]。しかし表6-4にあるように、前回アムステルダム

表6－4　戦争／国際親善／平和を連想させる見出し表現の登場回数

	東朝	東日	読売	合計	前回（東朝）
戦	43	26	39	108	16
軍	7	20	51	78	4
陣	22	21	36	79	1
敵	2	10	16	28	1
凱旋	21	18	25	64	0
部隊	0	0	0	0	0
征途	0	0	3	3	0
銃士	1	0	0	1	0
粉砕	0	2	0	2	0
征衣	0	1	0	1	0
銃後	0	0	0	0	0
玉砕	0	0	0	0	0
勇士	0	1	2	3	0
征服	0	1	1	2	0
一騎討	1	3	2	6	0
撃破	0	0	0	0	0
爆撃	0	0	0	0	0
魚雷	0	0	0	0	0
総動員	0	2	1	3	0
邀撃	0	0	0	0	0
武者	0	3	0	3	0
鎧袖一触	0	2	0	2	0
弩級	0	2	0	2	0
出征	0	1	1	2	0
人間砲弾	0	1	0	1	0
屈服	0	1	0	1	0
交歓	0	0	0	0	1
親善	0	0	0	0	0
スポーツ外交	2	0	0	2	0
人類愛	0	0	0	0	0
使節	1	1	1	3	0
国際親善	1	0	1	2	0
国際愛	1	0	0	1	0
平和	0	0	0	0	0

出典：筆者作成。

大会の報道では、見出しで戦争のメタファーが用いられることはほとんどなかった。オリンピック報道における軍隊や戦争を連想させる言葉の使用は、この時期においては新しく、特に「勇士」は、当時メディアが流行現象を作り出した「爆弾三勇士」「肉弾三勇士」のストーリーを連想させる表現である。[15]

新聞別では、戦争を連想させる言葉が見出しに登場した回数は、『読売新聞』一七七回、『東京日日新聞』一一五回、『東京朝日新聞』九七回で、特に『読売新聞』で多かった。「軍」「敵」など、現代のスポーツ報道ではほとんど使われておらず、軍国主義の台頭する時代に特徴的であったと考えられる言葉は、『東京日日新聞』にも比較的頻繁に登場している。総合すると、『東京朝日新聞』よりも『読売新聞』や『東京日日新聞』で、オリンピックを戦争と重ね合わせた表現が目立っていた。

見出しで取り上げられた選手

見出しに選手の個人名が登場した回数は、『東京朝日新聞』二九六回、『東京日日新聞』三一六回、『読売新聞』四二二回で、見出しでは、国名よりも選手名の方が頻繁に取り上げられていた。前回大会の報道と比較しても、選手名の登場回数は、一七三回から大幅に増加している。マス・メディアは、個人に焦点を当て、特定の選手を英雄化していたといえる。

見出しに登場した選手の国籍に注目すると、日本人の占める割合は、『東京朝日新聞』八七・五％、『東京日日新聞』八一・三％、『読売新聞』七三・二％で、大多数が日本選手であるが、外国選手への言及も少なくなかった。これは、見出しに登場した国名の分析結果（見出しに登場した国名のうち、約半数が日本以外であった）とも一致した傾向である。

新聞別に比較すると、見出しで外国選手の名前を多く取り上げていたのは、『読売新聞』であった。また、『読売新聞』で言及された選手の出身国は、他紙と比べるとバラエティに富んでいた。一方で、前述のように『読売新聞』は、他紙よりも見出しで国名を取り上げる傾向や「日本」を示す表現を用いる傾向がみられた。これらは、取材速報体制で劣勢に立たされていた『読売新聞』には、（一）個人間の争いを国家間の争いと重ね合わせて劇的に表象する傾向がみられ、（二）報道の劇化の過程で、外国選手との関係性で日本選手を描き出すという方法が採用されていた、といった特徴があったためであると考えられる。

見出しに頻繁に登場した選手名（表6－5）は、概ね、日本選手の競技成績を反映している。ただ例外として、織田、ヌルミ、竹中の三名がいる（吉岡は、陸上一〇〇メートルで六位入賞し、好成績を収めた選手に入るだろう）。織田は、前回のアムステルダム大会で、オリンピック史上初めて日本人として優勝し、ロサンゼルス大会では、主将を務めていた。ロサンゼルス大会の成績は、三段跳失格、走高跳棄権であったが、事前の期待と選手団の主将という立場から、見出しで頻繁に言及されていたと考えられる。一方、ヌルミと竹中の事例は、ロサンゼルス大会の報道の関心が、日本選手の競技成績だけに向けられたのではないことを示している。

ヌルミは、過去三回のオリンピック大会で九つの金メダルを獲得したフィンランドの陸上選手で、ロサンゼルス大会では開幕直前に、職業選手であるとして出場資格を剥奪された。日本選手に混じってヌルミが見出しに頻繁に登場していたことは、日本の新聞が、世界的な英雄による偉業の達成の可否にも注目していたことを示している。ヌルミの報道については、本章第二節で『東京日日新聞』の記事を詳しく分析する。

表6-5　見出しで取り上げられた選手名

（各紙上位10名）

東朝		東日		読売	
南部◎	24	南部◎	30	織田	20
織田	16	ヌルミ	18	ヌルミ	18
吉岡	16	吉岡	14	宮崎◎	18
宮崎◎	14	宮崎◎	12	南部◎	17
西田○	11	前畑○	10	吉岡	16
北村◎	8	大横田△	9	西田○	12
小池○	8	西◎	9	大横田△	9
西◎	8	西田○	8	前畑○	9
ヌルミ	8	織田	7	清川◎	8
竹中	7	清川◎	7	横山◎	8

出典：筆者作成（◎＝最高順位1位，○＝最高順位2位，△＝最高順位3位）。

一方、竹中の事例は、日本選手と外国選手の対抗関係を提示する際に、競技成績だけでなく、日本人の精神性が基準として採用されていたことを示唆している。やや記事内容に踏みこめば、竹中は、陸上五〇〇〇メートルで、先頭から一周以上遅れながらも最後まで競技を中断しなかったこと、さらに途中で先頭選手に走路を譲ったことが、半ば反則ともとれる行為の末に優勝したフィンランド選手と比較して立派であると、観衆や現地メディアに賞賛されたとして、特に『東京朝日新聞』では七回と多く登場した。見出しには、「最後迄奮闘の最小ランナー　竹中の力走に拍手[16]」「日本選手ファンの米人が竹中君絶賛[17]」などとある。竹中の精神性に焦点を当てた美談は、雑誌にも掲載されており、これについては、第九章で分析する。彼の逸話は、戦後、教科書などにも繰り返し登場するが、ここでは、雑誌記事において肥大化し後世にまで伝えられていく竹中の物語の原型が、新聞報道にあったことを指摘しておきたい。

選手の個人的な人間関係を主題とした記事

選手の個人的な人間関係をテーマとした記事（いわゆる、ヒューマン・ストーリーを語る記事）は、『東京朝日新聞』二一件、『東京日日新聞』二九件、『読売新聞』一八件の計六八件であった（表6-6）。記事のほとんどが、日本選手を対象としており、外国選手の登場は、三紙で計六回にとどまった。また、六八件中、三三件の記事（『東京朝日新聞』『東京日日新聞』では半数以上の記事）に、家族など、記事で取り上げられている人物の写真が掲載されていた。前回アムステルダム大会の報道（『東京朝日新聞』）では、選手の個人的な人間関係をテーマとした記事は皆無であったが、ロサンゼルス大会では、選手のヒューマン・ストーリーが視覚的イメージをも用いて語られていた。このことは、ロサンゼルス大会では、選手を単なる競技者としてだけでなく、一人の人間、あるいは国民として描く報道手法がとられていたことを示している。

表6-6　選手の個人的人間関係を主題とした記事件数

	記事件数
東朝	21（11）
東日	29（17）
読売	18（ 5）
計	68（33）
前回（東朝）	0（ 0）

注：括弧内は，家族や学校関係者等の写真を含む記事の件数。
出典：筆者作成。

表6-7にあるように、こうした選手のヒューマン・ストーリーに登場したのは、多くの場合、家族で、多い順に、母、父、兄、妻である。許婚者や恋人も多く登場した。姉は、兄と比べると少ない。また、亡父も多く登場する。こうした記事では、特定の選手個人を通して、家族愛や家族に関する価値観（例えば、家父長制とそれを支える良妻賢母思想）が表象されていたと推測できる。時

表6－7　選手の個人的な人間関係を主題とした記事における登場人物

登場人物	登場回数
母	19
父	17
兄	15
妻	11
弟	10
学校関係者（先生以外）	9
妹	8
学校関係者（先生）	7
亡父	6
許婚者（女）	6
姉	6
恋人（女）	4
職場関係者	3
娘	2
息子	2
祖母	2
祖父	2
子供	2
養父	1
亡母	1
後見人	1
許婚者（男）	1
恩師	1
伯母	1
伯父	1
叔父	1
従姉妹	1

出典：筆者作成。

代状況と関連づけるならば、母子関係の強調は、軍国美談のなかに出征兵士の母親の母性愛に関する物語が多くみられたことと共通している[18]。

外国人による日本選手の評価を主題とした記事

外国人による日本選手の評価を主題とした記事は、『東京朝日新聞』二五件、『東京日日新聞』一三件、『読売新聞』二一件の計六九件で、三紙でほとんど同じくらい取り上げられていた[19]。六六件が日本選手に対して明らかに肯定的な記事、二件がどちらかといえば肯定的な記事、一件が肯定か否定か判断しかねる記事であった。アムステルダム大会の報道では、外国人による日本選手の評価を主題とした記事は七件しかなく、こうした記事の大幅な増加も、ロサンゼルス大会の特徴である。

表6－8にあるように、記事のなかで日本選手を高く評価している主体となっていたのは、多くの場合、米国人

である。見出しにおける国名の分析結果（日本に次いで米国が最も多く見出しに登場したこと）とともに、メディアが対米世論の変化に敏感となっていたことを示している。これは、ロサンゼルス大会が、満洲事変を経て、対外宣伝の必要性が強く認識され始めた時期に開催されたことと無関係ではあるまい。

選手やコーチだけでなく、メディア、有名人・専門家、市民・観衆などによる日本選手に対する評価が比較的多く登場していることも、注目に値する。日本選手が多様な外国人から高く評価されていることを伝える報道は、日本人が日本選手を自画自賛する報道よりも、はるかに効果的に、日本人の優越性を読者に伝えたと考えられる[20]。

評価の対象（何を評価しているのか）についてみると、日本チーム全体に対する評価を含んだ記事が四八件、特定の日本選手に対する評価を含んだ記事が三七件あった。これらの記事のうち、一三の記事は、日本チームや特定の選手（あるいは、双方）の評価を、日本人一般の評価へとつなげており、日本選手だけではなく、日本人全体が高く評価されているというメッセージが発せられていた。

表6-8　「誰が」日本選手を評価するか

評価主体	登場回数
外国メディア	7
外国選手	15
外国コーチ	2
米国メディア	20
米国選手	12
米国コーチ	16
米国の有名人・専門家	6
米国市民・観衆	18
その他	12
不　明	2
合　　計	108

注：日本からみると米国も「外国」に含まれることはいうまでもないが、ここでは開催国である「米国」と「外国（米国以外の国々）」とを区別して集計した。
出典：筆者作成。

評価内容を「競技面」「態度・精神面」「その他」に分類すると、多くの記事（五〇件）が競技面を評価していた。しかし、態度・精神面を評価する記事も二八件あり、そのうち、競技面への言及はなく、態度・精神面だけに言及した記事は一三件あった。ここから、外国人による日本選手の評価を主題とした記事のなかには、競技自体の報道枠組みを超える記事も多く、競技面だけではなく、態度や精神性が賞賛の的となっている、という物語が作り出されていたといえる。

以上、量的分析の結果についてみてきた。東京三紙のロサンゼルス大会の報道の特徴として、全体的な報道量の増加、「われわれ」や「日章旗」など、読者の国家への同一化を促すような表現の顕在化、戦争のメタファーの使用、選手の個人的な人間関係および外国人による日本選手の評価を主題とした記事の大量出現が挙げられる。報道の中心は日本や日本選手であるが、日本以外の国家や選手が取り上げられることも比較的多かったことが明らかになった。一方で、特定選手の個人的な人間関係や、外国人による日本選手の評価を主題とした記事の分析からは、外国選手は、あくまで日本選手を際立たせるための存在で、ロサンゼルス大会の報道で具象化されたのは、多くの場合、日本人選手とその家族であったことが示された。これらの量的分析結果を踏まえ、次節では、東京三紙の質的分析を行う。

2　ロサンゼルス大会は、どのように表象されたのか？

前節では、量的分析から、東京三紙のオリンピック報道内容の全体的な傾向と特徴を体系的に把握した。本節では、ロサンゼルス大会の主要場面に関する記事について、質的分析を行う。記事の見出し、レイアウト、前後関係、記事内で使用される言語のレトリックや組み合わせ、写真などから、量的分析では把握しきれなかったメディア・テクストの意味の多層性を考察する。

おびただしい量のメディア・テクストを数値に置き換えていく量的分析とは異なり、質的分析の場合は、分析対象をある程度限定せざるをえない。本節では、第一に、選手団と国家や国民（読者）との関係を考察するため、日本選手団の出発の報道を分析する。第二に、オリンピックの理念が象徴的に示される式典として、開閉会式の報道を取り上げる。第三に、個人の表象とヒーローの製造過程に注目して、ロサンゼルス大会において日本選手（南部）が初めて優勝した時の報道を分析する。第四に、外国選手として最も多く見出しに登場したヌルミの報道を分析する。以上の事例は、すべて量的分析で対象とした『東京朝日新聞』『東京日日新聞』『読売新聞』から抽出した。記事の量的分析と質的分析から得られた東京三紙のメディア表象の特徴については、本章の第四節で述べる。なお、当時の新聞は、夕刊、朝刊の順に発行されていて、夕刊の発行は、紙面上の日付の前日である。

事例①　日本選手団出発の報道（『読売新聞』一九三二年六月二四日夕刊）

第一回目の日本選手団の出発は、『読売新聞』では、夕刊一頁で、紙面の半分以上のスペースを使って報道された。見出しには、「行け!!　勝て!!　スポーツ使節　燃ゆる世界制覇の血潮　我等の代表　鹿島発つ[21]」とある。オリンピックの日本選手団が、日本国民である読者（「我等」）の代表であるということは、暗黙の了解事項となっている。そして、スポーツ使節には、勝つこと、世界制覇が期待されている。リード文には、選手団を指す言葉として、「第一次出発部隊[22]」とあり、この記事では、日本選手団は、外交使節と軍隊という二重の役割をもつ存在として描かれていたといえる。

図６－１　『読売新聞』の日本選手団出発に関する記事に掲載された写真

出典：『読売新聞』1932年６月24日，夕刊１頁。

記事には、国家的シンボルの言語的・視覚的表象がいくつかみられる。紙面左上には、選手団の東京駅出発時の写真が二枚掲載されているが（図６-１）、ともに、日本の国旗を含んでいる。選手団代表の持つ秩父宮から下賜された大きな国旗と、各選手が着用する恩賜のブレザーに縫い付けられた国旗である。リード文では、「宮城を遥拝」「聖恩旗[23]」などが太字になっており、紙面中央の囲み記事（岸体育協会長が出発前に参内したことを伝える記事）でも、「参内」[24]が拡大されている。天皇は直接には登場しないが、天皇の神聖性・至高性が示されている。選手団は、天皇を頂点として団結する臣民の代表として描かれていたといえる。

注目すべきは、選手団とともに、選手団の見送りに駆けつけた人々が、この記事の重要な登場人物となっている点である。見出しには、「駅頭・埠頭『万歳』の怒濤」「無言の誓ひ！光る涙　小スポーツマンからお守札」「辷り出る船に浴せる歓呼　横浜埠頭空前の人出[25]」とあり、記事には、ビルの窓から顔を出す若い女性や、選手にお守りを持参した小学生が登場する。一般国民の手で選手団の送迎が盛大に行われていることが強調されているのである。さらに、掲載写真の一枚（上の写真）は、選手団の行進を見守る群衆をロングからとらえ、写真を見る者も、群衆の一人として選手団の行進を見守っているかのように錯覚させる構図となっている。読者も、日本国民として、ロサンゼルスへと旅立つ選手団を応援する集団の一員としての役割を果たすべきであるというメッセージが、紙面全体として、発せられていたといえる。

事例②　開会式・閉会式の報道（『東京朝日新聞』一九三二年八月一三日号外、八月一六日夕刊）

『東京朝日新聞』では、開会式の第一報を七月三一日の号外で報じているが、『東京日日新聞』との激しい輸送合戦の末、八月一三日にも二頁からなる写真号外を二度発行した。ここでは、まず、その開会式の写真号外を取り上げる。なお、同日には、大会は終盤に差し掛かっており、水泳の男子種目では日本が連勝していた。

第一号外は、「オリムピック大会開幕の壮観[26]」と題して、開会式時の競技場における写真六枚と、米国陸海軍の祝賀飛行の写真一枚を収録している。一頁の上半分に掲載された写真のキャプションには、「秩父宮殿下御下賜の日章旗を先頭に堂々入場する日本選手[27]」とあり、二頁目にも、開会式の日章旗を大きくとらえた写真と、敬礼する馬術選手（軍人）と笑顔の女子選手を写した写真がある。日本選手と日章旗は、開会式の写真報道の重要な被写体であった。そして、軍人と女性は、日本選手団のいわば顔としての役割を担わされていたと考えられる[28]。

ただ、開会式の写真号外には外国人や外国選手も多く登場し、特に米国人の存在が強調されている。これは、量的分析によって示された報道の全般的傾向とも一致する。第一号外の一頁下段の写真は、開会宣言をした米国副大統領をとらえており、二頁にも、米国選手宣誓の写真、米国陸海軍の祝賀飛行の写真がある。さらに第二号外では、掲載された開会式の写真八枚のうち、日本選手が写っているのは一枚だけで、他は、米国の有名人（映画俳優で、日本向けのラジオ放送に出演し、日本選手を褒め称える放送を行ったほか、大会終了後に来日した映画俳優ダグラス、女優フェイレイ、太平洋横断飛行のプトナム夫人）、各国選手代表の宣誓式の光景、フィンランド選手・フランス選手・カナダ女子選手の入場シーンをとらえた写真などが掲載されている（図6-2）。号外が全体として示しているのは、オリンピックは各国（西洋諸国）から選手が集う舞台であるということである。そして、諸外国のなかでも特に米国への、文化面も含めた関心が高かったといえる。

図6－2　『東京朝日新聞』号外の開会式報道

出典：『東京朝日新聞』1932年8月13日，第2号外2頁。

開会式の写真とともに号外に収録されているのが、「大会の花、高飛込に鎌倉嬢見事入賞　欧米の花形と争ひ[29]」「羅府より快報来る　百米背泳に全勝[30]」といった、現地から一日遅れで届いた日本選手団の競技成績に関するニュースである。これらの記事は、外国人を多くとらえた開会式の写真と組み合わせら

東京朝日新聞

第十回オリムピック閉會
五輪の旗降さる
六度聴く「君が代」
同胞たゞ感激の涙

水の強豪
世界一座談會（上）
勝因を語る我選手
敗因を述べる彼等

馬術競技高障害に
西中尉見事優勝
大會有終の美を收む

義務教育費増額
千二百萬圓を承認

図6－3　『東京朝日新聞』の閉会式報道

出典：『東京朝日新聞』1932年8月16日，夕刊1頁。

れることで、国際舞台において日本人が認められているという意味を帯びる。(31)

一方、閉会式の記事は、夕刊一頁のトップニュースとして扱われたものの、図6－3にあるように、八分の一ページほどの小さな扱いで、写真もなかった。見出しには「第十回オリムピック閉会　五輪の旗降さる　六度聴く『君が代』　同胞たゞ感激の涙(32)」とあるが、このうちの半分（「六度聴く『君が代』　同胞たゞ感激の涙」）は、閉会式に先立って行われた水泳の表彰式の情景からきている。記事も、半分ほどが日章旗を掲げた日本選手の話題に割かれている。閉会式報道の全体的なテーマは、国際社会での日本の卓越性が認知されたこと、それによって在米同胞が祖国に誇りを抱いて感激していることである。

同じテーマは、他の記事でも語られている。例えば、閉会式記事の左側には、「水の強豪　世界一座談会（上）　勝因を語る我選手　敗因を述べる彼等(33)」という見出しが掲げられている。この記事では、朝日新聞社が米国、ハンガリー、フランス、オーストラリア、カナダ、ドイツと日本の選手やコーチを招いて開催した座談会でのやり取りが、日本選手（我等）の勝利／外国選手（彼等）の敗北という枠組みでまとめられている。記事内に掲載された写真は、五枚すべてが外国選手の顔写真で、日本選手の写真は存在しない。しかし、本文をみると、「日本人の作った記録を今後破るのは骨だ」「日本の勝利はやつぱりシステマチックなトレーニングのため」「日本のこの強い脚力を各国が会得しない限り日本は永久に王座を占めるでせう[34]」など、日本選手の優越性を認める外国選手の発言が繰り返し登場している。日本人が日本選手を自画自賛するのではなく、外国人が日本選手を評価するという構図は、量的分析でも顕著であったほか、次に取り上げる南部の優勝の報道にもみられた。

事例③　南部優勝の報道（『東京日日新聞』一九三二年八月六日夕刊）

ロサンゼルス大会で日本選手として最初に優勝したのが、南部であった。南部は、見出しで最も多く言及され（三紙で計七一回）、特定選手の個人的な人間関係をテーマとした記事でも最も多く取り上げられていた（三紙で計七回）。『東京日日新聞』では、南部優勝のニュースを八月五日の号外にも収録しているが、ここでは、本紙の報道を分析する。

南部の優勝は、夕刊一頁でトップニュースとして報じられた。見出しには、「跳躍の覇王南部君」「大和魂の豪華版」「大日章旗揚がる中に　感激の『君が代』は轟く[35]」とあり、日本人が勝ったということが前面に押し出されている。とりわけ、「日章旗」の代わりに「大日章旗」、君が代が「演奏された」の代わりに「轟く」など、国家のシンボルの偉大さ・神聖さが誇張されている。リード文では、南部の打ち立てた「前人未踏の大記録[36]」が、観衆の歓声を浴び、外国人カメラマンが南部を追っている様子が描かれており、南部は、国際的な人気を獲得している世界の英雄である、とされている。

一方、二頁では、南部の優勝に沸く日本の様子を伝えている。そこでは、三枚の写真（ラジオを聴く群衆、南部の優勝を歓迎する文相、南部の許婚者）に象徴的に示されているように、ロサンゼルスにいる南部選手と、日本にいる国民や選手の家族、そして国家との関係が描かれている。

まず、優勝後の南部の感想をラジオで聴くために集まった人々の様子は、「街頭のラヂオの前には時ならぬ人だかり『えらいね』とそこゝに愉快な国民的興奮と感激の街頭風景が見られた[37]」と描写されている。許婚者とその兄を取り上げた記事は、感傷的な表現が一層顕著である。「頰を流れる　感激の涙　許婚の横田久子さん[38]」という見出しを掲げ、南部優勝の報をもたらして許婚者の家を訪ねてみると、許婚者が感極まって涙を流した、そのうち近所にラジオ放送を聴きに行っていた許婚者の兄が帰宅して、「日章旗がスル〳〵とあがつた光景を思つて僕は泣いたよ　南部も感激にみちた声だつた[39]」と語った、そこへ村の女子青年団員十数名が祝福に押し寄せ家中が大騒ぎになった、と伝えている。山口誠は、ロサンゼルス大会を事例の一つとして挙げ、ラジオ放送を聴くオーディエンスが新聞紙面に描かれることによって、放送メディアが創出する社会的時間のあり方とそこへの参加方法が新聞読者に共有され、社会的同時性がより広範に循環していくと指摘している[40]。もちろんラジオのもたらす同時性は特別なものであるが、新聞では、ラジオ放送に言及することなく家族らの姿が伝えられることもある。新聞紙面における社会的諸関係の提示という観点から述べるならば、ラジオ放送に耳を傾ける群衆と、競技結果が知らされるのを今か今かと待つ選手の近親者の並列的な提示によって、選手と〈顔〉の見える関係にある者と不特定多数の国民とが重ねあわされていくといえるだろう。選手と直接的なつながりをもたなくとも、「国民」であるならば、選手の家族らと同じように日本選手を注視することが当然視されるのである。ここにみられるのは、国家を家族の拡充と解釈する家族国家観であり、ロサンゼルス大会報道は、家族内の情緒的結合を国民共同体内のそれへと自然と拡張させるような言説を含んでいたといえる[41]。

紙面では、メディアも主題化されている。日本での興奮の様子は、オリンピックのニュースが、はるばる太平洋を渡って届けられることの不思議さ、そして「ここ」（日本）と「あちら」（ロサンゼルス）をつなぐメディアの役割の重要性とがセットで伝えられていた。ラジオ放送に関する記事の見出しには、「お丶誇りの電波は　大洋を越えて」[42]とある。また、かなり目立つ位置に、毎日新聞社社長本山彦一と城戸元亮専務の祝電、南部の謝電が掲載されている。そこには、二大新聞社の一つである毎日新聞社が国民を代表して選手団に祝意を伝え、選手がその紙面を通じて国民に謝意を表明するという図式が存在する。[43]ラジオや『東京日日新聞』のような資金力のある新聞があるからこそ、ロサンゼルス大会が国民的なイベントとして成立していた。このことが、紙面で表象・誇示されていたといえる。

事例④　ヌルミの報道（『東京日日新聞』一九三二年七月三〇日朝夕刊など）

量的分析結果が示すように、東京三紙のロサンゼルス大会の報道では、外国や外国人が見出しで言及されることも少なくなかった。特に、ヌルミは、『東京日日新聞』で一八回（南部に次いで二番目に多い）、『読売新聞』で一八回（織田に次いで二番目に多い）、『東京朝日新聞』で八回（五人の日本選手に次いで六番目に多い）見出しに登場している。これは、その他大勢の日本選手よりも、ヌルミの注目度の方が高かったということである。ここでは、『東京日日新聞』のヌルミ報道をみていく。

先に述べたように、ヌルミは、通算一〇個目のメダルが期待されていたフィンランドの世界的な陸上選手であったが、ロサンゼルス大会開幕前には、彼のアマチュア資格をめぐって論争が起きていた。『東京日日新聞』では、七月三〇日の夕刊で、国際陸上競技連盟がヌルミのオリンピック出場禁止の決定を下したことを、「遂にヌルミ選手　出場禁止に決す」[44]という見出しの記事で報じた。この記事は、大きくもなく、写真もない。「ヌルミ不出場によりわがマラソンチームが一人の大敵を除かれた」[45]という日本の立場からの見解を含んでいるものの、「一万米では世界のナンバーワンでありマラソンでも優勝候補であつたことは各国の認めるところである。フインランドのオリムピツク委員からヌルミのアマチユア資格について再三抗議してあつたのだが各国委員の決議で完全にかれの出場は退けられたのである」[46]と、総じて、世界のヌルミに下された決定を淡々と伝えている。

一方で、同日朝刊二頁の記事は、ヌルミという世界的な大選手への、素朴であるが大きな好奇心に基づいている。「『足の超特急』が劇的最期……ヌルミよどこへ行く」[47]という見出しのつけられた記事は、夕刊の記事と同様に小さく写真もないのだが、ドラマ性を重視している。記事本文には、次のようにある。

すでにロサンゼルスに来てオリムピツク村に住み、黙々と哲人のような練習をつゞけてゐるヌルミは最後の希望を失ひ三十日からはオリムピツク村を追はれる身分となつた、アントワープ　パリ、アムステルダムで無人の境を行く如く相手選手を打ち破つた長距離の不世出の英雄の悲惨な劇的大終焉だ、（中略）フィンランド関係者はヌルミ擁護のパンフレツトまでも持出して各国間に運動してゐたのだが証拠歴然として唯一のヌルミ擁護者であつた米国すら如何ともなし難く遂に満場一致で出場禁止と決定した　此決定は国際陸上競技聯盟規約第二条第七項によつてなされたので絶対的に最終のものである　残る問題はプロとなつたヌルミがどこへ行くかでこの報をさゝ早くも興行者がヌルミのもとへ押しよせてぞろ〳〵とヌルミを資本化する案をたててをりある興行者は同じくプロとなつた仏国のラツメーグと模範試合をさせようと奔走してゐる[48]

世界的英雄のヌルミが、悲運にも、オリンピックへの参加の機会を剝奪された、今後の彼はどうなるのであろう、というのである。

この記事は、日本のナショナリズムとは無関係であるが、ヌルミのオリンピック出場がフィンランド関係者にとって重要問題であったことを伝えている。さらに七月三一日付の夕刊は、ヘルシンキ発電通のニュースとして、ヌルミ出場禁止の宣告に対してフィンランド国民が激怒し、選手団の帰国を促す声があがっていることを報じている[49]。オリンピック大会がナショナリズムを高揚させるという現象は、日本以外の国々においてもみられた。オリンピック大会では、われわれ日本人が日本代表選手に声援を送っているのと同じように、われわれとは異なる外国人も、それぞれの国家の代表を応援しているというのである。読者は、こうした報道を通じて、ナショナリズムの普遍性を認識するようになったと推測できる。

ヌルミがロサンゼルス大会に出場できるか否かという関心は、大会開幕直前に「絶対的に最終の[50]」決定が下されたことで消失した。しかし、その後も、世界的な大選手であるヌルミへの純粋な関心はなくなることはなく、控え目ながらも、ヌルミの動向は伝えられ続けた。例えば、開会式の記事の脇には、「沈痛なヌルミ[51]」と題して、「遂に出場を拒絶されけふ晴れの開会式にも出られない、むづかしいことをいへばオリムピツク村にもをられない筈《はず》だといふ情《なさけ》ないことになつてしまつた、見兼《み》ねたフインランドの仲間が協議した結果かれをトレーナーに祭《まつ》り上げてオリムピツク村だけに住めるようになつたがスタヂアムの檣頭《とう》高く掲げられたフインランド国旗を見上げながら沈痛な顔をしてゐたのは見るにしのびない光景だつた[52]」とある。また、大会会期中にも、「オリムピツク出場を禁じられたフインランドのヌルミに対し二日ニューヨークのマヂソン・スクエアー・ガーデン会社が奇抜な案を立て招待を申し込んで来た　すなはちオリムピツク終了後オリムピツクのマラソン優勝者をニユーヨークに招待しそこでマラソンの正確な距離でヌルミと一騎打のレースをやらせようといふのである[53]」といった記事が掲載されている。

このようにみてくると、ヌルミは、ハリウッド・スターと同じようにスター扱いされており、親しみをこめて友好的に描写されていたことがわかる。「わが大敵」などの表現も若干みられたが、ヌルミの動向について逐一なされた報道からは、日本選手との関係でヌルミを捉えようといった姿勢はほとんど感じられない。ヌルミの報道では、個人とフィンランドという国家とが、セットとなって表現されていた。ただし、それは、ヌルミやフィンランドを、排外主義的な視点から描き出しているわけではない。むしろ、ヌルミやフィンランドは、異なる他者として描かれていたものの、敬意を払うべき対象とされていたのである。ヌルミ報道の基調にあったのは、日本のナショナリズムではなく、あらゆる人々が国家に属し、国家を背負ってオリンピックに出場しているというインターナショナリズムの考えであり、世界的な大偉業の達成、あるいは世界的英雄の行方が注目されていたといえるだろう。

3　広告のなかのナショナリズムと消費・娯楽

第Ⅰ部で述べたように、ロサンゼルス大会では、企業がオリンピックに関心をもつようになり、一九二〇年代までの大会と比べて新聞に掲載されたオリンピック関連広告の件数も増加していた。また、オリンピックのイベント化に熱心であった新聞社は、オリンピック報道を充実させるだけではなく、オリンピックに際して、連合広告を企画するようになった。

本節では、日本選手団の出発と帰国に際して『東京朝日新聞』に掲載された二つの企画連合広告を分析する。同紙では、出発に際しては、全面特集広告を同じ構成で二回、帰国に際しても、全面特集広告をほぼ同じ構成で六回掲載している。[54]ここでは、一九三二年六月三〇日朝刊一〇頁と一九三二年九月三日朝刊六頁の分析を行う。

「勝て！日本選手　揚げよ日の丸ロスアンゼルスの空高く」

出発前（六月三〇日朝刊）の広告には、「勝て！日本選手　揚げよ日の丸ロスアンゼルスの空高く」[55]の文字が、中央に太字で掲載され、六社（カルピス、アルリー、目黒雅叙園、ヘチマコロン、明治コナミルク、煙だし片脳油）の広告が

図6-4　広告「勝て！日本選手　揚げよ日の丸ロスアンゼルスの空高く」

出典：『東京朝日新聞』1932年6月30日，朝刊10頁。

掲載されている（図6－4）。

左上の広告は、ヘチマコロンの広告である。第三章でみたように、ヘチマコロンを発売していた天野源七商店は、ロサンゼルス大会に際して、懸賞を募集したり歓迎船を運航したりして、販売促進活動に非常に熱心に取り組んだ代表的な企業である。ロサンゼルス大会前後の時期に、化粧品の広告は、他業種の広告と比較して急激に増加していた。ヘチマコロンは、そうした化粧品業界全体の広告の伸長の波に乗って、広告界で存在感を示すようになった商品であった[56]。

この広告は、日本選手の応援広告で、日の丸を胸につけた女子陸上選手の図案を大きく使っている。イラスト化された女子選手の肌は、やや日焼けしている。そして、「ロサンゼルスに雄躍するヘチマコロン嬢　ヘチマコロン嬢は健康美の記録《レコード》保持者《ホルダー》です」「常に若人の味方であるヘチマコロン[57]」という文字がみられる。オリンピック日本女子選手のやや日焼けした顔と均整のとれた身体という「健康美」を、商品（ヘチマコロン）のイメージと結びつけ、広告を見る者に、「これを使えば、あなたも女子選手のような健康美が手に入る」と訴えかけるのである。また、「常に斯界のトップを切るヘチマコロン[58]」というキャッチ・コピーから、オリンピック日本女子選手に、日本あるいは世界を先頭に立って引っ張っているイメージが見出されていたこともわかる。

明治コナミルク（明治製菓）の広告（左中央）も、日本選手を商品のイメージと結びつける。日の丸を胸につけた男子砲丸投選手が、粉ミルクの缶を砲丸の代わりに持っているイラストが描かれ、「この乳にしてこの力」「僕のオリムピック　砲丸投は世界のレコードだよ[59]」とある。砲丸投選手の優れた力の源として商品（コナミルク）を描き、売り出しているといえるだろう。広告を見る者は、砲丸投選手のような力を手に入れたければ、商品を購入するよう促される。

カルピス（右上）は、五つの輪の図案を用い、「美味の世界選手　カルピス[60]」というキャッチ・コピーを使っている。粉ミルクとともにカルピスも、栄養・滋養に関わる食品である。そして、ここでも、商品（カルピス）の卓越性が、オリンピックのイメージと結びつけられている。後藤文顕によれば、カルピス社は、時事的な話題を取り入れて斬新な広告を作っていた。(61) カルピスが、オリンピックに際して広告を出したのも、自然な流れであったといえるだろう。なお、アルリー（右中央）も、ニンニク由来の栄養・強壮・殺菌剤であり、水泳の写真を使っている。残り二社の広告には、五輪やスポーツへの言及はない。

六社の広告だけをみれば、個々の広告に、ロサンゼルス大会の新聞報道にみられたオリンピックを国家間の戦いの場とする認識やオリンピック選手団を天皇の臣民の代表とする認識は、希薄である。むしろ、これらの広告から読み取れるのは、日本選手を応援しようという意識（緩やかなナショナリズム）、そして各商品をオリンピックやオリンピック選手のもつイメージと結びつけてアピールしようという意識（コマーシャリズム）である。

しかし、連合広告は、単なる広告の寄せ集めではなく、「勝て！日本選手　揚げよ日の丸ロスアンゼルスの空高く」(62)とのスローガンが中央部分に大きく掲げられている。さらに、一番上の段は、朝日新聞派遣選手応援歌の歌詞で埋められている。歌詞は、次のように、日本選手を日本国民の代表として意味づけ、その勝利を祈願する。

（一）走れ！大地を　力のかぎり　泳げ！正々　飛沫をあげて　君等の腕は　君等の脚は　我等が日本の　尊き日本の　腕だ！脚だ！

（二）跳べよ！雄々しく　地軸を蹴りて　投げよ！堂々　青空高く　君等の力は　君等の意気は　我等が日本の　輝く日本の　力だ！意気だ！

（三）揚げよ！日の丸　緑の風に　響け！君が代　黒潮越えて　君等の誉は　君等の栄は　我等が日本の　青年日本の　誉だ！栄だ！(63)

応援歌では、日本国民を意味する「我等」と日本選手を意味する「君等」という表現が、繰り返し、重ね合わされている。日本選手の優勝は、われわれ日本人の優勝であり、名誉や栄冠であるとされているのである。

オリンピックの広告は、広告主の広告を掲載していただけではなく、朝日新聞社が募集しコロンビア・レコードに吹き込んで売り出した応援歌を宣伝するためにも利用されていた。ここには、オリンピックの日本選手応援という名目で広告を集め、さらにオリンピックを一層盛り上げることによって、広告主のオリンピックへの関心を掻き立てようとする朝日新聞社の意図があったといえるだろう。企業側にとって、オリンピックの連合広告に広告を出すことは、日本選手団を応援していることを、国民であり読者である消費者に対して示すことであった。この点は、第三章でみた企業のオリンピック・キャンペーン活動も同様であったといえるだろう。新聞社もまた、連合広告や自社独自のイベントをオリンピックに際して企画することによって、日本選手団の優勝を期待するという自社の立場を鮮明に示していたといえる。

選手凱旋と伝書鳩競争

次に、選手団帰国時（九月三日朝刊）の広告についてみてみよう。ここで分析する九月三日朝刊六頁の見出しには、「オリムピック選手凱旋歓迎[64]」とあり、オリーブの冠をかぶった男性の影絵、五輪マーク、日本の国旗が描かれている（図6-5）。オリンピックのインターナショナリズムとナショナリズムが、ともに表象されていたといえるだろう。

出発時の連合広告と同様に、凱旋時の連合広告も、商品を売ることだけを目的とした広告ではない。朝日新聞社による懸賞募集も兼ねており、これは、読者に対する一種の娯楽の提供であったといえる。中央部には、小さな文字で、

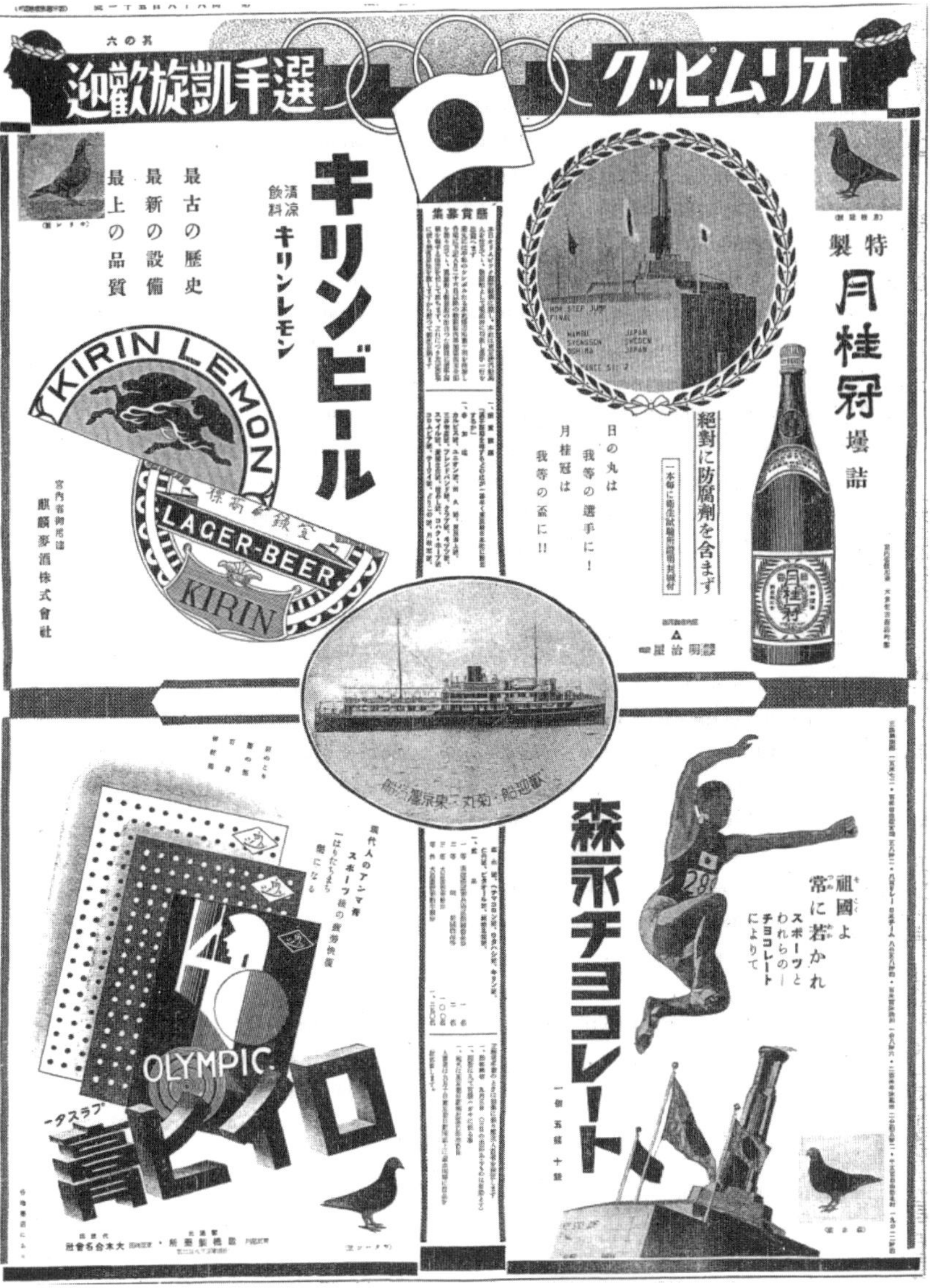

図６-５　広告「オリムピック選手凱旋歓迎」

出典：『東京朝日新聞』1932年９月３日，朝刊６頁。

本日オリムピツク選手帰朝に際し、本社は東京湾汽船菊丸を仕立てゝ、歓迎船として横浜沖に特派し、選手一行を出迎へます
菊丸には平和のシンボルたる本社伝書鳩数十羽を持参し各鳩に下記八月二十六日以降の歓迎広告参加広告主全部を割り当てゝ、凱旋船と歓迎船の出合つた瞬間に選手帰朝を報ずる伝書を付して放ちます、之れにつき左記要項に依り懸賞募集を致しますから奮つて御応募願ます
一、懸賞課題
「選手帰朝を報ずるどの鳩が一番早く東京朝日本社に帰着するか」
一、参加鳩
カルピス号、ユニオン号、利久号、東京海上号、三井物産号、フレンドバンド号、クラブ号、ヰヅツ号、スマイル号、愛国生命号、煙だし号、コハク・ホープ号、コロムビア号、テーワイ号、どりこの号、月桂冠号、森永号、ヘチマコロン号、ウタハシ号、キリン号、仁丹号、ビタオール号、福助足袋号[65]

などと懸賞の説明が書かれている。そして、中央には、歓迎船菊丸・東京湾汽船の写真がある。このページには、四社（月桂冠、キリンビール、森永チョコレート、ロイヒ膏）の広告があるが、これらはすべて、懸賞参加企業である。各広告には、月桂冠号、キリン号、森永号、ウタハシ号と名づけられた伝書鳩の写真が掲載されている。ロサンゼルスで繰り広げられていた国家間の競争が、今度は東京湾で、企業間の競争として再現されるのである。

四つの広告のうち二つは、日本の勝利を想起させる内容となっている。月桂冠の広告（図6－5右上）では、「日の丸は我等の選手に！　月桂冠は我等の盃に!!」[66]という文字、日本選手が初めて優勝した三段跳（南部優勝・大島三位）の国旗掲揚の情景を写した写真がある。写真のなかでは、二本の日の丸が揚がっており、「ＮＡＭＢＵ　ＪＡＰ

AN」「OSHIMA JAPAN」などと表示されたスタジアムの掲示板の文字も読むことが可能である[67]。また、写真の外枠に、オリーブのリースをデザイン化したようなものが使われている。月桂冠という商品名が、オリンピックのシンボルと同じであったという事情もあっただろうが[68]、名誉あるオリンピックでの優勝にあやかろうというのである。オリンピックの優勝は、「我等」の選手が得たものであり、「我等」が月桂冠の盃を手にするというのである。

森永チョコレートの広告（右下）も、同じく三段跳の表彰式の国旗掲揚を背景に、日の丸が胸に目立つ南部と思われる人物の跳躍中の図像を入れている。広告の右端部分には、非常に小さくではあるが、陸上と水泳での日本の優勝種目・選手名・記録が列挙されている。また、「祖国よ常に若かれ　スポーツとわれらの――チヨコレートによりて[69]」という、スポーツとチョコレートが日本の若さに寄与することをアピールする宣伝文句が使われている。

ロイヒ膏の広告（左下）は、商品パッケージの図案にOLYMPICとあり、スポーツ愛好者に訴えかけるコピー（「現代人のアンマ膏　スポーツ後の疲労回復　一はりたちまち楽になる[70]」）が使われている。一方、キリンビールの広告（左上）には、オリンピックを直接連想させるような言葉や図柄はない。ただ、こうした企画広告に参加していること自体が、オリンピックを商機と捉えていることを示している。

出発時と帰国時の広告を総合してみると、オリンピックを広告のなかにどの程度取り込むか、広告のなかで日の丸や日本選手をどの程度強調するかは、企業によって異なる。だが、紙面全体が「勝て！日本選手」「凱旋歓迎」といったメッセージを発している。記事にみられたナショナリズムの再生産に関わる表象（とりわけ、国旗や「我等」といった表現）は、広告にも用いられていた。凱旋広告では、日本選手の具体的な競技結果への言及がみられ、日本選手の活躍を際立たせるものとして、インターナショナルな世界が提示されていた。この広告を見た者は、選手の帰国を目前に控えて、ロサンゼルス大会を思い出すよう働きかけられたといえるだろう。

オリンピック広告のなかで、企業の商品だけではなく、新聞社の事業活動が宣伝されていた点も重要である。オリンピックと結びつけられたのは、一九三〇年代の消費社会の中心にあった化粧品や食品（菓子、清涼飲料、酒）である。連合広告は、読者の国民意識と消費に対する欲求を活性化させるとともに、読者と新聞との関係を維持・強化したと考えられる。

4　国民を一体化させる仕掛けとしてのロサンゼルス大会表象

本章ではここまで、『東京朝日新聞』『東京日日新聞』『読売新聞』における一九三二年ロサンゼルス大会の記事および広告の内容を、量的・質的に分析してきた。まず、東京三紙のロサンゼルス大会の記事には、以下のようなナショナリズムの再生産に関する表象・言説がみられた。

第一に、国家的シンボルの強調や、国民共同体を所与のものとして認識させるような言語的・視覚的表象である。紙面では、「日章旗」や「君が代」といったシンボルが繰り返し登場し、日本選手団は、「我等の代表」「我選手」と表現された。国家としての日本を指す言葉として、国名を直接的に示す代わりに、「祖国・母国・故国」が用いられることも多く、「同胞」「邦人」といった在米日系人との国民的一体感を自明視する表現もみられた。

第二に、他者（外国人や外国選手）を差異化する言説である。量的分析結果によれば、外国人や外国選手も比較的頻繁に記事に登場し、ヌルミのような世界的な選手の偉業達成の行方にも、関心は払われていた。ただ、これまでのナショナリズム研究によれば、自・他の区別に関する認識の形成は、ナショナリズムの成立・存続の基盤となっており、[71]外国選手が多く紙面に登場するのを、即、オリンピックを通した国際理解の促進だと解釈することはできない。ロサンゼルス大会の報道では、外国人（特に、米国人）が日本選手を高く評価していることを伝える記事が頻繁に掲載されており、これらの記事では、日本選手の競技面だけではなく、日本人全体の態度や精神面への言及も多かった。また、事例②の閉会式記事にあるように、「われわれ」(日本人)と「彼ら」(外国人)を差異化する言説も存在していた。つまり、外国人や外国選手に関する報道は、日本と外国の違いを明確にするために不可欠であったと考えられる。そして、これらは、オリンピックを、世界中から選手たちが集う偉大な国際舞台として表象することによって、日本選手の優越性を照らし出したといえるだろう。

第三に、戦争のメタファーの使用である。ビリッグは、確立された国家におけるナショナリズムに関する議論で、戦争のメタファーが多く用いられるスポーツ報道は、読み手が、無意識的に(自ら好んで快楽を追求するなかで)、将来の戦争で必要となる精神性——国家のために犠牲になって戦う精神——を習得する場となっていることを指摘している。[72]ロサンゼルス大会では、国際親善や平和といった言葉に比べて、圧倒的に多くの戦争を類推させる表現が用いられていた。読者の意識に関しては本書の範疇を超えるが、ビリッグの主張に従えば、読者は、ロサンゼルス大会の報道を娯楽的に受容することで、無意識的に対外関係において個々人がもつべき身構え、特に国家のために献身的に戦う精神性を習得していったと推測できる。

第四に、国内を中心とした社会的諸関係の具象化である。紙面では、選手のヒューマン・ストーリーが語られ、見送り人や街頭でラジオを聴く人々、大臣などが、日本選手の動向を見守っている様子が報じられた。また、日本とロサンゼルスの距離の遠さと、それを結ぶメディアの役割の重要性が強調された。マス・メディアを介して、国民が一緒に国際的なスポーツ・イベントを体験していることが具象的に表象されたことで、読者は日本という共同体の姿を想像し、そこへの帰属意識を確認したと推測できる。

以上は、新聞報道の特徴であるが、広告でも、ナショナリズムの再生産に関わる表象がみられた。国旗を視覚的に表現することがよく行われ、日本選手を「我等の選手」とする言語的表現があった。外国人や外国選手を差異化する言説、戦争のメタファーの使用、社会的諸関係の具象化は、記事とは異なり、広告ではほとんどみられなかったが、広告も、全体として、日本選手を応援し、讃えるという内容であった。ただし、ここにも外国の国旗や五輪のマークは登場していて、排外主義的な考え方は全くない。広告の場合は、読者の消費意欲に働きかけるという性格から、記事以上にオリンピックに出場する日本選手のもつ健康美や力強さといったイメージを強調し、娯楽性をおりまぜる傾向があった。

オリンピック広告のなかで、企業の商品だけではなく、新聞社の事業活動が宣伝されていた点も重要であろう。オリンピックを活用したのは、化粧品や食品などの広告で、これらは、一九三〇年代の消費社会の興隆とともに、新聞の主要広告となっていた。新聞社の連合広告は、ナショナリズムを喚起するだけではなく、ナショナリズムとコマーシャリズムを結びつけてそれぞれを活性化させ、さらには自社の事業活動を盛り上げていくものであった。

第Ⅰ部でみたように、ロサンゼルス大会では、大衆化したメディアによって報道されたこと（表象の共有規模の拡大）自体が、オリンピックをめぐる新しい状況を作り出していた。オリンピックに関するメディア表象の共有が、国民的な規模でのオリンピック経験を作り出し、ナショナリズムの再生産という側面をもっていたと考えられるのである。そして、本章の東京三紙の分析から、報道内容においても、ナショナリズムの再生産に関わる表象（一九二八年アムステルダム大会の報道では顕著には観察されなかった表象）が大幅に増加していたことが明らかとなった。

しかし、ロサンゼルス大会でみられた国家的シンボルの強調、他者の差異化、戦争のメタファーの使用、社会的諸関係の具象化といったナショナリズムの再生産に関する表象・言説には、一定の幅があったことを指摘したい。これらの表象・言説の集合体は、いわば、二つの中心をもつ楕円形のような構造をしていた。一方の中心には、外国人や外国選手に関する表象が多くみられたことに代表されるように、読者が、国際社会における「日本」を意識することによって、日本人としての一体感を感じるような表象・言説があった。だが、もう一方の中心には、天皇の存在、日章旗や君が代を強く意識した愛国主義的な表象・言説が存在していた。この二つの中心が緩やかに共存していたのが、一九三二年ロサンゼルス大会におけるナショナリズムの再生産に関する東京三紙のメディア表象であったといえる。

第七章　東京三紙のベルリン大会表象——ナショナリズムの肥大化

本章では、東京三紙の一九三六年ベルリン大会のメディア表象を取り上げる。東京が一九四〇年第一二回オリンピック大会の開催地に決定したのは、ベルリン大会の開幕直前であった。そのためベルリン大会の前後に日本の新聞に掲載された記事には、一九四〇年東京大会に関する記述を含むものも少なくないが、本章では、一九三六年ベルリン大会の報道に焦点を当てて分析する。前章と同様に、第一節で東京三紙の記事の量的分析、第二節で東京三紙の記事の質的分析、第三節で『東京朝日新聞』の広告の質的分析を行い、第四節で全体を考察する。

ベルリン大会での東京三紙の取材体制を確認すると、『東京朝日新聞』は、『大阪朝日新聞』とともに、浜田常二良（ベルリン特派員）を中心とし、重徳来助（パリ特派員）、聴濤克巳（ロンドン支局）、丸山政男（モスクワ特派員）、河合勇（東朝整理部）、西野綱三（大朝運動部）、佐々木信暲（東朝写真部）を現地に派遣した。『東京日日新聞』は、『大阪毎日新聞』とともに、加藤三之雄（ベルリン支局長）、南條眞一（ロンドン支局長）、城戸又一（パリ特派員）、森正蔵（モスクワ特派員）、高田正雄（大毎写真部）のメンバーで取材を行った。そのほかに、選手団に加わった大島鎌吉、斉藤巍洋、山本千春、浅本俊一がいた。『読売新聞』は、星野龍猪（運動部長）のほか、宮崎光男（社会部長）、松尾邦之助（パリ特派員）、熊川良太郎（飛行士）を現地に派遣した。[1] これらに加え、東京三紙は作家や詩人を派遣して、他紙とは異なる独自の報道を展開しようとした。『東京朝日新聞』は武者小路実篤と西条八十、『東京日日新聞』は横光利一、『読売新聞』は西条八十の通信を掲載している。

同盟通信社誕生と写真電送の実現により速報競争の余地は減じていたが、『東京朝日新聞』はウーファ社（Ufa）、『東京日日新聞』はバヴァリア社（Bavaria）とニュース映画で提携し、ニュース映画と写真の輸送をめぐって前回同様、激しく競争した。また、ベルリン大会では、『読売新聞』も、実現には至らなかったものの、壮大な写真空輸計画を立てていた。[2] 総合すると、『東京朝日新聞』『東京日日新聞』は、相変わらず巨大な資金力を背景として、オリンピック報道に鎬《しのぎ》を削っていた。『読売新聞』は、今回も取材体制は他の二社より劣勢であったが、前回大会と比べると、大幅に強化していた。

1　ナショナリズムの再生産に関する表象の傾向と特徴

ロサンゼルス大会報道の分析に準じて、東京三紙の記事の量的分析は、ベルリン大会報道におけるナショナリズムの再生産に関連する言説の傾向と特徴を量的に把握することを目的とする。具体的には、『東京朝日新聞』『東京日日新聞』『読売新聞』を対象とし、報道量（記事面積、写真掲載枚数、号外・別刷発行回数）、見出しで言及された国名・選手名、日本を示す表現（「日章旗」「君が代」「われわれ」など）や戦争・平和・国際親善を連想させる言葉が見出しに登場した回数を分析した。また、特定選手の個人的な人間関係（家族・恋人・恩師など）を主題とした記事、外国人による日本選手の評価を主題とした記事については、詳細な分析を行った。

記事の抽出も、ロサンゼルス大会と同じ基準で行った。分析対象期間は、大日本体育協会の選手団送別式の翌日（一九三六年六月七日）から選手団解散式の翌日（一九三六年一〇月四日）までとした。[3] この期間について『東京朝日新聞』と『読売新聞』は、データベースを用いて該当記事を抽出した。『東京日日新聞』はマイクロフィルムを用い、筆者が手作業で該当記事を抽出した。以下、量的分析の結果についてみていく。

報道の全体的傾向

　ベルリン大会の報道の全体的傾向は、表7-1の通りである。分析対象全期間中の紙面に占めるオリンピック報道の割合は、『東京朝日新聞』三・八一%、『東京日日新聞』三・〇三%、『読売新聞』二・八一%であった。ロサンゼルス大会（表7-2）と比較すると、『東京朝日新聞』で増加、『東京日日新聞』でやや減少、『読売新聞』で大幅な減少となっている。表7-3および表7-4からわかるように、ベルリン大会の頃の新聞紙面全体に占める記事面積の割合は、各紙ともロサンゼルス大会の頃と比べて低下し、広告面積の占める割合が増加している。紙面全体に占める記事の割合の変化を考慮し、記事面積に占めるオリンピック報道の割合についてみると、ロサンゼルス大会と比べて『東京朝日新聞』で大幅な増加、『東京日日新聞』で微増、『読売新聞』で大幅な減少となっている（表7-1および表7-2）。したがって、分析対象全期間中をみた場合、ロサンゼルス大会と比較して三紙に共通した増減の傾向があったとはいえない。

　一方、大会期間中の報道量は、三紙ともロサンゼルス大会と比べて大幅に増加した（表7-1および表7-2）。『東京朝日新聞』では、紙面全体の一四・八二%（記事面積の三二・四五%）、『東京日日新聞』では、紙面全体の一一・一五%（記事面積の二五・六一%）、『読売新聞』では、紙面全体の一〇・四三%（記事面積の二一・六五%）が、オリンピック関連の報道であった。号外も含めれば、開催期間中の報道量は非常に多かったといえる。分析対象全期間中のデータであるが、写真の掲載枚数も、各紙でロサンゼルス大会よりも増えている。

　新聞別に大会期間中のオリンピック報道の割合や写真掲載枚数をみると、『東京朝日新聞』の報道量の増加が際

表7-1　1936年ベルリン大会の報道の全体的傾向

	東朝	東日	読売
紙面（広告も含む）に占めるオリンピック報道の割合（体育協会送別式～解散式）※	3.81%	3.03%	2.81%
記事面積に占めるオリンピック報道の割合（体育協会送別式～解散式）※*	8.35%	6.96%	5.83%
紙面（広告も含む）に占めるオリンピック報道の割合（開会式～閉会式）※	14.82%	11.15%	10.43%
記事面積に占めるオリンピック報道の割合（開会式～閉会式）※*	32.45%	25.61%	21.65%
写真掲載枚数	914枚	721枚	588枚
号外・別刷発行回数	15回	10回	4回

注：紙面および記事に占めるオリンピック報道の割合は，号外・別刷は含めずに算出した（※）。記事面積に占めるオリンピック報道の割合は，紙面全体に占めるオリンピック報道の割合（筆者が計測して集計）を紙面全体に占める記事の割合（『新聞研究所報』掲載データ）で割ることによって算出した（*）。紙面全体に占める記事の割合は，表7-4を参照。
出典：筆者作成。

表7-2　1932年ロサンゼルス大会の報道の全体的傾向

	東朝	東日	読売
紙面（広告も含む）に占めるオリンピック報道の割合（体育協会送別式～解散式）※	3.33%	3.23%	4.02%
記事面積に占めるオリンピック報道の割合（体育協会送別式～解散式）※*	6.80%	6.72%	7.29%
紙面（広告も含む）に占めるオリンピック報道の割合（開会式～閉会式）※	6.52%	6.32%	8.21%
記事面積に占めるオリンピック報道の割合（開会式～閉会式）※*	13.33%	13.14%	14.88%
写真掲載枚数	398枚	458枚	417枚
号外・別刷発行回数	14回	14回	8回

注：紙面および記事に占めるオリンピック報道の割合は，号外・別刷は含めずに算出した（※）。記事面積に占めるオリンピック報道の割合は，紙面全体に占めるオリンピック報道の割合（筆者が計測して集計）を紙面全体に占める記事の割合（『新聞研究所報』掲載データ）で割ることによって算出した（*）。紙面全体に占める記事の割合は，表7-3を参照。
出典：筆者作成。

表７－３　1932年ロサンゼルス大会時の紙面全体における記事の占める割合

	６月	７月	８月	９月	平均
東　朝	48.3%	45.5%	51.9%	50.1%	48.95%
東　日	50.4%	44.2%	49.2%	48.4%	48.05%
読　売	57.6%	50.1%	57.4%	55.6%	55.18%

出典：『新聞研究所報』1932年７月11日，８月11日，９月15日，10月13日より筆者作成

表７－４　1936年ベルリン大会時の紙面全体における記事の占める割合

	６月	７月	８月	９月	10月	平均
東　朝	44.4%	42.8%	46.8%	44.0%	50.3%	45.66%
東　日	41.8%	39.8%	45.1%	43.5%	47.5%	43.54%
読　売	48.6%	47.3%	47.6%	47.3%	50.0%	48.16%

出典：『新聞研究所報』1936年７月６日，８月５日，９月12日，10月９日，11月18日より筆者作成

立っている。一方、『東京日日新聞』は増加の傾向が緩やかであり、『読売新聞』はもっと緩やかであった。『東京朝日新聞』と『東京日日新聞』は、ロサンゼルス大会では報道量はほとんど同じであったが、ベルリン大会では、『東京朝日新聞』のほうがより熱心であったといえるだろう。『読売新聞』は、ロサンゼルス大会と比べて取材者数を増やしていたとはいえ、『東京朝日新聞』や『東京日日新聞』と比べると取材体制が手薄であった感は否めず、両紙よりも報道量が少ない。なお、岩村正史は、当時の日本の新聞には、『東京朝日新聞』と『東京日日新聞』は親独の傾向、『読売新聞』は反ナチ的傾向があったとしている。[4]対独認識の違いが、ベルリン大会の報道量に反映されていた可能性もあるだろう。

見出しにおける国名

見出しにおける国名の登場回数は、『東京朝日新聞』では日本一五七回、日本以外二四五回、『東京日日新聞』では日本一三九回、日本以外二六四回、『読売新聞』では日本一三八回、日本以外二二七回であった。ロサンゼルス大会時には、『東京朝日新聞』では日本一一四回、日本以外一〇二回、『東京日日新聞』では日本八九回、日本以外一二一回、『読売新聞』では日本一三九回、日本以外一三七回であり、ベルリン大会の報道では、国名（特に、日本以外の国名）が取り上げられる回数が増加していた。ベルリン大会では、オリンピックを国家間の競争として捉え

る傾向が、より強まっていたといえる。

国名を詳細にみると、ロサンゼルス大会に比べてより多くの国が見出しに登場している（表7-5）。米国・英国・ドイツ・フィンランドが言及されることが多い。これは、第一に、東京大会の招致運動の影響が挙げられる。ロンドンとヘルシンキが、第一二回大会の開催地に立候補していたため、両国の動向が逐一報道されていた。第二に、開催国ドイツへの関心の高まりがうかがえる。ベルリン大会では、国別優勝者数もドイツが最も多かった。ドイツへの言及回数が多くなったのは自然なことであったといえよう。

ただ、第三に注目すべきは、ドイツよりもはるかに多く言及されていた米国である。前章で述べたように、ロサンゼルス大会で米国が多く言及されていた理由としては、（一）大会開催国であったこと、（二）排日運動を受けて、日本のメディアも大会が日米関係に及ぼす影響に注目していたことが考えられる。また、ロサンゼルス大会では、国別優勝者数が多かったのも米国であった。だが、開催

表7-5　各紙の見出しに2回以上登場した国名

東朝		東日		読売	
日本	157	日本	139	日本	138
米国	65	米国	81	米国	74
英国	40	ドイツ	60	ドイツ	36
ドイツ	39	英国	23	英国	29
フィンランド	25	フランス	11	フィンランド	20
スウェーデン	9	フィンランド	11	イタリア	7
フランス	9	イタリア	9	スウェーデン	6
イタリア	8	支那	8	ギリシャ	4
オランダ	7	オランダ	7	支那	4
インド	4	ハンガリー	5	フランス	4
ハンガリー	4	ポーランド	5	ペルー	4
ペルー	4	ロシア	4	ポーランド	4
ギリシャ	3	チェコ	4	ノルウェー	4
スペイン	3	満洲	3	カナダ	3
フィリピン	3	カナダ	3	ハンガリー	3
メキシコ	3	ペルー	3	オーストリア	3
カナダ	2	メキシコ	3	満洲	2
ベルギー	2	アフガニスタン	2	インド	2
オーストリア	2	インド	2	南アフリカ	2
		オーストラリア	2	メキシコ	2
		スイス	2	ロシア	2
		スウェーデン	2		
上記以外	13	上記以外	14	上記以外	12
計	402	計	403	計	365

出典：筆者作成

国も国別優勝者数のトップもドイツに移ったベルリン大会においても、米国が、日本に次いで二番目に多く見出しに登場していたのである。

これは、米国がスポーツのうえでも国際政治のうえでも、ライバル、あるいは重要な国として認識されていたためであろう。日本は、ベルリン大会終了後の一一月二五日に、日独防共協定を締結する。しかし、協定締結のための交渉が水面下で進められていたとはいえ、この時にはまだ日本にとっての身近な（意識すべき）外国は、ドイツ以上に経済的なつながりの強かった米国であった。一九三六年の時点で、米国は最大の貿易相手国であった。対米国貿易額は、輸出五億九四〇〇万円、輸入八億四七〇〇万円で、中国（輸出六億五八〇〇万円、輸入三億九四〇〇万円）、ヨーロッパ全体（輸出三億三〇〇万円、輸入三億二六〇〇万円）と比べてずば抜けていた[5]。

表7-6 「日本」を示す見出し表現の登場回数と増減率

	東朝	東日	読売	3紙計
われわれ・われら・わが	87 (1.34)	98 (1.20)	95 (0.83)	280 (1.07)
日章旗・日の丸	37 (1.68)	34 (1.26)	35 (1.67)	106 (1.51)
君が代	7 (1.00)	2 (0.50)	13 (1.44)	22 (1.10)
祖国・故国・母国	8 (1.33)	9 (0.53)	10 (1.00)	27 (0.82)
同胞	0 (0.00)	0 (0.00)	1 (0.06)	1 (0.05)
邦人	5 (0.83)	6 (0.60)	10 (1.00)	21 (0.81)
計	144 (1.31)	149 (1.05)	164 (0.91)	457 (1.06)

注：括弧内は，ロサンゼルス大会の登場回数を１としたときのベルリン大会の値。
出典：筆者作成。

見出しにおける「日本」を示す表現

続いて、見出しにおける「日本」を示す表現についてみていく（表7-6）。「日本」という言葉を用いずに「日本」を表現することは、ロサンゼルス大会の時に顕著になっていたが、この傾向は、ベルリン大会でも引き続きみられた。「われわれ・われら・わが」「日章旗・日の丸」といった表現が、非常に多くみられる。

ロサンゼルス大会と比較すると、「日章旗・日の丸」「君が代」「われわれ・われら・わが」が増加しているのに対し、それ以外の項目は減少している。特に、ロサンゼルス大会時に在米の日系人に対して盛んに用いられた「同胞」という表現は、ほとんどみられない（『読売新聞』で一度登場しただけである）。在独日本人を支援する、あるいは、在独日本人の支援を受けるといった意味づけは、ベルリン大会の時には極めて希薄であったと推測できる。一方、「日章旗・日の丸」の増加が比較的顕著であったことは、国際的舞台における日本の国旗のもつ意味（重要性）が、四年前以上に大きくなっていたことを示している。なお、新聞別にみると、見出しでの「日本」を示す表現の登場回数の合計は、『読売新聞』でロサンゼルス大会から減少しているのに対し、他二紙（特に『東京朝日新聞』）で増加しているという、報道量の全体傾向と同様の結果となっている。

戦争／国際親善／平和の場としてのオリンピック

表7-7は、戦争／国際親善／平和を連想させる三四の言葉について、見出しに登場した回数を調査した結果で

表7-7　戦争／国際親善／平和を連想させる見出し表現の登場回数

	東朝	東日	読売	合計
戦	154	87	78	319
軍	105	107	69	281
陣	43	28	23	94
敵	31	15	21	67
凱旋	21	14	11	46
部隊	16	8	15	39
征途	2	4	5	11
銃士	3	1	3	7
粉砕	2	2	1	5
征衣	0	2	1	3
銃後	1	1	1	3
玉砕	0	2	1	3
勇士	0	1	1	2
征服	0	0	2	2
一騎打	0	1	0	1
撃破	0	1	0	1
爆撃	0	1	0	1
魚雷	0	1	0	1
総動員	1	1	1	3
邀撃	0	1	0	1
武者	0	0	0	0
鎧袖一触	0	0	0	0
弩級	0	0	0	0
出征	0	0	0	0
人間砲弾	0	0	0	0
屈服	0	0	0	0
交歓	2	7	4	13
親善	3	2	1	6
スポーツ外交	2	0	0	2
人類愛	0	1	0	1
使節	0	0	0	0
国際親善	0	0	0	0
国際愛	0	0	0	0
平和	0	0	1	1

出典：筆者作成。

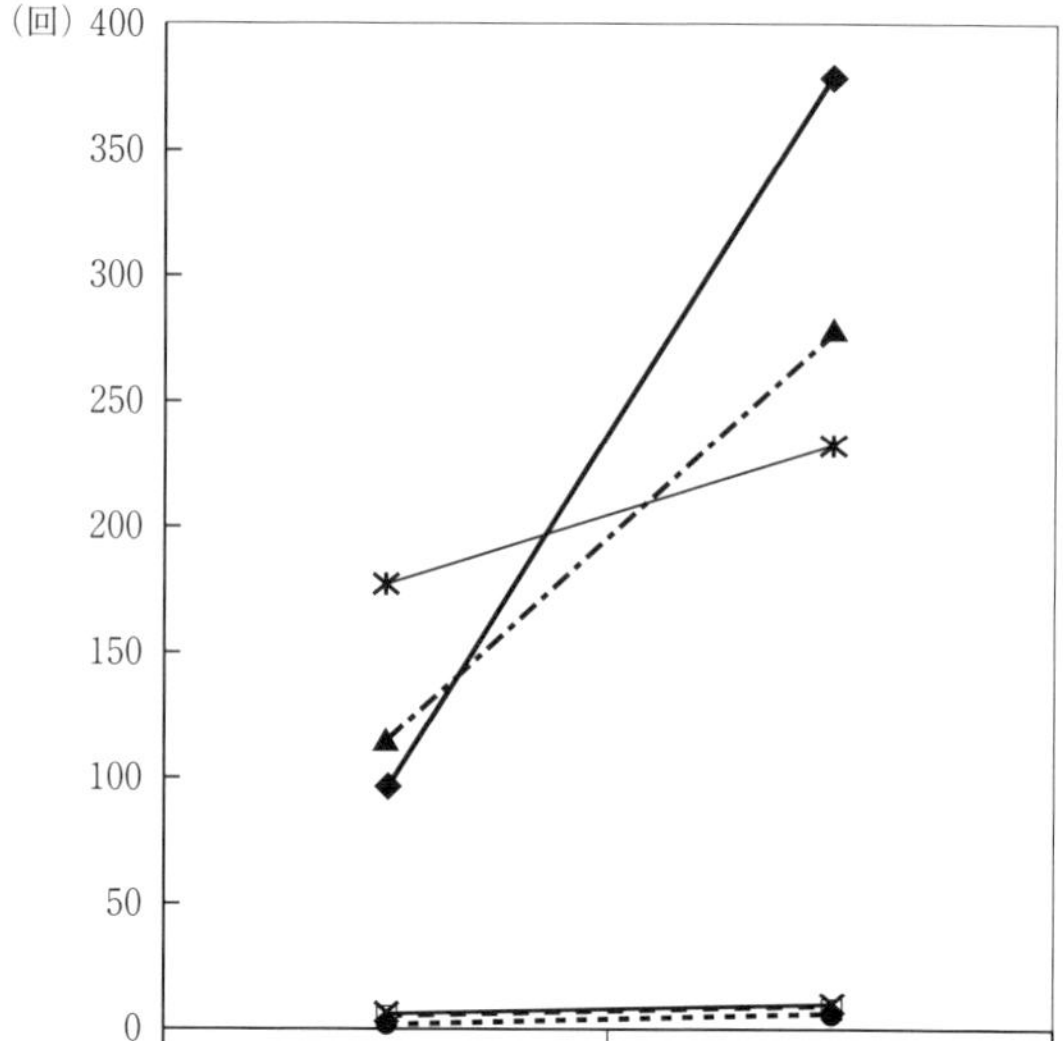

	ロサンゼルス大会	ベルリン大会
◆ 戦　　争（東朝）	97	379
□ 国際親善・平和（東朝）	5	7
▲ 戦　　争（東日）	115	278
× 国際親善・平和（東日）	1	10
✳ 戦　　争（読売）	177	233
● 国際親善・平和（読売）	2	6

図7－1　戦争／国際親善／平和を連想させる見出し表現の増減

出典：筆者作成。

ある。戦争を連想させる言葉とは、戦、軍、陣、敵、凱旋、部隊、征途、銃士、粉砕、征衣、銃後、玉砕、勇士、征服、一騎討、撃破、爆撃、魚雷、総動員、邀撃《ようげき》、武者、鎧袖一触《がいしゅういっしょく》、弩級《どきゅう》、出征、人間砲弾、屈服である。国際親善を連想させる言葉とは、交歓、親善、スポーツ外交、人類愛、使節、国際親善、国際愛で、平和を連想させる言葉は、平和とした。

国際親善や平和を連想させる言葉は、微増している。ロサンゼルス大会の時には見られなかった言葉として、「交歓」（計一三回）、「親善」（計六回）、「平和」（計一回）、「人類愛」（計一回）などがある。ただ、図7－1が示すように、それらの増加とは比較にならないほど、「戦」「軍」など、戦争を連想させる言葉が増加している。国名が見出しで取り上げられる回数も増加していたのを踏まえれば、ベルリン大会は、戦争のアナロジーを用いて国家間の戦いの場と

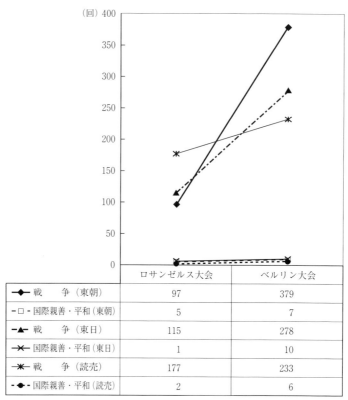

表７－８　見出しにおける選手名および国名の登場回数

	東　朝	東　日	読　売
日本選手（選手名）	318（1.23）	325（1.26）	314（1.02）
外国選手（選手名）	75（2.03）	46（0.78）	93（0.82）
選手名の合計	393（1.33）	371（1.17）	407（0.96）
日本（国名）	157（1.38）	139（1.56）	138（0.99）
日本以外（国名）	245（2.40）	264（2.18）	227（1.66）
国名の合計	402（1.86）	403（1.92）	365（1.32）

注：括弧内は，ロサンゼルス大会の登場回数を１としたときのベルリン大会の値。
出典：筆者作成。

して捉えられていたといえる。

新聞別にみると、戦争や軍隊に関係する用語の使用は、『東京朝日新聞』で最も目立つ。ロサンゼルス大会の際には、戦争を連想させる言葉の登場は、『読売新聞』で際立って多く、『東京日日新聞』『東京朝日新聞』の順であった。それが、ベルリン大会では、『東京朝日新聞』『東京日日新聞』『読売新聞』の順となっている。報道量の大幅な増加とともに、扇情的な表現の使用が、『東京朝日新聞』で顕著になっていたことがわかる。

見出しで取り上げられた選手

表７－８にあるように、選手の個人名が見出しで取り上げられる回数は、『東京朝日新聞』でやや増加（ロサンゼルス大会の一・三三倍）、『東京日日新聞』でやや増加（同一・一七倍）、『読売新聞』でやや減少（同〇・九六倍）という結果であった。『東京朝日新聞』で外国選手への言及回数の増加が二・〇三倍と際立っている一方で、『東京日日新聞』と『読売新聞』では、外国選手への言及は減っている。日本選手への言及は、ロサンゼルス大会の一・〇二～一・二六倍と、三紙ともやや回数を増やしている。

一方、国名が見出しで取り上げられる回数は、三紙とも、ロサンゼルス大会と比べると、かなり増加している。『東京朝日新聞』で一・八六倍、『東京日日新聞』で一・九二倍、『読売新聞』で一・三二倍である。ベルリン大会の報道では、

表7-9　見出しで取り上げられた選手名（各紙上位10〜12名）

東朝		東日		読売	
村社	23	村社	30	村社	24
孫◎	22	田島◎	20	前畑◎	18
前畑◎	17	前畑◎	17	孫◎	18
オウエンス◎	15	鵜藤○	14	田島◎	15
田島◎	15	西田○	11	オウエンス◎	13
西	15	孫◎	11	西	12
南△	15	大島	9	鵜藤○	10
大江△	9	寺田◎	9	山本	10
風間	9	原田○	9	原田○	9
柴原	9	遊佐◎	9	南△	9
西田○	9			吉岡	9
山本	9			西田○	8

出典：筆者作成（◎＝最高順位1位，○＝最高順位2位，△＝最高順位3位）。

個人名よりも国名がクローズ・アップされる傾向のほうが強かったといえる。

さらにベルリン大会では、国名では日本以外の国について言及され、選手の名前としては日本選手がよく登場する傾向が、ロサンゼルス大会時よりも顕著になっている。外国選手や外国チームについては抽象的な表象にとどめる一方で、日本選手については選手名という、より具体的な表象のされ方だったといえる。

表7-9は、見出しに多く取り上げられた選手の名前である。競技での最高順位が四位であった村社が、優勝したいずれの選手よりも頻繁に見出しで取り上げられていることは、注目に値する。陸上一〇〇メートルなどで四つの金メダルを獲得した米国の黒人選手、オウエンスが多く登場していることは、ロサンゼルス大会のヌルミと同じように、日本のメディアの関心が、世界的な外国選手に向けられていたことを示しているといえるだろう。孫と南は、朝鮮半島出身であったが、他の「日本人」の成績上位者に混じって多く取り上げられている。なお、オウエンス、孫、南については本章第二節の質的分析、村社については第九章第一節の雑誌『キング』の分析で取り上げる。

選手の個人的な人間関係を主題とした記事

選手の個人的な人間関係を主題とした記事は、九一件あり、三紙全体ではロサンゼルス大会の六八件から大幅に増加していた。新聞別に見ると、『東京朝日新聞』三〇件、『東京日日新聞』二七件、『読売新聞』三四件で、『東京日日新聞』ではやや減少しているが、『東京朝日新聞』と『読売新聞』ではかなり増加している。また、選手の個人的な人間関係を主題とした記事に写真が掲載されることも、『東京朝日新聞』と『読売新聞』では多くなっている（表7－10）。

選手のヒューマン・ストーリーを語る記事での最も大きな変化は、ロサンゼルス大会の時には、三紙で計六回あった外国選手に関する記事が、ベルリン大会の報道では、一度もみられなかったという点である。視覚的なイメージとともにヒューマン・ストーリーが語られたのは、今回分析対象とした三紙に限れば、すべて日本人選手だった。

表7－10　選手の個人的人間関係を主題とした記事の件数

	記事件数
東　朝	30（21）
東　日	27（15）
読　売	34（22）
計	91（58）

注：括弧内は，家族や学校関係者等の写真を含む記事の件数。
出典：筆者作成。

表7－11は、三紙に掲載された選手の個人的人間関係を主題とした記事のなかで取り上げられた選手の名前を、ロサンゼルス大会とベルリン大会に分けて集計したものである。ベルリン大会では、同一選手が複数回取り上げられるケースが多かった。それは、特定の日本選手がヒーローやヒロインとして繰り返し登場し、ベルリン大会の物語の主人公になっていったことを示している。

表7－12にあるように、記事に登場する選手の家族や学校関係者なども、より多様性に富み、厚みも増している。ロサンゼルス大会時にこうした記事に登場したのは、ほとんどの場合、家族であった。今回も、父、母、兄、弟など、家族が多く登場するが、加えて、学校関係者が登場することが多くなっている。姉一家、兄一家、許婚者一家など、一家で登場することも目立つ。合宿・下宿先や、遠い親戚、さらには行きつけの蕎麦屋など、ロサンゼルス大会時にはみられなかったような比較的遠い関係にある人も、選手のヒューマン・ストーリーを語る記事に登場した。

表7-12　選手の個人的な人間関係を主題とした記事における登場人物

登場人物	登場回数
父	39
母	29
学校関係者（先生）	17
学校関係者（先生以外）	17
兄	13
弟	13
姉一家	9
妹	9
許婚者（女）	6
兄一家	5
叔父	5
許婚者（女）一家	5
合宿・下宿先	5
妻	5
子供	4
亡母	4
姉	3
恩師	3
おい	2
叔父一家	2
後援者	2
職場関係者	2
亡父	2
めい	2
いとこ	1
叔母	1
義兄	1
許婚者（男）	1
許婚者（女）の友人	1
祖母	1
父の職場関係者	1
息子	1
養父	1
その他（行きつけの蕎麦屋など）	4

注：親族が一家総出で登場した場合は，親族個人ではなく一家でカウントした。例えば，姉がその家族とともに登場した場合は，「姉一家」に分類した。
出典：筆者作成。

表7-11　選手の個人的人間関係を主題とした記事で取り上げられた選手名

ロサンゼルス大会		ベルリン大会	
南部	7	田島	9
眞保	6	孫	7
宮崎	5	前畑	6
西	4	南	6
西田	4	遊佐	6
前畑	4	鵜藤	5
高橋	3	田口	5
大島	2	原田	5
織田	2	村社	5
河石	2	新井	4
清川	2	葉室	4
相良	2	大江	3
松澤	2	大澤※	3
阿武	1	大島	3
生江	1	寺田	3
入江	1	西田	3
ウィリアムス	1	小池	2
加瀬	1	中村	2
亀岡	1	奈良岡	2
ガリツェン	1	根上	2
北村	1	峰島	2
北本	1	山本	2
小池	1	風間	1
コールマン	1	財部	1
鈴木	1	杉浦	1
ゾリラ	1	西	1
武村	1	古田	1
角田	1	牧野	1
豊田	1	村岡	1
ヌルミ	1	村上	1
牧野	1	吉岡	1
望月	1	鶴岡	1
遊佐	1	田野	1
吉岡	1	本田	1
吉田	1		
レーチネン	1		

注：ベルリン大会の大澤は，同一種目に出場した姉妹を一緒にカウントした（※）。
出典：筆者作成。

選手の個人的な人間関係の表象は、ベルリン大会ではロサンゼルス大会以上に頻繁にみられ、家族にとどまらず、選手に関係する様々な人々が登場して、選手の人間像が描き出された。この背景には、報道の過熱とそうした報道を可能にする技術および資金が、メディアの側に備わっていたということがある。記事の生産構造のなかで、人間像を描き出して英雄を作り上げる報道の技法が定着していたともいえるだろう。

外国人による日本選手の評価を主題とした記事

外国人による日本選手の評価を主題とした記事は、『東京朝日新聞』一九件、『東京日日新聞』九件、『読売新聞』一一件で、合計三九件あった。(6) ロサンゼルス大会と比較すると、非常に少なくなっている。また、日本選手に対して明らかに肯定的な記事が二九件、どちらかというと肯定的な記事が六件、どちらかというと否定的な記事が一件、判断しかねる記事が三件と、ロサンゼルス大会と比べると、日本選手をよく評価しているとはいえない記事がある。ただ、精神・態度に言及した記事が一六件（うち競技への言及はない記事は六件）と、精神性の重視は、ロサンゼルス大会同様にみられたといえる。

表7-13　「誰が」日本選手を評価するか

評価主体	登場回数
外国メディア	4
外国選手	15
外国コーチ	3
独メディア	5
独選手	0
独コーチ	1
ヒトラー	4
独市民・観衆	9
その他	2
不明	0
合計	43

注：日本からみるとドイツも「外国」に含まれることはいうまでもないが，ここでは開催国である「独」と「外国（ドイツ以外の国々）」とを区別して集計した。
出典：筆者作成。

評価の主体についてみると（表7-13）、外国選手が一五件と最も多い。ロサンゼルス大会では開催地（米国）の人々の評価が伝えられることが多かったが、ベルリン大会ではそれほどでもない。ただし、ヒトラーによる日本選手の評価は、四回も伝えられていた。

まとめると、外国人の日本選手に対する肯定的評価を伝える記事は、ロサンゼルス大会では、日本人の優越性を他者の評価を通して確認するという役割を果たしていたと考えられるが、ベルリン大会の報道では、これらの記事は減少していた。また、外国人の日本選手に対する評価が伝えられる時も、総じて比較的冷静で中立的な内容であったといえる。ロサンゼルス大会の時と異なり、日本のメディアは、それほど対外評価には敏感ではなかったのである。日本は、ベルリン大会の時には、日本の優越性を他者から承認されなくともよいほどにまで、自信を深めていたともいえるだろう。

以上、ベルリン大会の量的分析の結果をみてきた。ベルリン大会の報道の特徴としては、大会期間中の報道量と写真の大幅な増加、国家を中心としてオリンピック大会を捉える傾向、日本選手のヒューマン・ストーリーを語る記事の充実、精神・態度の重視がみられた。ベルリン大会の報道傾向は、基本的にはロサンゼルス大会の延長線上にあったといえるが、報道は量的には増加し、質的には、日本選手に焦点を当てて、オリンピックを国家と国家が戦う場として捉える傾向が一層強まっていたといえる。しかし、このような国家の存在感の増大、日本選手の社会的諸関係の具象化、精神主義の強調といった特徴にもかかわらず、より冷静な態度で、オリンピックを平和や国際親善の場として捉える見方も、わずかではあるが存在していた。

2　ベルリン大会は、どのように表象されたのか？

続いて、ベルリン大会の報道の意味をより深く考察するため、質的分析を行う。前章と同様に、質的分析はベルリン大会報道の主要場面に関する記事を対象とする。

第一に、『東京日日新聞』の日本選手団出発の記事を取り上げて、選手団と国家や国民との関係を考察する。第二に、『東京朝日新聞』の開閉会式の記事を対象として、オリンピックの理念、インターナショナリズムが、紙面にどのように描かれていたのかについて分析を行う。第三に、『東京日日新聞』に掲載されたマラソン優勝についての記事を分析する。マラソンでは、当時日本の植民地下にあった朝鮮出身の選手が、「日本選手」として優勝した。この記事では、代表選手と国家や国民との関係を、植民地主義の観点から考察することができるだろう。第四に、『読売新聞』に掲載されたオウエンスの記事を分析する。オウエンスは、ベルリン大会では日本の新聞に最もよく取り上げられていた外国選手である。ただし、ロサンゼルス大会のヌルミとは異なり、黒人であった。国際的に注目を集めた外国選手の表象がどのようであったのか、ヌルミと比較したい。なお、ロサンゼルス大会時と同様に、夕刊の刊行は紙面上の日付の前日である。東京三紙のメディア表象の量的分析と質的分析をあわせた考察は、第四節で行う。

陸上日本制覇の首途

歡呼の怒濤に
必勝を誓ふ選手
"オリムピック列車"を送る
昨夜　東京驛頭の感激

恩賜の征衣に
戰勝を祈念
新装の明治神宮へ

図7-2　日本選手団出発を報じる『東京日日新聞』

出典：『東京日日新聞』1936年6月8日，朝刊9頁。

事例①　日本選手団出発の報道（『東京日日新聞』一九三六年六月八日朝刊）

日本選手団出発の記事は、『東京日日新聞』では、朝刊の九頁に、写真つきで掲載されている（図7-2）。写真と見出しから、この記事には二つのテーマがあることがわかる。第一のテーマは、大勢の人々の見送りのもとで選手たちが出発するというものである。写真二枚のうちの一枚（大きい方）は、「東京駅頭を埋めた見送りの大群衆」[7]の後姿を斜め上から俯瞰するようにとらえ、群衆の持つ幟《のぼり》に書かれた「必勝」の二文字が大きく中央に浮かび上がり、群衆の持つ幾つもの日の丸の小旗が目立つ。構図としては、前章で分析したロサンゼルス大会時の『読売新聞』の報道と同じで、群衆と読者の視線を一体化させようとしている。見出しには、「陸上日本、制覇の首途」「歓呼の怒濤に必勝を誓ふ選手」[8]とある。代表選手たちは、「祖国の歓呼と期待の声々に送られて」「国民の熱狂が声のテープと化して轟い」[9]ているところを、ベルリンに向けて出発したのである。まるで、戦地に向かう兵士を送り出しているような場面である。

第二のテーマは、日本選手団と天皇の結びつきである。下の写真は、日章旗を先頭に粛然と列を作っている「明治神宮参拝の選手一行」[10]をとらえている。見出しにも、「恩賜の征衣に戦勝を祈念――新緑の明治神宮へ」[11]とある。選手団の明治神宮参拝、恩賜のブレザーの着用は、前回大会から始まっていた。この記事では、前章で分析したロサンゼルス大会への選手団出発の記事よりも、天皇を核とした国家神道のもとでの選手団の派遣であること、天皇に忠誠を誓う規律正しい選手団であることが強調されている。天皇のシンボルを用いることによって、選手団派遣の意義は神聖化されていった。

ベルリン大会選手団出発の記事には、天皇と代表選手と国民が一体となる言説があったといえるだろう。オリンピックに派遣される代表選手団を介して、天皇を至高点とする国家と国民とが結びつけられたのである。

事例②　開会式・閉会式の報道（『東京朝日新聞』一九三六年八月二日号外、八月一七日朝刊）

『東京朝日新聞』の開会式の写真報道は、ロサンゼルス大会では、約二週間後に船と飛行機でようやく日本へと到着した写真が号外となって発行された。ベルリン大会でも写真輸送は行われたが、その前に、電送写真が即日日本へと届けられ、号外として発行された。ここでは、その電送写真が掲載された八月二日の号外をまず分析する。

同号外は、「オリムピック大会開会式＝ベルリン・東京無線電送写真」[12]という大きな題字がつけられ、二頁からなる。一頁目の写真（図7－3）は、大判が二枚で、同じ写真は、『東京日日新聞』『読売新聞』にも掲載されている。上の写真は、開会式で日章旗を掲げ、戦闘帽のような帽子をかぶって行進する日本選手を写している。下の写真は、片手をあげて挨拶をするヒトラーとＩＯＣ会長ラツールほか数人の大会組織の幹部と思われる人物を写している。その説明には、「ヒトラー総統の挨拶（左から三人目ラツール伯　四人目ヒトラー総統）[13]」とあり、写真の中心人物はヒトラーであることがわかる。

一九三三年の政権発足当時の日本におけるヒトラーやナチスのイメージは、ネガティブなものであった。しかし、ベルリン大会の開催時期には、批判的勢力も依然として存在していた一方で、ヒトラーへの好感情、ヒトラーの外交政策への理解が、徐々に増していたといわれる[14]。簡単に結論を出すことはできないが、オリンピックを契機として、ヒトラーの指導力への関心は、日本でも高まりをみせていたと推測できる。ここでは、同盟通信社が送受信し、朝日新聞社やおそらくそれ以外の多くの全国の新聞社が掲載した写真が、日本選手の写真とヒトラーの姿をとらえた写真であったこと、そして、日本とドイツの二ヵ国だけを表象したものであったことを確認しておきたい。

東京朝日新聞
號外
オリムピック大會開會式
――ベルリン－東京無線電送寫眞

図７－３　『東京朝日新聞』の開会式写真号外

出典：『東京朝日新聞』1936年８月２日，号外１頁。

一方、二頁には、朝日新聞社のオリ

オリムピック・スタヂアム本社特設電話【十六日】
五輪旗嚴かに降され
聖火 大合唱裡に消ゆ
オリムピック閉會式
次は愈々東京大會
若人よ我等は待つ
平沼團長と語る
十分に戰ひ盡せり
元氣で一路祖國へ
日本精神發揚せよ
ラ伯東京大會に希望
我代表、勇躍出場
馬術競技の壮觀
最後の一戰に聲援
日本へ來れ！
遠征は易し
悲壯・病後の西大尉
再制覇成らず
大障碍・ドイツ優勝
跳躍日本の誇り
七位の成績
第一障碍の失敗

図７－４　『東京朝日新聞』の閉会式報道

出典：『東京朝日新聞』1936年８月17日，朝刊２頁。

ジナル写真が五枚掲載されている。これらは、（一）スタジアムと水泳場の初公開日の正門（五輪のマークの掲げられた立派な門）、（二）街の装飾と雑踏、（三）競技場初公開日の大群衆、（四）吉岡のスタート練習風景、（五）公開練習会での日本水泳チーム（万国旗をバックに、日本水泳選手らの姿）をとらえた写真である。また、右隅には、陸上百メートル予選の予想記事（「百米第一予選は二着迄と変更　俄然・佐々木の苦戦免れず　我三選手湖畔で静養」[15]）が掲載されている。同記事では多くの外国選手が紹介されているが、いずれも、日本選手の対戦相手として登場している。

ここで注目すべきは、ロサンゼルス大会開会式の写真報道にあった国際色豊かな外国人の視覚的表象がほとんど見当たらないという点である。外国人で〈顔〉の見える被写体として登場しているのは、一頁目の写真にあったヒトラー、ラツールＩＯＣ会長、ナチス幹部だけである。あとの写真は、群衆を写しているに過ぎない。一方で、日本選手は、大きく写されており、開会式の写真報道の主役は、日本選手であったといえる。

日本選手中心の報道傾向は、もう一つの式典、閉会式の記事（図７－４）でも顕著である。朝刊二頁に掲載された閉会式の記事の見出しには、「五輪旗厳かに降され　聖火大合唱裡に消ゆ　オリムピック閉会式」「次は愈々東京大会　若人よ我等は待つ[16]」とあり、東京大会への期待の高まりが示されている。東京大会との関連でいえば、「我等」（「日本国民」の意味で用いられている）が、外国人選手・観客を待っている、といった表現が重要であろう。閉会式の記事のすぐそばには、「日本精神発揚せよ　ラ伯・東京大会に希望[17]」（ラ伯とは、ラツールＩＯＣ会長のこと）との見出しの記事も掲載されている。

閉会式の記事と一緒に掲載されたオリンピック関連記事でも、日本選手の話題が中心で、ロサンゼルス大会とは異なり、日本選手を評価する外国人すら登場しない。閉会式記事の左側には、「跳躍日本の誇り[18]」という題名がつけられて写真がずらりと掲載されている。これらは、すべて日本選手と日本人応援団をとらえたものであり、一番上の写真は、日本選手が一位と二位を占めた三段跳の表彰式の光景である。中央右の写真をはじめ、日の丸が目立つ。この他にも、同日の記事の見出しには、「平沼団長と語る　本社↓↑伯林国際電話　十分に戦ひ尽せり　元気で一路祖国へ」「我代表、勇躍出場　馬術競技の壮観　最後の一戦に声援[19]」などとある。三頁に掲載された「水上の覇権揺がず[20]」の写真記事に至っては、電送写真を誤って修正してしまったのか、表彰台に立つ米国選手メディカと説明されている人物（図7‐5の一番左）の胸にも日本の国旗が縫いつけられている。

図7－5　誤って修正された電送写真

出典：『東京朝日新聞』1936年８月17日，朝刊３頁。

式典は、オリンピックにおける一連の出来事のなかでも国際的な要素が最も混じり合う瞬間であると考えられる。ロサンゼルス大会の開会式の報道では、そうした傾向が顕著に観察された。しかし、ここでみたように、ベルリン大会では、開会式や閉会式の報道でさえ、他国や他国選手への関心はほとんどなく、自国中心的であった。国際社会のなかにおける日本の位置を確認する場であったロサンゼルス大会から四年を経て、日本は、国際社会を参照することなしに、日本の選手だけを見て、自己満足的に自信を深めていったのである。

事例③　朝鮮出身選手の優勝報道（マラソン優勝）（『東京日日新聞』一九三六年八月一〇日朝刊）

戦前期の日本のオリンピック選手団には、台湾や朝鮮出身の選手・役員も含まれていた。当時、台湾人や朝鮮人は、徴兵制度の適用外であった。参政権も、内地在住で居住条件を満たす者以外は、保持していなかった[21]。台湾人や朝鮮人は、「日本人」でありながらも、「完全なる日本人」として権利を享受することはできず、また兵役の義務を負うこともなかったのである。しかし、オリンピックには、「日本選手」として出場し、ベルリン大会では、朝鮮出身の孫が、一九一二年（日本選手団のオリンピック初参加）以来悲願とされていたオリンピックのマラソンで優勝を果たした。

植民地体制下での差別構造を考えると、植民地出身の選手は、日本選手とはメディアでの取り上げられ方が異なるのではないかといった推測もできる。しかし、『東京日日新聞』のマラソンの結果を報じる記事では、優勝した孫と三位に入った南が朝鮮出身であるということは、全く強調されていない。マラソンでの優勝は、日本国民の勝利として意味づけられている。例えば、見出しには、「待望幾年・マラソン覇権初めて獲得」「邦人総出動の応援[22]」「〃マラソン日本〃万歳！」「けふぞ！栄えあり　二十四年・血涙の歴史『勝利の蔭の犠牲を忘るな[23]』」とある。日本国民の団結が強調されていたといえるだろう。また、スタジアムでの光景は、太字で強調して次のように描写されている。

孫の姿現れるやマラソン塔のラッパ隊は日本の勇士を迎へて嚠喨たる音を大スタンドに響せたか、突如百雷の如き大歓声、嗚呼孫がマラソン塔の入口に現れた、孫は四二キロの行程を征服したとは思はれない元気な姿でホームストレッチを決定ゴールに張られた純白のテープを切つた、陸の日本が金栗、三島をストックホルム大会に送つて以来四半世紀、待望久しきマラソンの王座をこゝに日本のものとなつた[24]

日本人の選手が、ようやく日本人の歴史を変えた、というのである。孫は朝鮮出身であったが、『東京日日新聞』の紙面では、彼の優勝は、日本人の一丸となった支援のもとでもたらされた日本の歴史的快挙と解釈されていたのである。

この報道は、前章で分析したロサンゼルス大会の南部の優勝報道と全く同じ構成になっている。二頁には、ベルリンにおけるマラソンの試合模様と結果、一一頁には、「日本国民」の反応が描かれている。一一頁の「日本国民」には、朝鮮の家族たちも包摂され、「育ての親[25]」でありながらも病気で現地に行けなかったコーチ（津田晴一郎）、「世界的マラソン選手生みの親[26]」である出身校（養正高等普通学校）校長（安鐘元）、孫の兄と母、南の父が一緒に登場する。

朝鮮出身選手を「日本国民」として自然化（naturalise）する言説は、彼らの家族のコメントのなかにもみることができる。記事には、孫の兄や母が、「皆様のお蔭」「あの子がお国の為に働いてくれた事を喜んでをります[27]」、南の父が、「この前日米対抗競技を見に上京したとき内地の方々の熱心な応援に感激したことがありますがこの国民全体の力のお蔭があればこそ今日の栄えを得たものと思ひます[28]」と話しているとある。さらに毎日新聞社が孫の兄に送った祝電の内容も、「スポーツ日本の威力を世界に発揚された功績は誠に大きく氏の驚異的御活躍に対し満腔の感謝と敬意を表します[29]」と掲載されている。孫や南の快挙を支えた人々が、皆、日本という一つの国民国家に属していることが、表現されていたのである。日本の新聞は、家族や恩師の記事や、本社から家族への祝電を掲載するなど、朝鮮出身の選手も日本選手と同様に扱い、そのことによって、「朝鮮人」と「内地人」との間にあった溝の存在を覆い隠していたといえる。

山中速人は、一九三〇年代の『大阪朝日新聞』の朝鮮人に関する報道を量的に分析し、新聞は、朝鮮人が関係した犯罪などのネガティブな事件を大きく報道する一方で、内鮮融和の美談や朝鮮人が直面する社会問題についても盛んに取り上げ、朝鮮人の同化を促そうとしていたとしている。[30] オリンピックの報道も、こうした排除と受容のメカニズムのなかにあった。日本の新聞は、ベルリン大会での優勝という快挙を、朝鮮人の行いではなく、日本国民の行い――日本人が成し遂げた快挙――として意味づけ、朝鮮人を日本という国民国家のなかに包摂していったのである。

しかし、マラソンでの優勝を機に、孫選手本人、そして朝鮮社会は様々な抵抗を試み、日本側は、これを必死になって抑えこんでいた。孫の優勝に際しては、有力な朝鮮語新聞の一つであった『東亜日報』が、孫の胸につけられた日章旗を抹消して写真を掲載する事件が発生した。これは、日本の植民地支配への抵抗を象徴する出来事として現在でもよく知られている。他にも、朝鮮総督府の機関紙『京城日報』は、孫らによる講演会とオリンピック映画上映会を企画し、紙面でも発表していたが、孫らが抵抗したためか、あるいはマラソン優勝を祝う集会を開くことが禁止されたためか、結局、これは開催には至らなかったようである。[31] 表象の次元において、日本の新聞は孫や南を日本人として意味づけていたが、現実には、こうした表象と相いれないような出来事が次々と起こっていったのである。

事例④　外国選手の報道（オウエンス）（『読売新聞』一九三六年八月四日朝夕刊）

最後に、量的分析で外国選手のなかで最も頻繁に見出しで取り上げられていたオウエンスの記事を、詳しく分析する。まず、一〇〇メートル決勝の前、八月四日夕刊一頁に、一〇〇メートル第二次予選に対するオウエンスの感想を報じる記事が掲載されている。オウエンスは、当時、世界的にも有名な選手であり、ロサンゼルス大会時のヌルミのように、競技業績自体が注目されてもおかしくはなかったはずである。しかし、見出しには、「『あの短い足

で前半の凄さ　呆れた小男だ』オウエンス、吉岡を激賞[32]」とあり、オウエンスの予選に対する感想のなかから、日本選手を評価している部分が取り出されて強調されている。外国の一流選手が、体格上の不利を克服して健闘する日本選手に驚いているというのが、記事の主なメッセージである。

一方、同日朝刊三頁は、一〇〇メートル決勝でオウエンスが優勝したことを伝えているが、記事は小さい。前号（夕刊）と同じようにオウエンスの顔写真は掲載されているが、競技結果に関する記事、「オウエンス引退[33]」と「オウエンスの十秒二は公認せず[34]」の記事がいずれも小さくあるだけである。たとえ優勝しても、外国選手は大きくは扱われなかったといえる。

オウエンスの記事は、当時の日本における人種認識を反映し、作り出してもいる。見出しに「米黒人[35]」とあったことからわかるように、オウエンス関連の記事は、試合を黒人対白人という人種間の競争として解釈している。「両黒人を両脇にしたこのレース」「四人の白人中誰が黒人の堅塁を崩すかと期待されたが黒人のコンビは益す強固で遂にこれを破り得ず[36]」といった具合である。オウエンスに対する日本の新聞の関心は、人種間の戦いという観点から生じていたともいえるだろう。しかし全体として、日本選手に関する報道に比して、外国選手であるオウエンスに関する報道は少なく、ストーリー性に欠けた。

3　広告のなかのナショナリズムと消費・娯楽

本節では、『東京朝日新聞』に掲載された広告の質的分析を行う。ロサンゼルス大会で、オリンピックに対する企業の関心が高まったことは、第Ⅰ部第三章で述べた。前章では、ロサンゼルス大会の連合広告の表象分析を行い、これらが、国民意識を喚起し、その喚起された国民意識を消費や娯楽と結びつけていたと論じた。ベルリン大会で

図7－6　『東京朝日新聞』1936年ベルリン大会日本代表歓送広告特集

出典：『東京朝日新聞』1936年6月8日，朝刊6－7頁。

は、どのような広告が掲載されていたのだろうか。

日本代表歓送広告特集

『東京朝日新聞』では、一九三六年六月八日、「歓送第十一回国際オリムピック日本代表」と題して、見開き一頁からなる広告特集を組んでいる（図7－6）。これは、日本選手出発に際して組まれた広告特集で、この他にも、同紙では、東京大会開催決定や選手団の凱旋に際して連合広告を組んでいる。ベルリン大会でも、ロサンゼルス大会と同じ広告手法が採用されていたといえるだろう。

ベルリン大会の連合広告も、全体として「オリンピック記念」という意味をおびていて、ここに広告を掲載していること自体が、オリンピック日本代表を歓送するという各企業の姿勢を示している。また、八社中、五社の広告が、日本選手の応援文句を含んでいる。「征け精鋭よ　祖国の名誉のために！」「世界の覇者　スポーツ日本!!　味覚の王座缶詰パイン」「カルピスの杯《カップ》挙げて遥《はる》か―伯林《ベルリン》の御制覇を祈る！」「揚げよ！日の丸　独逸の空に」「世界制覇へ　代表選手の活躍は健康日本の表

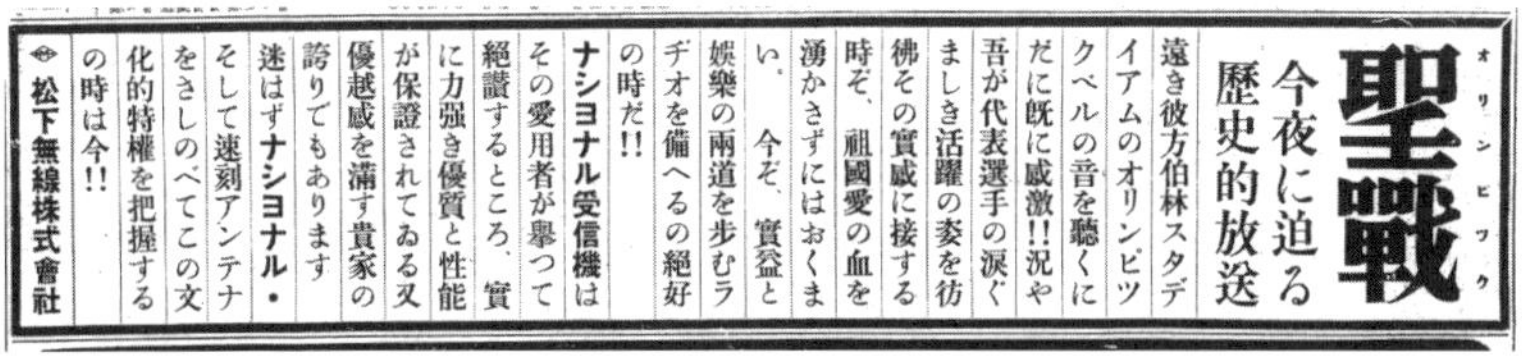

図７－７　松下無線の広告

出典：『東京朝日新聞』1936年８月２日，朝刊３頁。

徴だ」[37]などは、いずれも、世界のなかの日本（の躍進）を意識させるような内容である。特にパイン缶詰（下段左から二つ目）の広告は、地球儀と胸に日の丸をつけた陸上選手の影絵を重ね合わせ、「世界のなかで堂々と活躍する日本」を、視覚的に表現している。さらに、「世界の覇者　スポーツ日本!!　味覚の王座　缶詰パイン」[38]の文字を入れることによって、世界の頂点に立つ「スポーツ日本」と、味覚の頂点に立つ「パイン缶詰」を同列に並べている。

前章で分析したロサンゼルス大会の選手団出発時の広告では、日本選手の絵は用いられていたものの、キャッチ・コピーで、オリンピックを国家間の戦いの舞台として捉える表現や、日本選手を日本国民の代表として捉え、期待を込めるような表現はなかった。しかし、ベルリン大会の連合広告では、国際社会のなかで優位に立つ日本選手・日本人というナショナルな意識が前面に出てきていたといえる。

この連合広告に掲載されたのは、業種でいえば、食品、化粧品、薬品、機械である。カルピスとヘチマコロンは、前回大会で分析対象とした広告にも掲載されており、オリンピック連合広告の常連となっていたといえる。ナショナリズムの要素が強調されていた広告ではあるが、そこに掲載された商品は、いずれも奢侈品であり、当時の消費文化の興隆をうかがわせる。

尖鋭化するナショナリズムとコマーシャリズム

ベルリン大会の広告のなかには、より直接的にナショナリズムを煽動するものもあっ

図7-8　高島屋の広告

出典：『東京朝日新聞』1936年7月11日，朝刊10頁。

た。図7-7は、松下無線の広告である。文字だけを用いた広告で、「聖戦《オリンピック》今夜に迫る歴史的放送　遠き彼方伯林スタディアムのオリンピックベルの音を聴くにだに既に感激!!況や吾が代表選手の涙ぐましき活躍の姿を彷彿その実感に接する時ぞ、祖国愛の血を湧かさずにはおくまい。今ぞ、実益と娯楽の両道を歩むラヂオを備へるの絶好の時だ!![39]」とある。オリンピックを「聖戦」と呼び、「祖国愛」が沸き立つ場として表現する。特に「聖戦」の二文字が拡大されているのが目立つ。オリンピックを戦争の擬似的体験として捉え、その放送を「歴史的放送」と意味づけた広告である。ただし、この広告のなかで、オリンピックのラジオ放送の聴取に「娯楽」という意味づけがなされていることにも注目する必要があるだろう。戦争の擬似体験が、一種の娯楽であるというのである。

日本選手の応援や日本国民の団結に焦点を当てた広告がある一方で、ベルリン大会の広告のなかには、オリンピックに対する社会的関心の高まりにあやかって商品を宣伝することに重点をおいた広告もあった。高島屋の広告（図7-8）では、「高島屋中元お買物オリンピック大会」をイラストで表現、高島屋のなかでスポーツ大会が開かれているというイメージを作り出している[40]。高島屋のなかでの「オリンピック大会」とは、「中元御礼大安売デー」[41]である。この広告が作り出しているのは、デパートで買物するという行為が、各消費者にとって、オリンピックに参加することになるという意味である。イラストには、外国人に「アーラ　ニツポン　ユニホーム　ステキ　アルネエ」と褒められ「コレ高島屋製ヨ」と答えている女性、「まるで高島屋のやうな涼しさだ」と言っているヨット競技の参加者が登場し、何よりも、高島屋の卓越性がアピールされている。日本選手を介することなく、高島屋（デパート）とオリンピック（優れたものが集って卓越性を競い合う空間）が直接、結びつけられているのである。この広告では、ナショナリズムやインターナショナリズムの要素は、潜在的には含まれているものの、ほとんど表面化せず、娯楽的な消費が前面に出ている。

クラブ美身クリームの広告（図７－９）も、オリンピックに乗じて商品を売ろうとしている。前オリンピック水泳選手が出演する映画（「君よ高らかに歌へ」）とタイアップし、レイアウトにも五輪のマークを使用するなど、オリンピック関連の広告であることは明白だが、日本選手を応援するような文句やイラストは見当たらない。むしろ、この広告が力を入れているのは、商品の説明である。中山太陽堂の流れを引き継ぐクラブコスメチックスの社史によれば、ホルモン配合の薬用化粧品は、一九三五年に発売された画期的商品で、当時、ホルモンは、「近代医学が到達したひとつの峠で、不老長寿の妙薬」[42]のように受け止められていたという。広告には、商品の説明が、

今評判のクラブ美身クリームやクラブ乳液をお使ひになれば、効力の強い総合ホルモンが皮膚から吸収されて滋養となり、皮膚の細胞組織を建て直し、新陳代謝を盛《さかん》にします。しわやたるみがとれ、キメが細《こま》かになつて、血色のよい弾力のある肌になるのはそのためです[43]。

とある。この広告は、オリンピック大会の有名性と、オリンピックの男性スター選手と映画女優のもつ溌剌としたイメージに目をつけ、新たなイベントまで作り出したといえるだ

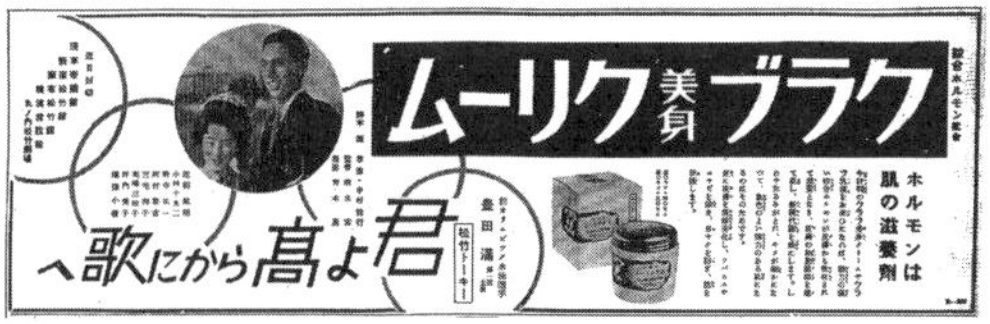

図７－９　クラブ美身クリームの広告

出典：『東京朝日新聞』1936年８月11日，朝刊６頁

ろう。オリンピック関連の広告のなかには、読者や消費者に国民意識を自覚するよう働きかける広告がある一方で、ナショナリズムとはほとんど関係がないかのような広告も少なくなかったのである。

ここまで、『東京朝日新聞』に掲載された広告についてみてきた。同紙に掲載されたすべての広告を網羅的に分析したわけではないが、ロサンゼルス大会以来、多くのオリンピック広告で、日本選手のもつイメージ（健康美、力、優れていること、日本を代表していること、世界を引っ張っていること）と商品のイメージとが結びつけられた。特にベルリン大会では、国際社会のなかでの日本（選手）の優位性が強調されていたが、それでも広告におけるナショナリズムの表れ方には、濃淡があったといえる。

ベルリン大会の広告の特徴は、国民意識に働きかけて消費を喚起しようとした広告がある一方で、オリンピックのお祭り騒ぎに便乗しただけのような広告が存在した点である。後者に分類される広告は、オリンピックが国家と国家の戦いであるといった意味づけとは距離を置いて、娯楽的消費や美しくなりたいといった個人的欲望の追求を称揚していると理解できるだろう。これは、第三章でみたように、ベルリン大会の際に企業の行ったオリンピック・キャンペーンの一部が、本来のオリンピックとは全く関係のない方向に向かっていたこととも符合している。

全体としていえば、ベルリン大会では、ロサンゼルス大会以上にそれぞれ尖鋭化したナショナリズムとコマーシャリズムとが重なり合っていた。広告は、消費者であり国民でもある人々に対して、オリンピックへの参加を呼びかけた。オリンピックの広告は、消費意欲と国民意識をともに喚起する装置であったといえる。

4　オリンピック表象の膨張と扇情的傾向

ここまで、『東京朝日新聞』『東京日日新聞』『読売新聞』のベルリン大会の報道と広告を分析してきた。ベルリン大会の報道と広告は、おおむね、ロサンゼルス大会の延長線上にあった。どちらかというと、ベルリン大会の報道は、四年前よりも膨張傾向にあり、自国中心・愛国主義的で扇情的な傾向を強めていた。広告も、記事に呼応して国民意識を喚起する役割を果たした。

ベルリン大会の報道の特徴として、第一に、大会期間中の報道量の大幅な増加が挙げられる。写真の掲載枚数も増加していた。ロサンゼルス大会の時から視覚的な報道は行われていたが、ベルリン大会では、さらに視覚に訴えかける内容になっていたといえる。

第二に、国家を中心としてオリンピック大会を捉える傾向が、ロサンゼルス大会以上に顕著になっていたことが挙げられる。選手個人よりも国家が対立・競争・戦う場として、オリンピックが報道されていた。一方で、第二の特徴と矛盾するかのようにみえるが、第三の特徴として、日本国内の社会的諸関係の物語化が指摘できる。日本選手のヒューマン・ストーリーを語る記事は、量的に増加するとともに、質的にも厚みを増していた。これは、第二の特徴との関連でいえば、他者である外国選手は「国」として抽象的に表象され、日本人は、〈顔〉の見える「人間」として具体的に表象されていたといってもよい。

外国選手に関する報道は少なく、報道されたとしても、日本選手の対戦相手、日本選手を称賛する人物として描かれる傾向が強かった。また、外国選手については、視覚的表象が少なかったり、個人に焦点を当てた報道が少なかったりといったように、〈顔〉の見えない存在として捉えられていた。一方で、日本選手は、家族や恩師などに囲まれた人間として、〈顔〉の見える存在として描かれた。また、日本選手の表象には、天皇、日の丸、君が代などのシンボルが加えられ、愛国主義的な様相を呈していた。ベルリン大会では、銃後日本という想像の共同体の一体感が、メディアのなかで描き出されていたといえる。読者もまた、そうした共同体の一体感を示す表象に接することで、共同体の一員としての意識を強めたと推測できる。そして、ここでいう「日本選手」には、植民地下にあった朝鮮出身選手も包摂されていた。

しかしながら、こうした自国中心・愛国主義的で扇情的な報道に対する自己批判、冷静な態度が一部にみられたのも、ベルリン大会の特徴である。ベルリン大会では、平和や国際親善といったオリンピックの一方の理念が、少ないにはせよ表象されていた。また、業界誌である『新聞研究所報』は、「必要以上の煽情……とオリムピツク大会報道に一部では漸く反省の色」[44]と題して、新聞の扇情的な報道が、「無反省に競争意識、排外思想の普及にお先棒をかついだのではないか」[45]とし、他国では「実際問題として政治、経済、国際外交の重要ニュースはオリムピツク開催中と雖も決して停止してゐないし、比較論から言へばスポーツ・ニュースは第二義的な問題である」[46]と捉えていると論じている。ベルリン大会においても、オリンピックをめぐる言説の多様性とインターナショナリズムの要素は、ロサンゼルス大会と比べて後退してはいたものの、存在していたといえるだろう。

第八章　地方紙の報道——ローカリズムとナショナリズムの重層構造

第Ⅰ部で論じたように、一九三〇年代のオリンピックの取材・報道に力を入れたのは、資金力のあった東京や大阪の新聞社である。しかし、地方の新聞社のなかにも、記者を派遣したり、オリンピック関連の事業活動を行ったりしたところがあった。特にベルリン大会では、同盟通信社がオリンピック関連の写真やニュースを代表して受信して国内の新聞社に配信したため、地方紙のオリンピック報道はかなり充実していたと推測できる。ただ、資金力を背景として激しい報道合戦が繰り広げられたオリンピック報道では、東京三紙と地方紙の紙面は大きく異なっていたと考えるのが自然であろう。

本章では、『静岡民友新聞』と『東奥日報』のロサンゼルス大会およびベルリン大会の報道の質的分析を行う。『静岡民友新聞』と『東奥日報』が地方紙の報道の典型的事例であるとはいい難いが、当時一〇〇を超えていた地方紙の報道を網羅的に分析することは困難である。そこで本書では、（一）新聞社の地理的・産業的条件、（二）新聞社が基盤としている地域のオリンピック選手輩出状況、という二つの点から対照的な『静岡民友新聞』と『東奥日報』を取り上げる。

『静岡民友新聞』は、比較的東京・大阪・名古屋と近く、一九三〇年代のオリンピックに多数の選手（それも日本が連日優勝した水泳競技の選手）を輩出した県の新聞である。一方、『東奥日報』は、地理的に東京紙の進出を受けにくく地方紙として盤石な地位を築いていた。だが、オリンピック参加という点では青森県は後進地域であり、ロサンゼルス大会には、青森県からは一人も選手は派遣されず、ベルリン大会にわずか一名の選手が競歩に出場しただけである。(1)対照的な二つの地方紙を取り上げることで、郷土意識の形成・再生産に関する言説と、ナショナリズムとの絡み合いに関して考察を深めることができるだろう。

両紙の特徴について、もう少し詳しく述べておこう。『静岡民友新聞』は、現在の『静岡新聞』につながる静岡県の新聞である。一八九一年創刊の民政党系の新聞で、一八九五年に誕生した政友会系の『静岡新報』とライバル関係にあった。ただ、『静岡民友新聞』も『静岡新報』も、政党機関紙時代は経営が苦しい時期が続いた。『静岡民友新聞』は、一九二五年には、資金繰りが困難となり、江崎新聞店のもつ販売権を時事新報へ無断譲渡する事態となる。この事態は結局、主婦之友社の石川武美が『静岡民友新聞』に融資を行うとともに、徳富蘇峰に諮って、主婦之友社の経営部門担当の大石光之助を『静岡民友新聞』に送り込むことで決着した。大石は、一九二六年に副社長として入社した後、一九二八年に社長に就任し、紙面の内容は政党色を脱して中立・公平とし、政党からの援助に代わるものとして広告分野の開拓を図った。(2)

一九三二年度の『日本新聞年鑑』によれば、静岡民友新聞社の社員数は八六名、発行部数は二万六六八〇部だった。(3)静岡県には、地理的に東京・大阪・名古屋の新聞が入り込み、特に満洲事変後は、『東京朝日新聞』『東京日日新聞』『読売新聞』が勢力を拡大した。その後、『静岡民友新聞』が部数を拡大していくことは難しく、一九三六年度の『日本新聞年鑑』でも、社員数八八名、発行部数二万五三〇八部となっている。(4)ただ、一九三〇年代初頭以降、『静岡民友新聞』は、新社長のもとで経営の合理化を進め、一九三六年一一月には、静岡駅前に新社屋を完成させるまでになっている。(5)なお、同紙は朝刊夕刊とも各四頁で、購読料は、一ヵ月八五銭である。(6)

一方、『東奥日報』は、『河北新報』『北海タイムス』『秋田魁新報』などの隣接他県の有力紙の進出はあったとはいえ、かなり成功しており、青森県随一の新聞であった。当時の発行部数を示す資料はないが、福士力は、断片的な記録から、一九三〇年から三一年頃までに二万部前後に達していたと推測している。[7]『静岡民友新聞』と同じで、朝刊・夕刊とも各四頁で発行、購読料は一カ月八五銭であった。[8]

東奥日報社では、『サンデー東奥』（読み物を中心とした日曜付録）の発行、最新の折式輪転機の増設、社屋の新築、県下相撲大会や東奥美術展の開催、地元第八師団の満洲派遣の同行取材など、一九三〇年前後に事業を拡大している。特に一九三〇年から三一年にかけては、アメリカ人飛行士の太平洋横断飛行挑戦の速報合戦に地元紙として参加、全国紙に勝って大活躍し、そのニュースを聯合通信社経由で海外のメディアにも送った。しかし、一九三一年の年末には、青森県内で大凶作、第八師団の満洲派遣、銀行の相次ぐ倒産・休業が重なり、東奥日報社は、聯合通信社に対して通信料延納の申し入れを行った。[9]社の内外が厳しい状況にあった『東奥日報』に、ロサンゼルス大会を取材する余裕があったのか、あるいは、県民がそうした報道を求めていたのか、といった疑問はある。ただ、一九三四年に一万五〇〇〇号を迎えるに当たって記念事業を多岐にわたって大々的に行うなど、新奇的なイベントを発掘して（あるいは自ら作り出して）報道し、それによって部数拡大を図っていこうとする企業化した新聞社に典型的な傾向は、一九三〇年代半ば以降もみられた。[10]『日本新聞年鑑』によれば、社員数も、ロサンゼルス大会のあった一九三二年には八一名だったのが、ベルリン大会のあった一九三六年には二六一名になるなど、急増している。[11]

このような両紙の状況を踏まえたうえで、以下では、（一）オリンピックに関する報道がどの程度あったのか、（二）郷土意識はどのように反映されていたのか、（三）東京三紙とどのような共通点や差違があったのか、という点について考察していく。地方紙の場合も、夕刊の発行は、紙面上の日付の前日である。なお、『静岡民友新聞』は、ロサンゼルス大会では特派員（丹羽航平）を派遣し、ベルリン大会では、懸賞募集を兼ねた連合広告を掲載している。[12]『東奥日報』は、ベルリン大会では締切時間を延長して速報版を発行し、県内で購読されている東京紙に対抗したという。[13]

1　地方紙のロサンゼルス大会報道——県民の活躍／遠く離れた世界の出来事

『静岡民友新聞』のロサンゼルス大会報道

まず、『静岡民友新聞』のロサンゼルス大会の開幕前の報道からみていく。量的分析は行っていないためデータを示すことはできないが、『静岡民友新聞』の開幕前までの報道量は、東京三紙と比べると少ない印象である。第六章第二節でみたように、六月二三日の選手団出発の報道は、『読売新聞』では、二四日付の夕刊一頁で、写真つきで大きく報じられ、読者が一国民として日本選手団への一体感を抱くような言説を含んでいた。『静岡民友新聞』の選手団出発についての記事は、二四日の夕刊一頁に掲載され、メッセージ内容も、日章旗や神宮といったシンボルを強調しているという点において、『読売新聞』と大差はない。[14]しかし、『読売新聞』とは異なり、大きな記事ではなく写真も一切掲載されていない。東京や横浜と地理的に近いとはいえ、『静岡民友新聞』は、おそらく同日に写真を入手することは困難だったのであろう。横浜港出港の写真が掲載されたのは、翌二五日の夕刊である。[15]

静岡県出身選手が中心の報道が行われていることも、『静岡民友新聞』の特徴である。出発日の六月二三日朝刊には、「国際競技めざして晴れの征途へ　けふ午後三時横浜出帆の本県出身十四選手」「お守りを贈り選手を激励必勝を祈る県民」「沼津から盛大な見送り」[16]という三つの記事があり、静岡県出身選手の見送りに東京や横浜まで出かける関係者について報じている。『静岡民友新聞』にとっては、地元出身の選手を見送る関係者の動向は、日本選手団が横浜を出発するのと同じか、それ以上のニュース・バリューがあったのである。

県民意識の高揚は、大会が始まる前から非常に顕著であった。ロサンゼルス特派員の丹羽帆平の記事は、「果して何本の日章旗を静岡県であげるか[17]」という見出しを掲げ、在米静岡県人の期待も高まっていること、静岡県出身選手が時々集まって故郷の話をしていることなどを伝え、「兎に角水陸を合せて全員の何分の幾つかに当る大世帯の遠征は記者の肩身を広くすること夥しく愉快だ[18]」としている。[19]「故郷への誇りを飾るべく[20]」練習に励む静岡県出身選手からの手紙も掲載している。また、例えば「オリムピック見学の先生連へ旅費補給決定　犠牲を払つて渡米する熱心さ　県体協から一人宛三百円を[21]」という記事には、「全国中等学校教員オリムピック見学に渡米する者は十二名、その中四名が本県の教員である[22]」とある。他県とのライバル意識、他県に対する優越感があったといえる。

開幕前の報道からは、静岡県出身選手の活躍に対する期待の高まりがうかがえる。しかし、実際にロサンゼルス大会が始まってからも、報道量はそれほど増えていない。特に現地ロサンゼルスから送られてくる記事は乏しい。写真はほとんど掲載されず、掲載されたとしても、事前に準備していたと思われる顔写真である。外国人や式典の表象（特に視覚的表象）は、極めて少ない。『静岡民友新聞』は、オリンピックに強い関心を抱いていたにもかかわらず、それを報じるだけの取材・報道体制を整えられなかったのである。

そして、大会会期中の限られたオリンピック記事のなかで、話題の中心は、静岡県出身選手であった。見出しでは、「水上組み合わせ決定す　本県選手の活躍舞台　六日午後二時より開始さる[23]」「本県の待望＝水泳予選行はる　奮へ若人！　郷土のために[24]」など、県を意識した表現が目立つ。特に、静岡県出身選手や静岡県民の関わる競技の報道では、普段の控えめな報道のあり方が一変している。例えば、南部の優勝報道では、南部の許婚者の実家が県内であったことから、写真付のインタビュー記事を載せている。[25]また、静岡県出身選手が優勝した時の報道内容は、一家の喜びの様子と写真、母校や町の様子、ラジオ放送が報じられるという点において、全国紙と同じであったといえる。

図8－1　『静岡民友新聞』のロサンゼルス大会での静岡県出身選手の報道

出典：『静岡民友新聞』1932年８月９日，夕刊１頁。

図8－1は、静岡県出身の宮崎が一〇〇メートル自由形で優勝したことを伝える記事である。大見出しには、「世界水上制覇の輝き渡る栄光は宮崎少年の頭上に　ニッポン・シズオカの誉彌高し」[26]、本文には、「戦ひ終るやロサンゼルス・スタヂアム・センターポールにへんぽんとひるがへりつ、日章旗相伴れて昇る、荘厳なる『君ヶ代』かなではじむるや吾を忘れた邦人の悉くが起立、脱帽『君ヶ代』を奏する様　感激の涙熱くたぎる中に水上制覇の栄光はわが静岡県の産んだ宮崎少年の頭上に輝やいた」[27]とある。同種目では、二位も日本選手であったが、二位の選手はほとんど取り上げられていない。静岡民友新聞のロサンゼルス特派員から送られてきた同記事のなかでは、宮崎が日本を代表して勝ったことが、静岡県の名誉として意味づけられているのである。ローカルな意識とナショナルな意識とが、宮崎という静岡県出身選手の優勝の報道において、重なりあっていたといえる。

大会期間中の『静岡民友新聞』では、ただ「日本」を強調するだけではなく、静岡県関係者の活躍には、「日本」とともに「静岡」を前面に打ち出す傾向がみられた。「日の丸」「君が代」「勇士」「撃破」「祖国日本」「米国軍」「日本軍」といった言葉は、大会期間を通じて散見されるが、多く登場するのは、静岡県出身選手が大活躍する水泳の始まった大会後半である。大会前半は、記事は小さく、大見出しも少なめで、全体として抑制的である。『静岡民友新聞』は、東京三紙のような報道を行うことはできなかった。資金力の違いが、オリンピックの報道内容に反映されていたといえる。しかし、それでも、静岡県出身選手の活躍の報道では、ローカリズムとナショナリズムが相乗的に増幅し、それによって、オリンピックに関する記事も膨張していったといえるだろう。

『東奥日報』のロサンゼルス大会報道

『静岡民友新聞』が、日本代表選手を多数輩出していた静岡県の地方紙であったのに対し、『東奥日報』の場合は、地元出身の選手は一人もロサンゼルス大会には参加していなかった。『東奥日報』の開幕前のオリンピック報道は、全体的に少ない。『東奥日報』では、選手団出発は小さな扱いで[28]、『静岡民友新聞』が一日遅れで掲載していた出発時の写真も掲載していない。

当然のことながら、出発前の地元出身選手に焦点を当てた報道は『東奥日報』にはなく、オリンピック報道では、日本選手団全体に焦点が当てられている。同じ地方紙でも、ローカリズムとナショナリズムの力関係が、『静岡民友新聞』と『東奥日報』では、大きく異なっていたといえる。

『東奥日報』は、排外的な雰囲気すら漂わせていた。例えば、選手団の送別会に関する記事には、「石にかじりついても必ず勝て！　オリムピツク選手送別会に鳩山文相の激励」「選手送別会に外人が主客？　顚倒したプログラムに末弘博士激昂退席[29]」という見出しがある。同記事は、送別会内容（外国選手を招待したこと、恩賜ブレザー伝達式の前に英米大使の挨拶が予定されていたこと、岸が英語で挨拶したこと、英米国歌が奏楽されたこと）に対する末弘厳太郎

（大日本体育協会理事）の批判を紹介するものである。末弘の発言として、「英語でしやべる必要がどうしてある　この席は何人のための宴席でもない　日本選手の送別の宴だ」「畏くも天皇陛下の御下賜金によつて調製したブレザー伝達式並に選手宣誓と云ふ最も厳粛に行はるべき又選手に最も感激を与ふべき会でこれに外国人を加へる事は日本国民として断じて許すべきでない、又着席問題にしても印度選手に首席を与へ我等の選手を末席に置いた事は選手に対し失礼の極みではないか　選手の侮辱でさへある」[30]などと伝えている。筆者のみる限り、他紙にはこうした記事はなく、『東奥日報』は、末弘の意見を借りて、オリンピック選手団の送別式は、国際親善のためではなく国家の団結のためのものであるべきだと主張していたといえる。

開幕後の報道も、日本の話題が中心である。例えば、開会式報道（聯合発）にある見出しは、「スタンド高く鮮かな日の丸」「排日で跡を断つた日本紙製日傘けふばかりは飛ぶやうに売れる」「色、色、色のオンパレード、威風堂々日本選手の行進」「下手な日本語で在留邦人応援歌」[31]などとなっている。国際性が強調されていた『東京朝日新聞』の開会式報道とは対照的に、非常に自国中心的・排外的である。

ただし、全体を通じて、外国人表象は意外にも多い。これは、『静岡民友新聞』とは大きく異なる点である。「織田、ヌルミのかたい握手　サンタフエ駅頭の感激的シーン」[32]、「超人ヌルミは出場不可能か　大センセイションを起す」[33]、「男子の栄冠は新興日本へ　アメリカのキプルス氏語る　十六才の北村君は世界一」[34]「ヌルミ出場は絶対不可能？」[35]「仏選手優勝　先づ三色旗揚る　最初の競技重量揚」[36]「ヌルミ不出場で芬蘭敗る　常勝一万米で遂に波蘭に勝を譲る」「砲丸投げ　米国優勝」[37]などである。外国選手の競技中の躍動的瞬間をとらえた写真も、大きく掲載されている。[38]

大会期間中は、総じて、『静岡民友新聞』よりも記事量が圧倒的に多かった。主として聯合の記事を使い、[39]写真もある。写真の枚数はそれほど多くはないが、風景や選手の競技場面を写したものもあるし、外国選手の写真もある。また、大会終了後の八月二一日以降、「オリンピック画報」という連載で写真を掲載している。
ただし、『東奥日報』の報道は、いくつかの点で、東京三紙や『静岡民友新聞』とは異なっていた。まず、選手の家族や出身地に関する記事が見当たらない。南部の優勝記事も、日本での反応や反響について全く言及がない[40]。また、日本選手が活躍する大会後半には、自社主催の青森県相撲大会が開幕し、オリンピックの記事はやや押しやられた感もある。地元選手が出場しないオリンピックよりも、相撲大会の方がニュース・バリューがあるという判断ともいえる。

オリンピックは、青森では、東京とも静岡ともかなり異なるものとして体験されていたかもしれない。『サンデー東奥』は、青森県出身で陸上競技嘱託の古川義三郎によるロサンゼルスの様子を伝える記事で、見出しを「オリムピツクのロスアンゼルス――本県にゆかりある馬術の両氏　馬は本県七戸産[41]」とする等、わずかにあるロサンゼルス大会と青森県との関係を強調している。しかし、読者にとって、オリンピックと自分たちの生きている世界との接点をみつけることは、難しかったであろう。オリンピックは、満洲で起きていることとは違って、自分たちとは関係のない遠い場所での出来事としか認識されなかった可能性もある。筆者のみる限り、オリンピックに関するラジオ放送やニュース映画上映に関する記事は、『東奥日報』にはない[42]。

ここまでみてきたように、聯合発の記事を掲載していた『東奥日報』は、ロサンゼルス大会に関する報道量という点では、『静岡民友新聞』よりも東京三紙と傾向を同じくしていた。また、ロサンゼルス大会には青森県出身の選手が出場していなかったため、『静岡民友新聞』のように地元出身の選手を英雄化することもなく、ナショナルな視点からのオリンピック報道を行っていた。しかし、東京三紙とは異なり、オリンピック出場選手の家族や出身地がドラマチックに描き出されることや、ラジオ放送を聴いたりニュース映画を見たりする人々の姿が伝えられることはなかった。読者が、ロサンゼルス大会に出場する日本選手に、日本国民として自然と一体化するような表現は、ほとんどなかったといえる。

2　地方紙のベルリン大会報道——郷土の名誉と国民意識

続いて、『静岡民友新聞』と『東奥日報』のベルリン大会の報道について、質的に分析する。ロサンゼルス大会の水泳では、静岡県出身選手が大活躍したが、静岡県は、ベルリン大会にも水泳を中心に多くの選手を送り出していた。ロサンゼルス大会には地元選手が一人も出場していなかった青森県でも、ベルリン大会では競歩に選手を一名派遣した。『静岡民友新聞』も『東奥日報』も、経営は順調であった。『東奥日報』も、今回は、冬季大会のときから青森県出身選手による講演会を催し、ベルリンでは特別な報道体制をとっていた。なお、ラジオの普及率は、静岡県が一九・七％、青森県が四・七％であった(43)。

以下では、両紙において、(一) オリンピックに関する報道がどの程度あったのか、(二) 郷土意識がどのように反映されていたのか、(三) 東京三紙とどのような共通点や差違があったのか、(四) ロサンゼルス大会の報道とどのような共通点や差違があったのか、について考察していく。

『静岡民友新聞』のベルリン大会報道

『静岡民友新聞』の開幕前の報道では、やはり、静岡県出身選手に関する報道が目立つ。選手団出発の前後には、「スポーツ静岡県　伯林の壮行歌　堂々二十一選手を送る」(44)「水の〝しづをか〟猛者　杉浦選手を声援」(45)といった見出しの記事のほか、「オリムピツク制覇の栄冠を目ざして」や「オリムピツク制覇の意気に燃えて」という見出しで、静岡県出身選手を連載記事で紹介している(46)。特に水泳選手の出発時には、「水上の覇王に贈る　深夜の万歳歓

呼　感激充満の県下各駅(47)」と題して、静岡駅・沼津駅の歓送風景の写真が掲載されている（図8－2）。第七章第二節で分析した『東京日日新聞』の写真（図7－2の上の写真）と同じような構図で、選手団の送別に集まった人々の興奮ぶりを日の丸・日章旗というシンボルとともに伝え、読者もそこに参加しているかのように錯覚させる。また、開幕直前には、「静岡県の精鋭を伯林に移して全世界と争ふといふのがオリムピツク水上競技だ、嘘偽りのないところわれらの静岡県の選手によつて日本の水上競技は燦然として輝いてゐるのである(48)」という記事も登場する。静岡県選手が日本を代表して、世界と戦っているという説明で、ローカル・アイデンティティとナショナル・アイデンティティが相乗的に作用している。これは、ロサンゼルス大会の『静岡民友新聞』の報道でもみられた点である。

ベルリン大会開幕後は、同盟発の記事を多く掲載している。ロサンゼルス大会の時は、オリンピックへの高い関心にもかかわらず、実際の大会自体に関する報道量は限定的であった。ロサンゼルスに特派員を一名派遣していたことは、地方紙としては立派な報道体制であったが、東京三紙のようには紙面を充実させることはできなかったのである。しかし、ベルリン大会では、同盟通信社の誕生によって、『静岡民友新聞』でもかなり多くの現地情報を手に入れ、記事内容に反映させることができるようになっていた。写真も、ロサンゼルス大会ではほとんどなかったが、ベルリン大会では、比較的多く掲載している。

オリムピツク水上軍ゆふべ西下

水上の覇王に贈る
深夜の萬歳歡呼
感激充滿の縣下各驛

身動きも出來ぬ
沼津の昂奮

図8－2　『静岡民友新聞』のベルリン大会水泳選手の出発時の報道

出典：『静岡民友新聞』1936年6月13日，夕刊1頁。

例えば、八月三日の日曜夕刊では、開会式を大きく報じている。そこには、東京三紙が開会式報道で掲載していたものと全く同じ同盟発の写真（日本選手団の入場、ヒトラーの挨拶の写真）が掲載されている。[49]また、ロサンゼルス大会では、『静岡民友新聞』には外国人の表象はほとんどみられなかったが、開会式の二枚の写真（日本選手団とヒトラーの写真）とともに、これらとほぼ同じ大きさの「アメリカ女子背泳選手エデス・モートリツヂ嬢」[50]の写真が掲載されている。国策通信社である同盟通信社の設立は、情報の全国画一化をもたらした。同盟通信社があったからこそ、地方紙でも、ベルリン大会の記事を多く掲載することができるようになった。そして、その同盟発の記事のなかには、日本人選手だけではなく外国人の話題も含まれていた。また、「耳を通じて聴く　開会式の壮絶偉観」[51]の見出しからもわかるように、ベルリン大会開会式は、ラジオで聴く体験として、『静岡民友新聞』では表象されていた。[52]

ベルリン大会期間中の報道は、総じて、県民の視点というよりは、国民の視点からなされていたといえるだろう。県民意識は、ロサンゼルス大会と比べると、明らかに後退している。大会前半（静岡県出身選手が多く出場する水泳が始まる前）から連日、オリンピックをトップニュースとして扱い、「壮絶！　一万米の血戦　村社選手遂に敗る」[53]「オリンピック決戦譜　得意の陣容活躍し　待望・日の丸揚がるか　国民の後援益々猛烈」[54]「田島選手の奮闘に待望の日章旗掲揚」[55]などの見出しを掲げて、日本がまるでベルリンで戦争をしているような調子である。図8－3にあるように、オリンピック記事には日章旗がベルリンに掲げられる図案が連日、使われている。大会後半に水泳競技が始まった後も、ロサンゼルス大会の時のように話題の中心が静岡県に移ることはなかった。もちろん、故郷の歓喜の様子は伝えてはいるが、「完全に立直つた　水上日本軍の雄姿　けふこそ〝君が代〟吹奏だ」[56]「魚雷の如き日本軍　絶えず先頭を切る」[57]「極東日本の威力に　在留邦人感激の熱涙　燦然たり・世界の水の王冠　日本軍最後の頑張り」[58]など、前回大会と比べて、郷土意識よりも、国家意識のほうが前面に出ている。

もっとも、選手団の出発前後と同様に、開幕後も、県関連の記事はある。「本県選手によつて日章旗六本掲揚か」[59]といった見出しがみられ、静岡県出身選手の故郷や家庭での応援ぶりは、詳細に報じられた。

例えば、八月一一日朝刊の一頁は、県出身の鵜藤が四〇〇メートル予選でオリンピック新記録を出し一位となったことを伝えている。この紙面では、鵜藤一家が万歳をしている写真がいちばん大きく、ベルリン大会自体に関する記事よりも、家族や地元に関する記事が目立つ（図8‐4）。見出しには、「聖戦銃後の感激」「俊平よくやつた波切不動尊の加護　ラヂオの放送もなく案ずる父親に喜びの第一報」「佐束村の喜び」「鵜藤選手の手紙　真に元気満々(60)」とある。神仏祈願を欠かさず試合前は落ち着かない父親、大騒ぎをする地元村民、故郷に届いた鵜藤選手からの手紙など、県民意識を高めるような言説があったといえる。ただし、鵜藤らは、単なる郷土の代表としてだけではなく、日本の代表として捉えられていた。図8‐4にあるように、紙面には、「聖戦銃後の感激(61)」という見出しをつけて、家族写真が大きく掲載されているが、床の間に飾られた日章旗が目立っている。紙面で紹介されている鵜藤の手紙のなかにも、「『祖国の為に身を粉砕するとも勝たねばならぬ』との押へ切れない祖国愛の熱情が満身に湧出して来ます(62)」との件《くだり》がある。

故郷の選手が、国家的な目的のために奮闘・粉砕しているという姿が、ドラマチックに描き出されることによって、郷土への帰属意識が、国家への帰属意識へと回収されていったといえるだろう。『静岡民友新聞』のベルリン大会の報道は、ロサンゼルス大会の報道と比べて、地域色が薄まっていた。同盟通信社に依存した報道では、ナショナルな視点からのオリンピックについての語りが一般的となっていたといえる。静岡県出身選手の報道は、地元の家族などに関する独自取材に基づくものであったが、そうした報道でも、郷土意識の先にある国家を想像させるような言説が、前面に出ていたといえる。

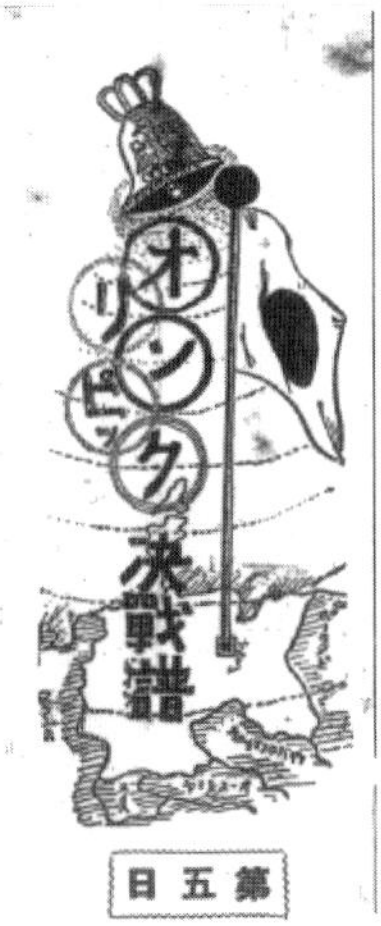

図8‐3　『静岡民友新聞』のベルリン大会記事に用いられた図案

出典：『静岡民友新聞』1936年8月6日，朝刊1頁。

昭和十一年八月十一日（火曜日）THE SHIZUOKA MINYUSHIMBUN

靜岡民友新聞

オリンピック大會

水泳陣必勝を期し全力を盡して奮闘

四百米豫選に鵜藤新記録

牧野元氣に一着を占む

八百米リレー新記録　日本チームの力泳凄し

四百米豫選

雛具製造業者　工業組合組織　廿七日公會堂に創立總會

俊平よくやった　波切不動尊の加護　ラヂオの放送もなく案ずる父親に喜びの第一報

佐束村の喜び　鵜藤選手の手紙

力泳した鵜藤選手

水上最高の興味　四百米準決勝、八百米リレー　揚げよ、二本の日章旗

定期叙勳

區長十五名が連袂辭任　清水高女移轉のもつれ

けふの番組

靜岡茶況

図８－４　『静岡民友新聞』のベルリン大会での静岡県出身選手の報道

出典：『静岡民友新聞』1936年８月11日，朝刊１頁。

『東奥日報』のベルリン大会報道

『東奥日報』のベルリン大会報道では、同紙のロサンゼルス大会の報道とは対照的に、郷土出身選手の存在が強調されている。出発前には、陸上男子五〇キロメートル競歩に出場する奈良岡について、青森市公会堂での壮行会（オリンピック映画を含む）[63]、母校での講演会[64]、東京での在京青森県出身者による壮行会[65]、後援金[66]、東京駅での見送り[67]などが独立した記事として登場する。また、六月二日の社説には、「奈良岡選手を送る」と題して、次のようにある。

競歩競技と云ふものはまだ吾国に十分に紹介されてゐないのであつて日本より同競技選手として派遣されるのは奈良岡君を以て嚆矢とするさうである。而も奈良岡君がこの未開の競歩競技をはじめてからそれほどの年月を経過してゐないのであるが、熱烈な研究、実践により独力で世界的な記録に迫つてゐると聞いてゐる、奈良岡君の今後の努力に日本の競歩競技の進歩発展がかゝつてゐる、同君の責任は重大であり、又選手として活動するにしても仕甲斐があると云ふべきである。今回のオリムピツク出場は、奈良岡君に真に貴重なる体験を与ふるであらう事を信ずる、青森県民は奈良君《ママ》に期待し、重ねてその奮闘を祈るものである[68]。

青森県出身者が、日本を代表する。奈良岡の活躍を「郷土の名誉」[69]として捉え、県民全体で応援する。こうした意味づけがなされているのである。

出発前の報道では、奈良岡中心が際立っているのに対し、開幕直前や会期中には、全国的な視点からのオリンピック記事と、奈良岡に焦点を当てた記事が併存している。ナショナルな関心とローカルな関心とが、互いに一定程度の距離を保ったまま、存在している状態であった。

まず、東京大会に関する記事、競技に関する記事は、同盟発のものである。「我が軍意気軒昂　戦前既に敵を呑む[70]」「大会最初の『君が代』嚠喨と夕空に響く　選手や応援団はたゞ感激の涙[71]」、「世界再制覇を目指し張り切る我が水上軍　強敵は矢張り米国[72]」など、多くの記事は、他紙と変わらず、日本の側からみたオリンピックを伝えている[73]。奈良岡以外の選手の家族の様子についても「電話」として報じている[74]。

一方で会期中も、奈良岡に関する記事は相当量掲載されている。そのうちのいくつかは、奈良岡自身が『東奥日報』の読者に向けて、直接、書いたものである。大会期間中には、奈良岡による手記として、「オリンピック予想記[75]」や「フィンランド便り[76]」「オリムピツク村より[77]」といった記事の掲載があり、奈良岡の目から見たオリンピック見聞録が『東奥日報』の記事に独自性を与えていた。

第Ⅰ部第一章で述べたように、ベルリン大会報道体制の特徴として、同盟通信社が電送写真を送受し、全国の地方紙に配布を行ったという点が挙げられる。だが、『東奥日報』はその恩恵は受けていない。同紙には、現地から電送あるいは輸送によって届けられたと考えられるベルリン大会の写真は、ほとんど見当たらない。ベルリン大会の競技の写真であることが判別できるのは、奈良岡が直接『東奥日報』に送ったという奈良岡の写真だけである[78]。

また、奈良岡関係の記事では、県民が奈良岡を見守り支援するという言説が顕著である。八月一日には、「オリムピツク東京招致成功」と「奈良岡選手を激励せよ」という二つの社説が掲載されているが、後者は、「ベルリンまでの海外電報は高価と云ふ程でもないが之を有意義ならしめる方法として数名又は数十名の有志が拠金するとかして、団体名又は個人名を以て出来る限り激励電報を発することが望ましいのである[79]」と非常に具体的な応援方法を提言している。奈良岡の試合に際しては、「けふぞ、頑張れ、奈良岡！　百万県民は祈つてゐる[80]」とあり、奈良岡の一家の様子についても、写真つきで「今晩は家族みんなで眠らずに祈願　南郡女鹿澤村の実家を訪ふ[81]」と報じられている。日本新記録とはいえ一九位に終わった競技結果については、競技前の報道と比べると、それほど大きくは報じられていない[82]。ただ、総じて、郷土出身選手の動向を県民みなで見守るというのが、同紙のベルリン大会報道の主要テーマの一つであったのである[83]。

ここまでみてきたように、『東奥日報』にとってベルリン大会は、ロサンゼルス大会とは異なり、青森県出身の奈良岡選手が出場した大会であった。ロサンゼルス大会の報道では、オリンピックを他人事と捉える傾向がややみられたが、ベルリン大会では、ローカル・アイデンティティを基調とし、県民にオリンピックを身近に感じさせるような報道を行っていたといえる。一方で、ベルリン大会の記事は、同盟通信社によって伝えられた。同盟通信社の伝えた記事では、どうしても国の視点からのオリンピック報道とならざるをえなかった。『静岡民友新聞』の報道は、県民意識よりも国民意識を強調する内容になっていた。『東奥日報』では、同盟の写真は掲載されてはいないが、奈良岡の記事とともに、全国的な視点からの記事があった。

3　東京紙と地方紙、地方紙間の差異

本章では、『静岡民友新聞』と『東奥日報』を事例として、地方紙のオリンピック報道の分析を行ってきた。これら二つの地方紙の事例は、第六章と第七章で明らかとなった東京三紙の特徴は、必ずしも全国の新聞で共通にみられたわけではなかったことを示している。

ロサンゼルス大会では、地方紙でも、日の丸や君が代などの国家的シンボルの強調、他者の差異化、戦争のメタファーの使用、社会的諸関係の具象化は観察された。しかし、東京と地方では、オリンピック関連の情報は不均衡であった。地方紙では、全体の記事量も写真も少なかった。『静岡民友新聞』は、地元選手の活躍に大きな関心をもっていたが、ロサンゼルス大会に関する報道を多く掲載することはできなかった。『東奥日報』は、聯合のオリ

ンピック記事を掲載していて、報道量では『静岡民友新聞』を凌駕していたが、選手の家族や出身地の記事はほとんどなく、ラジオ放送やニュース映画についての言及もなかった。選手の家族や出身地に関する記事の欠如は、読者に対して選手団への親近感や一体感を抱かせるような仕掛けがなかったということを意味しているといえよう。

加えて、地方では、インターナショナリズムを理解する社会的基盤は十分ではなかったといえる。『静岡民友新聞』では、外国人表象は極めて少なく、『東奥日報』では、自国中心的・排外主義的な言説がみられた。また、地元選手が大活躍した『静岡民友新聞』の場合には、日本選手の動向というよりは、地元選手の動向を逐一報道し、県民意識を鼓舞するような報道を行っていて、ローカリズムへの傾倒がみられた。二つの地方紙の事例は、ロサンゼルス大会の報道内容には一定の幅があり、オリンピックを通じて喚起されたであろうナショナリズム、インターナショナリズムのあり方には地域による濃淡もあったことを示しているといえるだろう。

ベルリン大会では、同盟通信社の設立によって、地方紙の報道も、より充実したものになった。海外のオリンピック開催地から地方紙へと入ってくる情報量が同盟通信社設立によって増加したのは、同盟通信社設立の経緯からいって、当然のことであった。同盟通信社の伝えるオリンピック・ニュースは、基本的には、日本のナショナルな視点からみたオリンピック・ニュースである。これは、ローカルな視点からの報道が繰り広げられていた『静岡民友新聞』のロサンゼルス大会報道とも、途中からオリンピックに対する関心が青森県の相撲大会に移ってしまった『東奥日報』のロサンゼルス大会報道とも異なる点であった。だが、『東奥日報』が電送写真の恩恵を受けなかったことに象徴的に示されているように、地域間の情報格差は依然として存在していた。

同盟通信社が誕生して以降も、二つの地方紙のオリンピック報道では、ローカル・アイデンティティとナショナル・アイデンティティが重層的に作用していた。『静岡民友新聞』『東奥日報』ともに、地元出身選手に関する報道を多く行っている。『静岡民友新聞』では、郷土意識は若干後退しているが、それでも、静岡県出身選手に関する報道は多くみられた。また、『東奥日報』では、ロサンゼルス大会では地元から選手を一人も出していなかったのに対し、ベルリン大会では奈良岡がただ一人で日本を代表して競歩競技に出場するとあって、郷土意識と関わる言説が目立っていた。こうしたローカル・アイデンティティとナショナル・アイデンティティの重なり合いは、それぞれの地元から日本の代表を出していることを誇りとする意識が働いていたことによるものであるといえるだろう。

ただし、ローカルな意識とナショナルな意識の重なり方は、両紙で少しずつ異なっていた。地元選手が日本代表として連勝を重ねた『静岡民友新聞』のベルリン大会の報道が、ローカルな意識とナショナルな意識を相乗化させるようなものであったのに対し、地元選手が半ば期待外れに終わった『東奥日報』のベルリン大会の報道では、ローカルな意識とナショナルな意識は、互いに一定の距離感を保ったまま存在していた。郷土への帰属意識は、国家への帰属意識として読み替えられていったのであるが、その傾向は、ロサンゼルス大会に続いて優勝選手を多く出し、ほとんど東京と同じようなメディア環境が整っていた静岡県の『静岡民友新聞』において顕著であった。故郷の選手が国家的な目的のために奮闘・粉砕しているという姿が、ドラマチックに描き出されることによって、郷土への帰属意識が国家への帰属意識へと接合されたのである。

第九章　雑誌の報道——多様な言説空間

ここまで東京三紙と地方紙の報道を分析したが、新聞と雑誌の表象とは、どのような関係にあったのだろうか。本章では、雑誌のオリンピック関連記事の質的分析を行う。第一節では、大衆雑誌に多くみられた身体や精神の理想像を示した記事、第二節では、女性雑誌に多くみられた家族愛と女性の役割についての記事、第三節では、総合雑誌に掲載されたオリンピック批判、第四節では、一九四〇年東京オリンピックに関する記事をそれぞれ分析する。

1　美しき身体と日本人の精神——大衆雑誌『キング』の描くオリンピック

一九三〇年代に最も広範に読まれていた大衆雑誌は、大日本雄弁会講談社の『キング』であった。『キング』は、立身出世主義を説く雑誌であり、また家族の間で音読によって読まれるラジオ的雑誌であった。(1) 小学生から大人まで圧倒的な人気を誇り、女性、場合によっては学生などの知的エリート層までもが『キング』を読んでいた。(2) 本節では、大衆雑誌『キング』に掲載されたオリンピック記事を分析する。

「オリンピック花形選手名フォーム」（『キング』一九三二年一一月号）

『キング』一九三二年一一月号には、三つのロサンゼルス大会関連記事が掲載されているが、最初に登場するのが特別グラビア印刷で大判の写真を載せた「オリンピック花形選手名フォーム」という記事である(3)。

記事の一頁目にあるのは、陸上一〇〇メートルの吉岡のスタート写真であり（図9-1）、この写真は、その後に出た、対外向けグラフ雑誌『Nippon』（一九三六年六月号）表紙、さらには、一九六四年東京オリンピックのポスターと着想的に類似している(4)。メディアのイベントとして国民的な注目を集めた最初のオリンピックで大衆雑誌『キング』に掲載された写真と同じ構図が、その後のオリンピックの写真でも使われたのである。

図9-1　「オリンピック花形選手名フォーム」①

出典：『キング』1932年11月号，21頁。

図9-2にあるように、この記事の大部分を埋めつくしているのは、競技の瞬間をとらえた躍動的な写真である。「オリンピック花形選手名フォーム」というタイトルからもうかがえるように、記事は、選手たちの精神的側面や国籍よりも、「フォーム」に注目している。文中には、「その張《は》り切《き》つた筋肉、逞《たくま》しい骨格を御覧下さい(5)」「伝説に聞くギリシヤの神そのもののやうな素晴しい均整美(6)」「突如として碧空《へきくう》に踊る美《うる》はしの姿態、観衆はたゞ固唾《かたづ》を飲んで美技を見守る(7)」「たゞ壮絶の一語に尽きる米国ミラー選手大飛躍の勇姿です(8)」といった表現が登場する。選手たちの身体が美しく優れていること、すなわち、オリンピックの称揚する西洋的な身体美が表現されていたといえるだろう。

最初に登場するのは、日本を代表する短距離選手の吉岡だが、他に記事中には、南部（三段跳）、セクストン（米国・砲丸投）、ノエル（フランス・円盤投）、眞保（女子

図9－2 「オリンピック花形選手名フォーム」②

出典：『キング』1932年11月号，24-25頁。

槍投)、スミス(米国・高飛込)、マヂソン(米国・女子水泳)、鶴田(平泳ぎ)、コールマン(米国・女子跳板飛込)、ヤルヴィネン(フィンランド・十種競技)、ミラー(米国・棒高跳)、ヨナート(ドイツ・陸上二〇〇メートル)、ウォルターズ(南アフリカ・陸上二〇〇メートル)、トーラン(米国・陸上二〇〇メートル)、西(馬術)が出ている。記事全体の特徴として、外国人表象の多さを挙げることができる。

ただ、外国選手が多く表象されていたとはいえ、国家・国籍を超越した視点から記事が構成されていたわけではない。最初に登場する吉岡の写真のキャプションには、二〇年来惨敗を続けてきた日本陸上短距離であったが、吉岡のスタート・ダッシュの物凄さは世界一との折紙をつけられているとの説明があり(図9－1)、二頁には、南部の跳躍写真が登場する。記事で最も強調されていたのは、西洋的な美と技能を獲得した日本人の身体の表象だといえる。

また、記事には、日本選手も外国選手も、皆が、故国のために、というインターナショナリズムを基調とした言説がある。例えば、「故国の為に天晴《あっぱ》れ奮闘しました」[9]「我が馬術の名声を中外に宣揚」[10]「祖国の名誉のために三段《ホ・ス・ジ》跳《ヤンプ》の牙城を死守すべく、身も砕けよと跳んだ悲壮の大ジヤンプ、それは日本人の永久に忘れ得ぬ記憶でありませう」[11]など、日本選手か外国選手かを問わずすべての個人が国を代表する存在であることが伝えられている。

「優勝に優《まさ》る栄冠を獲た竹中選手の力走」（『キング』一九三二年一一月号）

「オリンピック花形選手名フォーム」の記事だけをみれば、外国選手・日本選手関係なく、スポーツの躍動感と選手の身体美が表象されているといえる。だが、同じ号に掲載された他の記事（「優勝に優《まさ》る栄冠を獲た竹中選手の力走」「オリンピック選手土産話」）では、専ら日本選手が取り上げられている。[12]『キング』一九三二年一一月号全体としては、日本選手が話題の中心であったといえるだろう。ナショナリズムとインターナショナリズムがともに表現されてはいるが、どちらかというと前者の比重が大きかったのである。ここでは、新聞記事でも多く取り上げられ、戦後も注目されることになる竹中の記事（「優勝に優《まさ》る栄冠を獲た竹中選手の力走」）を詳しくみていく。

在米の酒井貢という人物によって書かれたこの記事は、精神・態度の面において竹中が「優勝に勝る栄冠を獲た」と意味づけており、「オリンピック花形選手名フォーム」が身体の卓越性と美しさを視覚的に表現して賛美したのと対照的であった。最初の見開きの頁には、右側に、竹中の胸から上の写真、左側に、日章旗とオリンピック旗のイラストがある。次の見開きの頁には、下半分を使って、ロサンゼルスのスタジアムとそこを走る竹中の姿が重ね合わせて描かれている（図9-3）。これは、万国旗が翻り大勢の観客が見守るなか、竹中が力走する姿をイラスト化したものである。ただのスタジアムではなく国際的なスタジアムを、日本選手が駆け抜けていることが重要だった。

本文では、竹中の出場した五〇〇〇メートル決勝の様子が、時間軸に沿って描かれている。「堂々たる各国巨人選手の間《かん》に伍《ご》して矮小短躯《わいせうたんく》の竹中君は、まるで子供の様に見える。が、白鉢巻《しろはちまき》シッカリと飽迄《あくまで》力闘の決意は眉宇《びう》の間《かん》に窺《うかゞ》はれる」[13]「二周三周、竹中君は漸次《ぜんじ》に遅れる、四周五周で益々《ますく》遅れて行く、長身の各国選手が二足《ふたあし》に吾《わ》が竹中君は三足《あし》を運ばねばならぬ。それ丈《だ》け努力が要《い》り、之《こ》れ丈《だ》け疲れは早められる。殊《こと》に彼《あ》の小さい体躯《たいく》で……と、観衆の眼は一様に竹中君に注がれる。一人際立《きはだ》つて小さいので殊《こと》に目立つてゐる。だが、竹中君は、頑張つて居《ゐ》る」[14]など、話は竹中を中心に進行する。そして、竹中が賞賛されるきっかけとなった場面については、次のように

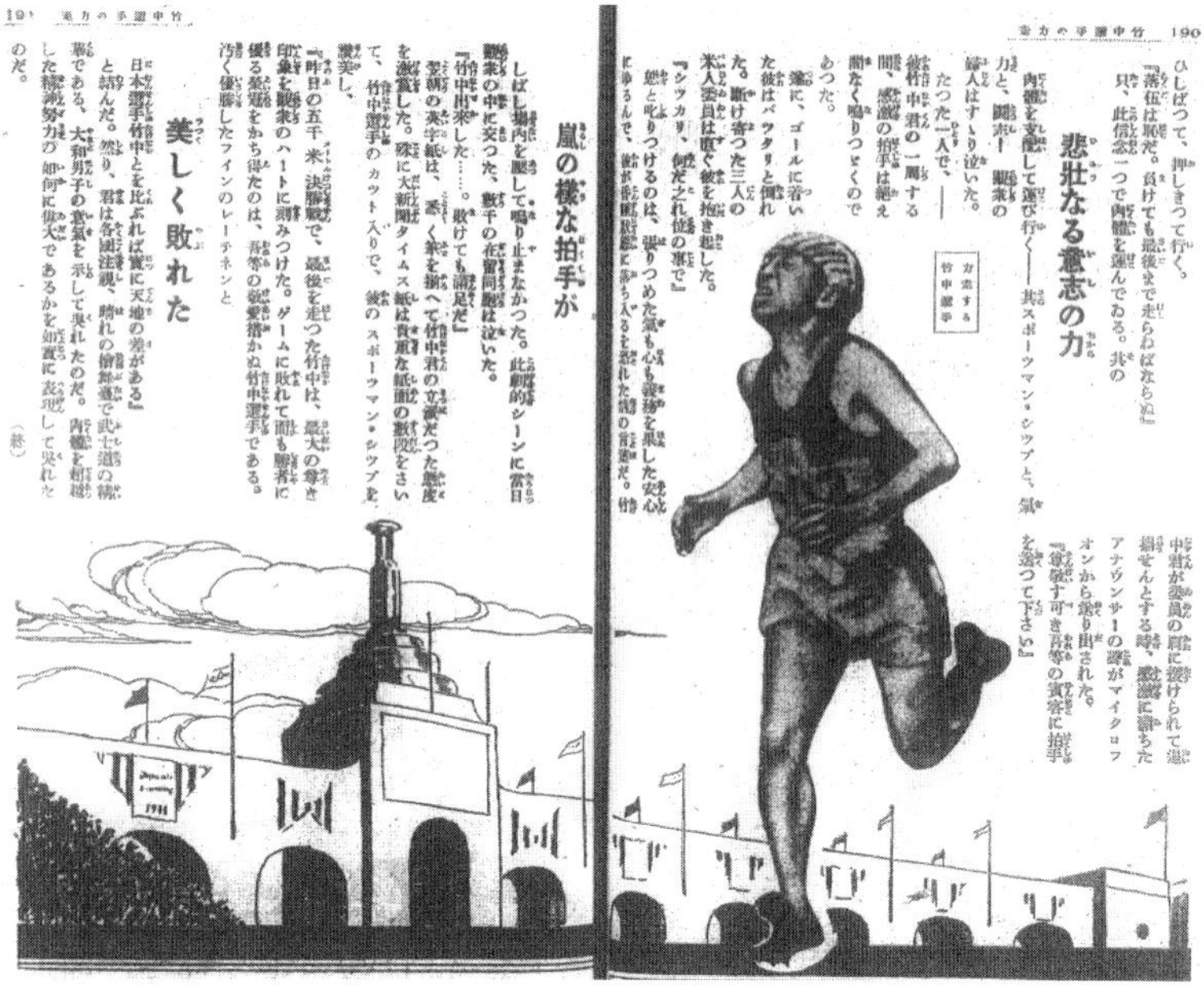
190　竹中選手の力走

ひしばつて、押しきつて行く。『落伍は恥だ。負けても最後まで走らねばならぬ』只、此信念一つで肉體を運んでゐる。其の

悲壮なる意志の力

肉體を支配して運び行く——其スポーツマン・シツプと、氣力と、闘志！　觀衆の婦人はすゝり泣いた。

たつた一人で、——彼竹中君の一周する間、感激の拍手は絶え間なく鳴りつゞくのであつた。

遂に、ゴールに着いた彼はバツタリと倒れた。馳け寄つた三人の米人委員は直ぐ彼を抱き起した。

『シツカリ、何だ之れ位の事で』

と叱りつけるのは、張りつめた氣も心も疲労を来した安心に弛るんで、彼が昏睡状態に落ち入るを恐れた慰の言葉だ。竹中君が委員の肩に扶けられて退場せんとする時、感激に満ちたアナウンサーの聲がマイクロフオンから送り出された。

『奮戦す可き吾等の賓客に拍手を送つて下さい』

力走する竹中選手

嵐の様な拍手が

しばし場内を壓して鳴り止まなかつた。此劇的シーンに當日觀衆の中に交つた、數千の在留同胞は泣いた。

『竹中出來した……。敗けても滿足だ』

翌朝の米字紙は、悉く筆を揃へて竹中君の立派だつた態度を激賞した。殊に大新聞タイムス紙は貴重な紙面の數段をさいて、竹中選手のカット入りで、彼のスポーツマン・シツプを讃美し、

『昨日の五千米決勝戦で、最後を走つた竹中は、最大の尊き印象を觀衆のハートに刻みつけた。ゲームに敗れて而も勝者に優る榮冠をかち得たのは、吾等の親愛措かぬ竹中選手である。汚く優勝したフインのレーチネンと

美しく敗れた

日本選手竹中とを比ぶれば實に天地の差がある』

と誇んだ。然り、君は各國注視、晴れの檜舞臺で武士道の精華である、大和男子の意氣を示して見れたのだ。肉體を相撲した精神努力の如何に偉大であるかを如實に表現して見れたのだ。

（終）

191　竹中選手の力走

図9-3 「優勝に優る栄冠を獲た竹中選手の力走」

出典：『キング』1932年11月号，190-191頁。

ある。

優勝を争ふ両国選手の邪魔になつては気の毒だと、竹中君は疲れた身体《からだ》を片側に寄せて、二選手に道をあけた。其床《そのゆか》しい武士的態度に観衆は思はず感激の拍手を送り、オ、、タケナカ、スポーツマンシツプ！の声が此処彼処《ここかしこ》に起る。

決勝戦近くで鎬《しのぎ》を削づる両選手……フインは遂に米《べい》を抜いて優勝したが、故意に米《べい》の前を走り塞《ふさが》つて、邪魔した態度が汚なかつたと、勝つたフインのレーチネンは拍手の代《かは》りに観衆からブーブーの罵声を浴びてゐる。決勝はついたが、吾《わ》が竹中君は未《ま》だ走つてゐる——頑張つてゐる——只《たゞ》一人で……。足はなえ、眼《め》はくらみ、や、もすれば倒れんとして尚歯《なほは》を食ひしばつて、押しきつて行く。『落伍《らくご》は恥だ。負けても最後まで走らねばならぬ』只《たゞ》、此《この》信念一つ

> で肉体を運んでゐる。其の悲壮なる意志の力　肉体を支配して運び行く――其《その》スポーツマン・シツプと、気力と、闘志！　観衆の婦人はすゝり泣いた。（中略）嵐の様な拍手がしばし場内を圧《あつ》して鳴《な》り止《や》まなかつた。此《この》劇的シーンに当日観衆の中に交つた、数千の在留同胞は泣いた。『竹中出来《でか》した……。敗《ま》けても満足だ』
>
> 　翌朝の英字紙は、悉《ことごと》く筆を揃へて竹中君の立派だつた態度を激賞した。殊に大新聞タイムス紙は貴重な紙面の数段をさいて、竹中選手のカット入りで、彼のスポーツマン・シツプを讃美し、
>
> 『昨日《きのふ》の五千米《メートル》決勝戦で、最後を走つた竹中は、最大の尊き印象を観衆のハートに刻みつけた。ゲームに敗れて而も勝者に勝る栄冠をかち得たのは、吾等の敬愛措かぬ竹中選手である。汚く優勝したフインのレーチネンと美しく敗れた日本選手竹中とを比《くら》ぶれば実に天地の差がある』
>
> と結んだ。然《しか》り、君《きみ》は各国注視、晴れの檜舞台で武士道の精華である、大和男子の意気を示して呉《く》れたのだ。肉体を超越した精神の如何に偉大であるかを如実に表現して呉《く》れたのだ。[15]

第六章第一節でみたように、東京三紙の外国人による日本選手の評価に関する記事では、日本選手の精神性について言及されることが多かった。『キング』の記事は、まさに新聞記事のさらなる物語化で、国際的な舞台において外国人が日本選手の精神性を賛美していることを劇的に伝えている。賛美の対象になっているのは、一つには、彼が走路を譲った「武士的態度[16]」であり、もう一つには、彼の最後まで競技を続ける「悲壮なる意志の力[17]」である。竹中には、「嵐の様な拍手が[18]」送られ、翌朝の新聞は「美しく敗れた[19]」と讃えた。図9-3にあるように、カギカッコ内の言葉は、本文中では太字で拡大して表記されている。

　こうした竹中の態度と精神性は、「武士道の精華」「大和男子の意気[20]」という表現に示されるように、日本の伝統と結びつけられた。オリンピックは、西欧中心のイベントであった。しかも、オリンピックに対する関心が、日本

で本格的な高まりをみせたのは、このロサンゼルス大会が最初であった。だが、早くも、この西欧の競技に取り組む日本人の姿に、日本人の伝統的な精神性が見出され、そのイメージが強調されたのである。

競技では負けても、精神的に立派であれば、それが真の勝者である。こうした論理は、ロサンゼルス大会の日本選手の態度・成果を理解する時に用いられた典型的な解釈の枠組みであった。日本人は、満洲事変・上海事変を経て、諸外国における対日イメージが悪化しているという自意識を強めていた。精神的に美しく奮闘する様子は、一九三二年当時の国際環境において、日本人が外国人に見せたい自己の姿でもあったといえる。

もちろん『キング』は、日本選手が好成績を収めたロサンゼルス大会を、日本がスポーツで世界的な水準に達したことが示された大会としても意味づけていた。スポーツ界の躍進は、直近一〇年間の日本社会の進歩の一つとして語られ[21]、「科学上のオリムピック[22]」であるノーベル賞でも日本人受賞者を出すようにとの期待が表明された。だが、注目すべきは、日本選手が競技面で躍進したとはいえ、『キング』が讃えたのは、日本選手の身体や技能ではなかったという点である。『キング』は、しばしば、日本選手を（小粒でも辛い）山椒に喩えていて[23]、「優勝に優《まさ》る栄冠を獲た竹中選手の力走」でも、竹中の身体の小ささが強調されている。日本選手は諸外国の選手と比べて身体的に不利であるとされた。オリンピックで優秀な成績を収めたとはいっても、それは、日本選手が、精神力で戦って獲たものとして意味づけられたのである[24]。

日本選手の競技面での躍進を強調するだけでは、西洋的な美や技能の水準に日本人がようやく追いついたという物語が生まれるだけである。しかし、日本選手の精神性は、日本独自の伝統の発露として捉えることができた。美しき身体を語ることが、日本のナショナリズムの高揚に結びつく可能性もあったはずであるが、身体についての物語が描き出したのは、インターナショナルな世界だった。精神美についての物語のなかで、日本人らしさ、日本人の伝統が劇的に語られ、賛美されたのである。

「第十一回オリムピック大会　熱血《ねつけつ》踊《をど》る大感激の二大放送」（『キング』一九三六年一〇月号）

続いて、ベルリン大会での『キング』記事についてみていこう。『キング』一九三六年一〇月号には、ベルリン大会の特集記事（「第十一回オリムピック大会　熱血《ねつけつ》踊《をど》る大感激の二大放送」と「伯林《ベルリン》オリムピック大会で天晴《あつぱ》れ殊勲を樹《た》てた人々」）が掲載されている。(25) この二つの記事は関連しているが、ここでは、後々の反響が大きかった前者の記事を分析する。

「第十一回オリムピック大会　熱血《ねつけつ》踊《をど》る大感激の二大放送」は、ラジオの実況放送の記録記事で、一三頁からなる。「二大放送」とは、村社の出場した陸上五〇〇〇メートル決勝、前畑の出場した女子二〇〇メートル平泳の放送のことである。記事には、実況放送のアナウンスに加えて、臨場感あふれる写真と絵、競技記録が掲載されている。ただ、これは、実際の実況内容を忠実に再現したものではない。『オール讀物』（文藝春秋発行）一九三六年一〇月号にも、「感激のオリムピック放送」という放送の記録記事があるが、内容は『キング』とは異なる。(26) 以下で分析するのは、実況放送そのものの記録ではなく、実況放送を『キング』が独自に編集したものである。なお、ここで取り上げる二つの放送は、河西三省が日本時間の深夜に実況した放送であり、河西自身も帰国後の一〇月三日に、これらが一番印象に残ったとラジオで語っている。(27)

最初に「村社選手の決死の大奮戦」からみていこう。この陸上五〇〇〇メートルの放送では、まず、村社選手の身体的特徴（小ささ）が強調されている。「各国選手の姿を見ますと、何《いづ》れも大きな、堂々たる体格であります。それらの中に在《あ》つて、一番小さい、一番背の低いわが村社選手」(28)「堂々たる体格の芬蘭《フィンランド》選手の中へ入りまして、わが小柄な村社選手の健闘であります」(29)「外《ほか》の選手に比べて体力の劣る、一番小さい村社選手が、堂々他《た》の選手を抑へて、四位に入りましたことは、十数万の観衆等《ひと》しく認むるところであります」(30)などである。

また、スタート前には、「世界記録を持つレーチネン、更にサルミネン、ヘツケルトと芬蘭《フィンランド》の三強豪、それに伊太利《イタリー》からセラチ、丁抹《デンマーク》からジーフェルト、米国のラッシユ、英吉利《イギリス》のワード、リーヴ、クローズの三名」[31]など、ライバルも列挙され、村社選手が、こうした選手たちと一緒に競技に出場することが示される。前回ロサンゼルス大会の時と同じように、世界の選手たちに交じって日本選手が登場するという舞台描写が重要なのである。

繰り返し強調されるのは、村社の日本への忠誠心と精神的な立派さである。アナウンサーは、「元気な村社選手、祖国日本のために唯《たゞ》一人、この五千米に出場いたしまして、健闘するわけで御座います」[32]「わが日東男児のために、万丈の気を吐いてくれました」[33]「村社選手小柄ではありますが、精神一到何事かならざらんと頑張つてゐます」[34]など、村社を褒めるとともに、「最初から最後までのあの堂々たる闘ひ振り（引用者注：予選の闘いぶり）は、こゝに集まりました十数万の観衆は勿論のこと、翌日の新聞を見ますと、筆を揃へて褒めちぎつて居ります」[35]と、外国人観衆や外国新聞からも、村社が賞賛されていることを伝える。そして、「村社選手トップで御座います。ワーツといふ歓声は、村社選手への声援であります。全独逸人《ドイツ》は、村社選手に声援を送つて居ります」[36]など、ともかく、村社が会場の人気を一身に集めていることを繰り返しアナウンスしている。

人気者の村社に対して、外国選手はヒールとして表象されている。「唯今《たゞいま》お聞きの通り、口笛を吹いたり、奇声を発したりして、観衆は芬蘭選手の行動を非難して居ります。盛《さかん》に弥次《やじ》つて居ります」[37]「尚《なほ》競技中にも一寸《ちょっと》申し上げましたけれど、我が村社選手が盛に頑張つて居ります時に、芬蘭《フィンランド》の選手一名、我が村社選手を手で押しのけたりしまして誠に遺憾なところを見せました。しかし村社選手は、平然としてこの芬蘭《フィンランド》の選手の行為を黙殺しまして、終始堂々と戦つたことは、全観衆の等しく認めるところであります」[38]などである。

新聞でも、このフィンランド人の優勝選手ヘッケルトを非難する記事はみられた[39]。ただ、これは、単なる新聞記事の焼き直しではない。『キング』における村社をめぐる語りと持ち上げ方（身体の小ささにもかかわらず奮闘する、それに比して外国選手の態度は卑怯である、観客が全員賞賛している）は、ロサンゼルス大会の竹中をめぐる言説に酷似している。「優勝に勝る栄冠を獲た竹中選手の力走《まさ》」と、テーマ的には、ほとんど変わらない。『キング』は、記述の形式こそ異なるが、ロサンゼルス大会と同じような枠組みで、陸上五〇〇〇メートルを、日本選手の奮闘美談として語ったのである。

「放送の記録」としてみたときに重要なのは、以下の三点であろう。第一に、日本選手への同一化である。「あつ、村社君危い！　抜かれました、（中略）遂に抜けません。遂に抜けません」[40]などは、村社の立場から、「危い」「抜かれました」「抜けません」といっているのであり、主観的な表現である。第二に、聴取者への語りかけである。アナウンサーは、放送開始直後に会場の様子を描写した後、「十数万の観衆を御想像願ひます」[41]と付け加えている。ラジオの聴衆、そして『キング』の読者は、村社がただ一人奮戦するその舞台――観客の熱気に包まれたスタジアム――を想像するよう促されたのである。競技終了後にも、「祖国の皆さま、どうぞ村社選手の声をお聞きください」[42]「我々日本人は、村社選手の態度に対して、感謝の意を捧げなければなりません」「次回の東京大会に於ては、村社選手に依つて日章旗が揚り、君が代が吹奏されますやうに、我々は今から頑張らうではありませんか」[43]など、聴取者に向けて、日本人としてラジオの放送に耳を傾けるよう、村社に感謝の意を捧げるよう、そして東京大会に向けて努力するようにと呼びかけが行われている。

続いて、「大和撫子前畑嬢優勝（女子二百米平泳）」をみていこう。ここではまず、前畑の放送に入る前に、「水上八百メートル・リレーは、我々の予想通り、日本選手に依りまして再び覇権を獲得いたしました」[44]「かくして八百メートル・リレーは、日本チームが堂々強敵アメリカを、約十七、八米《メートル》引離しての実に見事な優勝で御座いました」[45]など、日本選手の強さが強調されている。

この記事でも外国選手の名前が列挙され、彼女らと前畑の対抗関係が強調されている。特にドイツのゲネンゲルに焦点が当てられ、「前畑嬢強しと雖《いへど》も、地元ドイツのゲネンゲル嬢また強し、ゲネンゲル嬢と前畑嬢の一騎討で御座います[46]」などとある。

日本選手への同一化は、この放送では特に顕著である。「これにはわが前畑秀子嬢が出場いたします[47]」「大分《だいぶ》各選手が並んで居ります。心配であります。非常に心配であります[48]」に始まり、競技後半には、「前畑頑張れ、前畑頑張れ」「アツ、勝つた、勝つた、前畑勝つた。勝つた、勝つた、前畑勝ちました。前畑勝ちました。前畑勝ちました[49]」といった表現が登場する。

放送関係者・聴取者への語りかけも目立つ。「この決勝丈《だ》けは、少し位時間が延びましても、是非入れたいと思つて居ります。どうぞスヰツチを切らないで下さい」「どうぞ切らないで聞いて下さい。後僅《あとわづ》か五分！　五分延ばして下さい[50]」「始《ママ》めて日章旗を挙げた前畑嬢のために、万歳を叫んで今日の放送を終ることにします。祖国の皆様さやうなら[51]」などである。第Ⅰ部第二章でみたように、ベルリン大会では実況放送が行われたが、放送時間には制約があった。この女子二〇〇メートル平泳は、放送時間が特別に延長された数少ないケースの一つである。アナウンサーの河西は、放送時間の延長を申し入れていて、そのことは、『キング』紙面でも再現されていたのである。

前畑の勝利は、「前畑選手優勝しました。日章旗をあげました。日本の女の選手として、始《ママ》めて日章旗をあげました[52]」など、日章旗とセットで語られ、国威発揚という捉えられ方をされていた。また、アナウンサーは、前畑本人に向かって、日本のために活躍したことへの感謝を放送中に述べた。「前畑嬢ありがたう御座いました。ありがたう御座いました。この国際場裡《こくさいぢやうり》に於て、わが日本女流選手が優勝しました。優勝しました[53]」とある。

この二大放送の記事については、一一月号や一二月号の読者欄に「十月号を拝読いたしまして特に感激感謝致しました記事としまして、オリムピツク大特輯、二輯のあの放送の記事を読みました時は去る日ラヂオで聞いてゐました気持と同じ感謝に涙が出ました[54]」「終始泪して読んで其新な感激に浸つてゐます[55]」といった投稿が掲載されている。また、一一月号には、巻頭に見開きのカラー印刷で、表彰台で頭を垂れる前畑の姿のイラストがある。これには、「奥床《おくゆか》しい日本の女性」[56]というタイトルが付けられ、「他国選手の昂然として立つ壇上姿を見馴れた観衆には この嬢の敬虔な態度が特に目を惹き、思はず粛然として襟を正さしめたのであつた。殊に観覧中のヒツトラー総統は、いたく感激し、並居《なみゐ》る大官に向つて、日本女性の美徳を、口を極《きは》めて賞《ほ》め讃《たゝ》へたといふことである」[57]と説明がある。このイラストでは、競技での優勝という意味は後方に追いやられ、日本女性の奥床しさ——日本女性の精神・態度——が価値のあるものとして賛美されている。

さらに、一一月号には、ベルリン大会特集の続編として、「オリムピツク土産話持寄り会」という記事も掲載され[58]、ベルリン大会見学者の座談会の模様が、「処世の教訓となり、国民精神作興の資料となり、又次回日本で行はるべきオリムピツク大会についても得難い参考になる」[59]として紹介された。記事は、ベルリンからの帰国者が、日本選手の体格が劣っていることを指摘する一方で、村社をはじめとする日本選手の謙譲な態度が現地で評判になっていたと話していることを強調している。身体的劣位と精神的優位の対比は、ロサンゼルス大会から引き続きみられたといえるだろう。座談会の参加者たちは、ベルリン大会における先進的な科学技術と設備、外国人接待の方法、ドイツ国民（女性と子供）の様子にも言及している。この号の巻頭には、東京オリンピックを意識した「井上英語講義録」の広告もあり、「立身《りつしん》の基礎《いしずゑ》　此秋《このあき》に英語を」「オリムピツク東京!!　愈々《いよ〳〵》日本は世界の中心」「今年からは英語を知らずに立身は絶対不可能だ」といったキャッチ・コピーが踊っている[60]。ベルリン大会に感激した読者たちは、否応なく、東京大会を意識することになったと考えられる。

日本人の精神性を強調する傾向は、新聞記事でもみられたが、『キング』では、写真やイラスト、ラジオのアナウンスの語り口を用いて、日本選手が精神的に立派であることをより劇的に描き出していた。世界のなかで奮闘する日本人は、身体的には優位であるとはいいがたいが、身体の劣等性を精神力によってカバーしている。この精神力は、日本独自の伝統によるものであり、これに外国人が驚嘆している。こうした物語が語られていたのである。

外国選手は、表象されることはあっても、身体的にのみ優れた存在として描き出されたのであり、敵や悪役として登場することもあった。

だが、『キング』のオリンピック記事は、西洋の普遍性を否定しているわけではない。日本人のオリンピックでの活躍は、日本人が西洋的な身体や技能を身につけたことの証であるとされた。しかし、身体性だけに注目しただけでは、日本のナショナリズムは盛り上がらない。日本人の優越感は、日本選手の精神的態度が現地の観客や新聞に賛美されたという物語を通してこそ、確立されていったのである。

2　家族愛と女性の役割——女性雑誌の描く「オリンピック」

本節では、女性雑誌に掲載された一九三〇年代のオリンピックの記事のうち、二つのタイプの記事に着目したい。

第一に、オリンピックに派遣された選手の家族や許嫁に関する記事である。こうした記事は、一九三〇年代（特に一九三六年ベルリン大会時）の雑誌ではよくみられた。これは、女性雑誌だけではなく大衆雑誌にもみられた傾向だが、[61]女性雑誌のほうがこのタイプの記事により力を入れていた。例えば、水泳選手遊佐と映画女優逢初夢子のロマンスは、ベルリン大会時に女性雑誌がこぞって取り上げたテーマである。各誌は、二人の出会いから結婚の約束に至るまでの経緯、遊佐が逢初に宛てたベルリンからの手紙の内容などを載せた。[62]『婦人倶楽部』には、一九三六年八月号に「オリンピツク花形の奥様訪問」という記事があり、男性選手の妻たちの「慎ましさ」「心遣い」が賞賛され、妻や子供たちを思いやる男性選手が女性の憧れとして描かれた。[63]これらの記事は、読者に、選手の家族や許嫁に対する親近感や一体感を抱かせる働きをしたと考えられる。

第二に、女子選手に焦点を当てた記事である。日本は、ロサンゼルス大会には一六名（陸上九名、水泳七名）の女子選手、ベルリン大会には一七名（陸上七名、水泳一〇名）の女子選手を派遣した。一九二八年のアムステルダム大会に出場した女子選手は一名（人見絹枝）であったことから、一九三〇年代のオリンピックでは、女性の存在感が増していたといえる。女子選手に関する記事では、女子選手が、女性読者の代表や羨望の対象として位置づけられていたと考えられる。[64]

以下では、前者の事例として、『婦人公論』の一九三六年一〇月号、後者の事例として、『婦人倶楽部』の一九三六年七月号と一九三七年一月号を取り上げる。

「敢て講平兄さんに捧ぐ」（『婦人公論』一九三六年一〇月号）

『婦人公論』一九三六年一〇月号には、選手の家族たちを取り上げた「凱旋を待つ人々」と「敢て講平兄さんに捧ぐ」がある。[65]ここでは、「敢て講平兄さんに捧ぐ」を中心にみていく。

この記事は、『キング』でも取り上げられていた村社講平の妹（君子）が、講平のこれまでの歩みを「生活の一万米をひた走る兄の苦闘史」[66]として紹介するものである。最初のページには、「兄の戦勝を祈願する筆者」というキャプションがついた大きな写真がある（図9-4）。記事の冒頭で、君子は、自身が紡績工場に勤めていることを明かし、兄も「家が遠いからと云って寄宿舎に入る様な贅沢な真似」[67]はできずに中学校まで走って行っていたこと、「色々の事情で上級学校に進むことを断念したこと」[68]など、苦難の道を走ってきたことを綴っている。そして、仕事の合間に練習を続けていた兄の講平が、明治神宮大会で優勝し、ついに中央大学に入って「苦学しながら世界の覇権を目指して奮闘することになつた」[69]時の心境を、次のように振り返っている。

　男の兄は学問をしながら世界的に名を挙げて下さい。私は女だから高等小学だけ出たら結構です。大阪に出

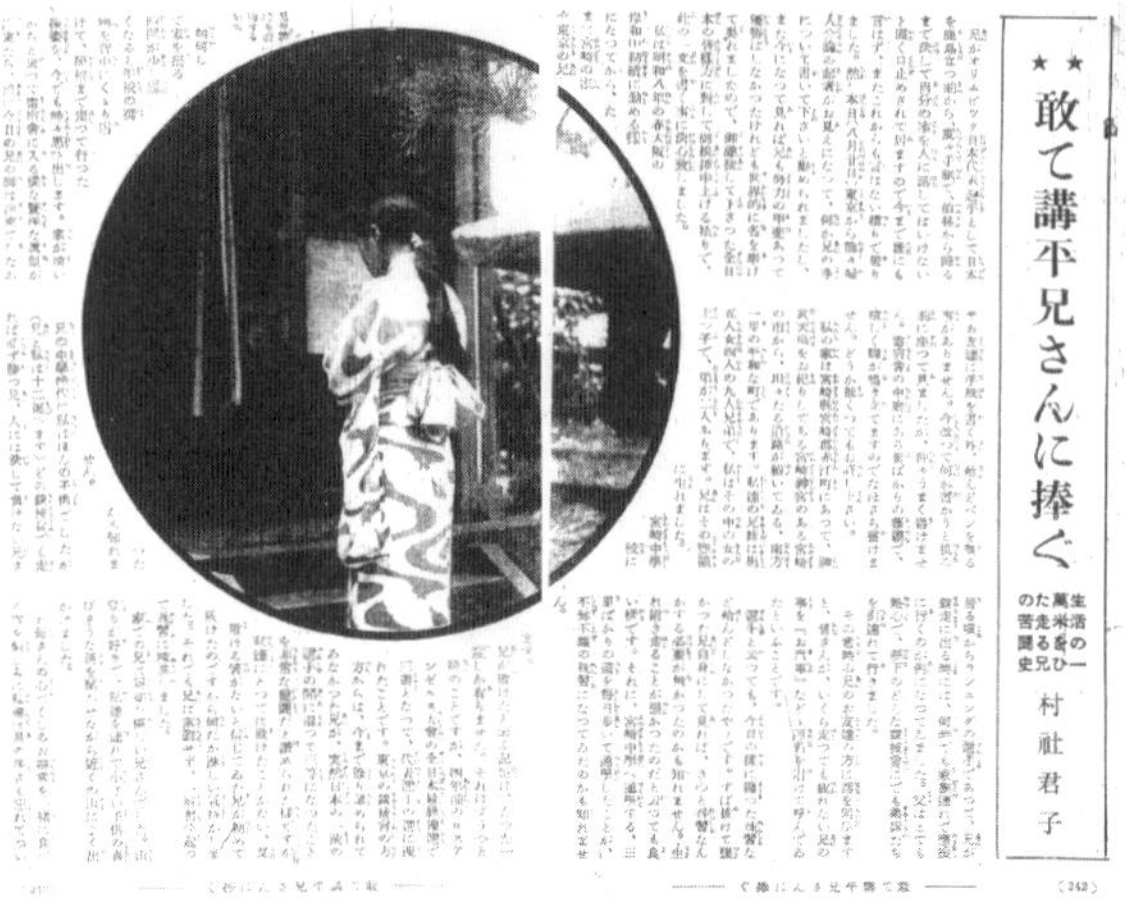

敢て講平兄さんに捧ぐ

生活の一萬米を走る兄の苦闘史

村社君子

図９－４「敢て講平兄さんに捧ぐ」

出典：『婦人公論』1936年10月号，242-243頁。

て他人の中に混つて少しは世の中の事も知りたいし、兄さんの代りに働きませう。そしてまたお嫁さんに行く時には御両親の御厄介にならないだけの準備もして置きたいと思つて兄が上京した翌年、私も大阪に出て来ました。(70)

ここには、「女の自分はどうなってもよいから兄には名をあげて欲しい」という、男性を立てて女性である自己を犠牲にする精神がみて取れる。さらに、兄の社会的役割と自分自身の社会的役割を重ね合わせて、

兄が日本陸上競技の選手として最後の猛練習をして居る時、私は大阪の紡績工場で、産業の戦士《せんしゅ》として自分達の仕事も決して惨めなものではなく実に立派な国際的の仕事であると言ふ誇りをすら感じながら毎日励んでゐます。と言ふのは私達の織出す綿布はメイド・イン・ジャパンと言ふ商標を背負ふて堂々と海を渡り、むつかしい各国の関税を突破して、濠洲《がうしう》や印度《インド》、アフリカなどの各地の市場に進出して居るのですから、ほんとに愉快です。(71)

といい、兄妹ともに貧しいなかでも国家に尽くしていることを示唆している。兄が日本代表としてベルリンで戦い、さらに四年後の東京大会に向けて精進を続けるのに対し、君子もまた「日本の産業の戦士」として働いているとい

うのである。君子は、ベルリン大会のラジオ放送を聴きながら、「只《たゞ》神様にお祈り」し、「負けず嫌な兄はどんなに口惜しがつて居る」かに思いを馳せ、「兄が帰つたら何と云つてお褒めしたらよいか」[72]と考えていたと述べている。兄を支え祈願をしながらオリンピックを見守った君子の物語は、同じ雑誌の冒頭の写真記事によって一般化され、家族の物語となる。冒頭のグラビア印刷の写真記事には、日本を代表する選手（田島、前畑、孫、遊佐、田口、杉浦、新井、葉室）とそれぞれの家族が登場する。選手本人の写真も登場するが、大きく引き伸ばされて掲載されているのは、選手の写真ではなく、家族写真である（図9－5）。「凱旋を待つ人々」というタイトルにあるように、記事の主人公は、選手というよりも家族であったといえるだろう。オリンピックで活躍した選手を待ちわびる家族の姿が、いずれも温かく賞賛に値する家庭として描き出されている。こうして、君子のような家族が各選手に存在したことが想像可能になるのである。

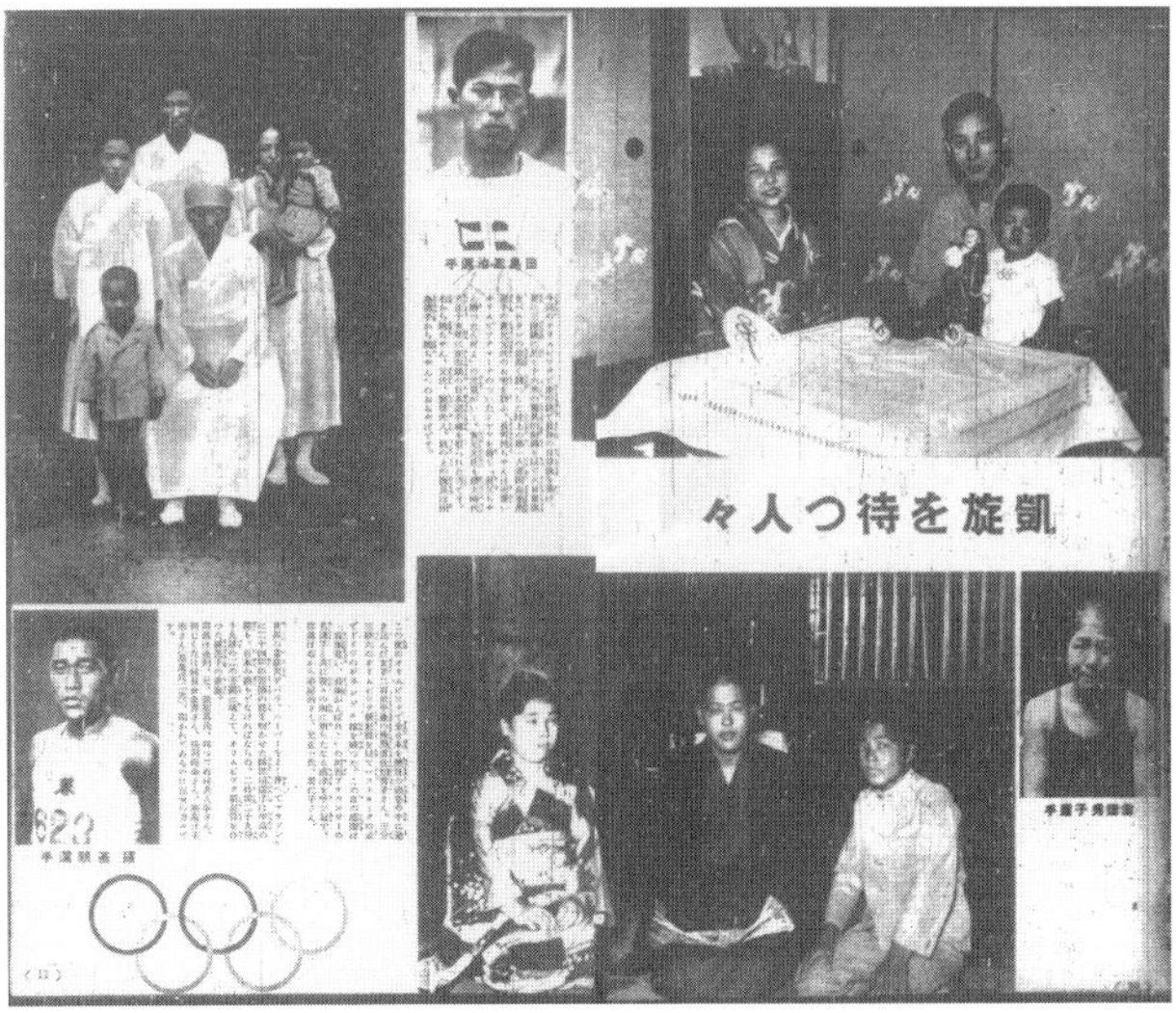

図9－5「凱旋を待つ人々」

出典：『婦人公論』1936年10月号，10-11頁。

木村涼子は、戦前期の『主婦之友』の誌面に登場する「賞賛される女性」を、（一）封建的な婦人道徳に忠実で家や夫に自己犠牲的に献身する「貞婦・節婦型」、（二）夫や息子の立身出世を精神的・経済的・肉体的に支える「縁の下出世（代理出世）型」、（三）夫とともに商売や事業を行い成功する「夫婦一心同体成功型」、（四）自分自身が立身出世する「女性版立身出世型」、（五）「女性らしさ」を発揮し社会福祉事業に尽くす「社会事業型」、（六）息子や夫を戦争に捧げる「軍国の母・妻型」に分類している。[73]オリンピック選手の家族や許嫁に関する記事では、夫や兄・弟を陰で支える女性像、あるいは母として息子や娘を導く女性像、すなわち、（二）の「縁の下出世（代理出世）型」の女性像が描かれていたといえるだろう。そこでは、彼女たちの自己犠牲の精神が、賛美される。選手たちの活躍の陰で、女性たちは、自らを犠牲にし、祈り、支えたというのである。

「水上日本の輝く女性　前畑秀子嬢涙の栄冠」（『婦人倶楽部』一九三六年七月号）

前畑は、戦前日本を代表する女性のオリンピック選手である。講談社発行の『婦人倶楽部』では、前畑に関する記事を数回にわたって掲載している。ここでは、ベルリン大会開幕前と閉幕後に掲載された記事を分析し、女性雑誌が前畑をどのように意味づけていたかという点について考察する。

最初に、一九三六年七月号に掲載された「水上日本の輝く女性　前畑秀子嬢涙の栄冠」の分析を行う。[74]この記事は、日本女子水泳チームが初めて参加した国際大会（一九二九年の全米女子水上選手権）に前畑が参加した時の記述から始まり、亡き母の死・思い出、級友や学校の支援、ロサンゼルス大会での活躍、ベルリン大会への期待などを一四頁にわたって書いたものである。

記事には、写真が五枚掲載されているが、一つ目の写真は、水着姿の前畑の全身をとらえており、見出しの「水上日本の輝く女性」と相まって、新しい日本女性像、西洋スポーツによって近代化された身体の模範を表現している（図9-6）。一方で、二つ目の写真は、制服姿でミシンの前に座わる前畑を写している（図9-7）。小山静子の研究によれば、江戸時代以来、「一人前の女は裁縫ができる」という観念が強固に存在し、高等女学校でも、裁縫教育が重視されてきた。しかし、政治・教育の場では、第一次世界大戦後、伝統的な日本の女性像からの脱却のために女性もスポーツをすることが重要であるという議論とともに、例えば、衣服は自宅ではなく仕立屋で作ればよいといった、生活改善や家事の合理化を訴える主張が行われるようになっていた。高等女学校では、体育が奨励される一方で、裁縫教育の比重が下がっていったという。(75)『婦人倶楽部』における裁縫する前畑の表象は、小山の研

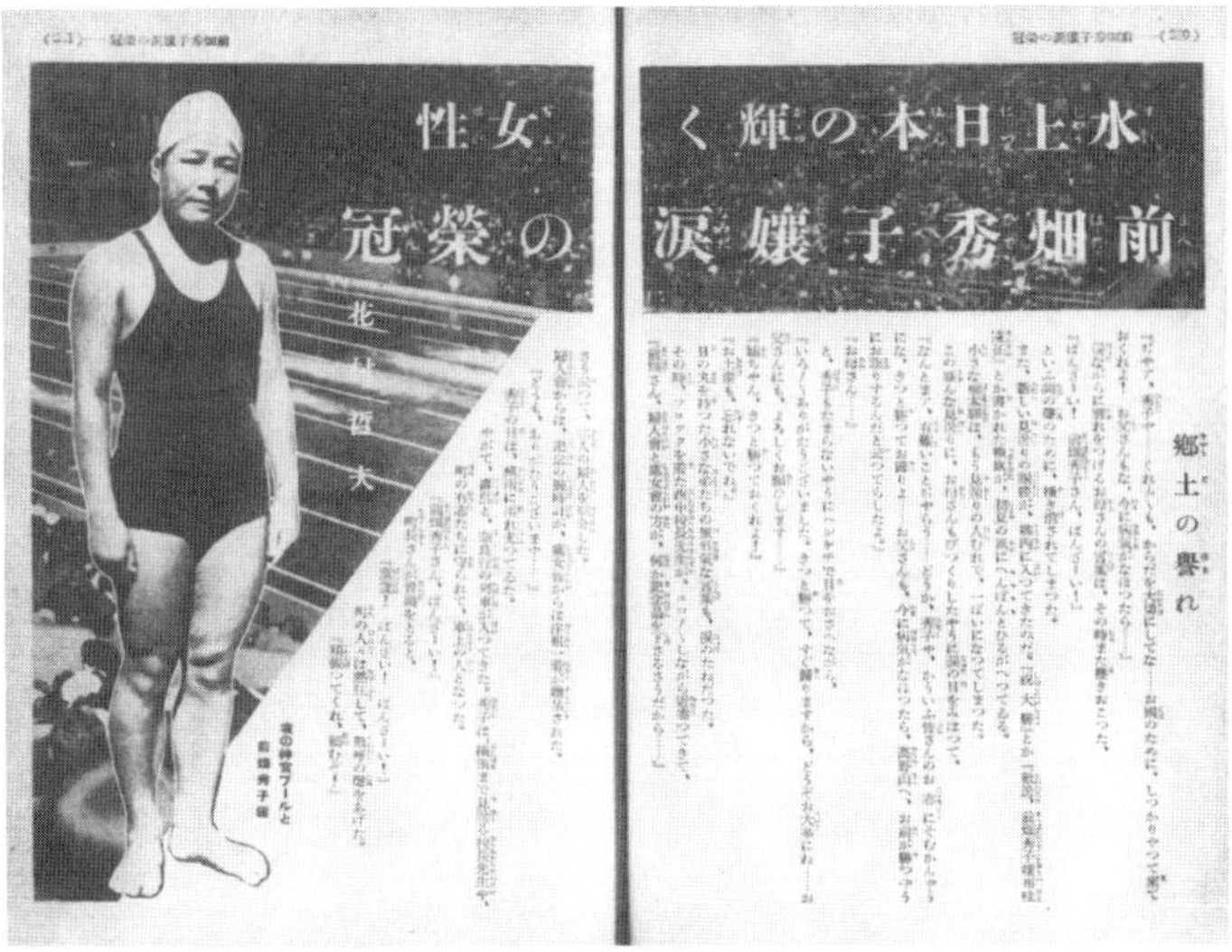

図９-６　「水上日本の輝く女性　前畑秀子嬢涙の栄冠」①

出典：『婦人倶楽部』1936年７月号，280-281頁。

図９-７　「水上日本の輝く女性　前畑秀子嬢涙の栄冠」②

出典：『婦人倶楽部』1936年７月号，282-283頁。

究が明らかにした、教育者らが理想とした女性像とは乖離していたといえる。つまり、『婦人倶楽部』は、スポーツをする女性にも、裁縫をすること――日本の女性が、近代的な身体を新たに身に着けると同時に、精神的には伝統性も保持し続けること――を期待していたといえる。

前畑という象徴に付与された意味は、多層的である。第一に、前畑は、二つの写真に示されているように、近代的な身体と伝統的な精神を兼ね備えた存在として描かれている。第二に、前畑は、大小様々な人間集団を代表する存在である。記事のなかでは、「故郷和歌山県橋本町の誉れ」「新興日本女性の誇り」[76]「学校の宝」「日本の宝」[77]「日本の前畑」「世界の前畑」[78]といった言葉が使われ、前畑が、郷土、学校、日本女性、日本、そして世界を代表しているとされている。さらに彼女は、厳しく不運な境遇にある人々の代表としても表象された。前畑は、貧しい家に生まれ、ロサンゼルス大会前に父母を相次いで亡くした。もともと、「女学校へ上《あが》れる身ではなかつた」[79]前畑は、父母を亡くした後に一度、退学を決意している。そうした境遇にもかかわらず、前畑は、故郷（母・町の有力者・婦人会・処女会）や女学校（先生・級友）の支援によって水泳を続け、日本を代表して世界の舞台で活躍するまでになったことが強調されているのである。前畑が代表するとされている集団は、前近代的なものから近代的なものまでであり、それらが、二重にも三重にも重ね合わせられているのである。

「『水の女王』前畑秀子さんの結婚真相記」（『婦人倶楽部』一九三七年一月号）

一方、オリンピック終了後の翌年一月に掲載された記事は、前畑の結婚についての記事である[80]。五頁からなる記事には、「『水の女王』前畑秀子さんの結婚真相記」とのタイトルが付けられ、最初の見開き頁に、前畑と婚約者の大きな顔写真が掲載されている（図9-8）。紙面のほとんどは、「前畑さんを今日あらしめた恩師であり、同時に今回の縁談についても椙山先生と共に所謂親代りとなつて万端の世話をなされた」[81]椙山女子専門学校水泳部長天野氏のインタビューによって構成されている。

　記事は、天野が、「前畑とて女ですから、当然結婚生活に入らなければなりません。それにはスポーツ女性にふさはしい時期に、ふさはしい相手を選んでやらうといろ〳〵考へて居りました[82]」「前畑の親代りとして、あれが水上で築き上げた力を、日本婦人としての進むべき道に一日も早く帰らせたい、主婦としての力に換へさせたいといふ意味で結婚については常に考へてゐたのです[83]」と語っていることを伝える。日本女性としての役割は、オリンピックの優勝だけではなく、結婚すること、そして結婚後は「水を捨てて[84]」主婦となることであるというのである。

図9-8　「『水の女王』前畑秀子さんの結婚真相記」
出典：『婦人倶楽部』1937年1月号，584-585頁。

　ただし、これは、ごくありふれた一般の女性の結婚ではなかった。雑誌が取り上げる価値のある、読者が注目すべき結婚であるとされたのである。それは、もちろん、第一には、前畑が「日本女性の名を全世界に轟《とゞろ》かした我等の『水の女王[85]』」であったからである。しかし、貧しく不幸な境遇に生まれた女性が名門の家の男性と結婚するということこそが、ニュース価値をさらに高めることになったと考えられる。婚約者の兵藤氏は、「物質的にも、精神的にも、肉体的にも、まさに理想的な花婿さん[86]」と表現された。記事では、婚約者の兄（丸尾家当主）が「健全なる精神と健全なる身体《からだ》の所有者であれば、家柄などは全然考へてゐない[87]」という考えであることが伝えられている。

　この記事には、二つの中心的テーマがあった。一つには、スポーツをする女性が結婚をしてごく普通の（しかし模範的な）主婦になるということ、もう一つには、階層を飛び越えた結婚が成立したということである。そして、これらは、日本女性の象徴である前畑によって実現されたのである。

スポーツは、本来、西洋的なものや上流階級と結びつきやすいものであったが、ここでみた『婦人倶楽部』の前畑に関する記事では、スポーツの文化的起源や階級性は前面には出てきていない。むしろ、労働者階級の女性をシンボルとして、日本人女性の模範的な身体や生き方が論じられているのが特徴である。これは、雑誌を大衆化させることに成功した講談社文化の特徴であったともいえるだろう。(88)階層の低い者が、国家のために献身して賛美されヒーローやヒロインとなる物語を通じて、貧しく恵まれない生活を送る者たちの鬱憤が覆い隠されていく。こうした物語の構造とそれがもつ機能は、爆弾三勇士の美談とも共通している。(89)

また、前畑は、スポーツをする女性でありながら裁縫にもいそしみ、いずれ結婚する女性という、近代的な身体と伝統的な精神・生き方をともに体現していた。さらに、近代国家日本を代表すると同時に、伝統的な郷土も代表していた。一見すると相反する「近代」と「伝統」という二つの要素の意味をあわせもつシンボルであったのである。

ここまで、女性雑誌に掲載された家族愛と女性の役割の物語をみてきた。「家族愛」や「恋愛」をテーマとした記事のなかでは、「国家」の存在は後方に押しやられる。それゆえ、読者にとってこれらの記事を読むことは、娯楽的体験であったといえるだろう。だが、こうした記事のなかでも、自己犠牲のもとで男性を支え見守る女性、国家のために献身的に働く勤勉な女性、近代的身体と伝統的精神をあわせもつ女性といった理想像の提示は行われていた。それは結局は、国家にとって理想的な女性像の提示であったといってもよい。

また、女性たちの物語は、一九三〇年代、特にベルリン大会時には、新聞でも雑誌でもよく取り上げられた。こうした物語は、新聞・雑誌・放送といった複数のメディア間の相互作用のなかで作り上げられていったといえるだろう。『婦人公論』や『婦人倶楽部』を読んだ読者は、すでに、村社や前畑の競技中継をラジオで聴いていたことが考えられるし、新聞で、村社や前畑の家族に関する記事を読んでいた可能性もある。そして、第一節で分析した『キング』の記事も読んでいたかもしれない。読者は、選手の活躍を祈る家族たちを様々なメディアを通して知ることによって、日本選手に一層、同一化し、メディアが称揚する家族愛や女性の役割といった価値観や規範を内面化していったといえるだろう。

3 「メディアのイベントとしてのオリンピック」批判——総合雑誌の「オリンピック」論

オリンピックに関する記事を掲載したのは、大衆雑誌や女性雑誌だけではなかった。総合雑誌も、オリンピックに関して評論記事を掲載していた。総合雑誌に掲載された論文は、新聞や大衆雑誌、女性雑誌のオリンピック表象とは一線を画し、オリンピックとその報道に熱中するマス・メディアを批判したものも少なくなかった。以下では、ロサンゼルス大会やベルリン大会に関して総合雑誌に掲載された論文についてみていく。

清沢洌「アメリカで日本を聴く」（『中央公論』一九三二年一〇月号）

まずは、ロサンゼルス大会の直後に『中央公論』に掲載された、清沢洌の論説からみていこう[90]。清沢洌は、石橋湛山と並んで一貫して日本の対外膨張政策に反対するなど、自由主義的知識人として知られる。清沢は、一九〇六年に一六歳で移民として渡米し一二年間滞在していたほか、一九二九年八月から三〇年一〇月には欧米を旅行し、中央公論の特派通信員としてロンドン軍縮会議を取材した。一九三一年四月から三二年七月にかけても米国を旅行、オリンピック開幕直前まで現地に滞在していた[91]。

この記事で、清沢は、日本人はオリンピックにこれほどまでに大騒ぎをしているが、アメリカ人は冷ややかであった、「外国人」の多いロサンゼルスでも、日本人（在米邦人）だけが「自国選手の応援に、財布と声を一緒に枯らした」[92]という。

清沢の批判の矛先は、日本の新聞に向けられる。「米国からの特電は紐育タイムスが、日本選手を讃めたとか、どこの排日が吹き飛んで、日支関係から罅《ひゞ》が入つた日米親善が実現したとかいふ報道を特別標題《みだし》で伝へてくれた。五分の入りのオリンピックで、日本選手が活動《ママ》したから、排日が、あの米国の排日が吹き飛んだといふのだ[93]」と新聞報道を問題視し、さらに、日本選手の活躍を満洲国の承認の機会と結びつける下村海南（下村宏）を、「紐育タイムスに日本選手礼讃の記事が、独立の標題で出てゐたら、私は浪人者で貧乏だが、下村博士に一杯買ひたいと思ふ（！）[94]」と非難している。

清沢は、外国の新聞（手元にある大会最終日のニューヨーク・タイムスとマンチェスター・ガーディアン）は、日本の新聞ほどオリンピックを多く扱っていないと述べ、総頁数からオリンピック関連記事の割合まで出している。そして、日本人の国民性や新聞報道のあり方全般を批判する。

チャプリンの歓迎で人殺しが出来るほど騒ぐ国民。自分が騒ぐから他人も、屹度騒ぐだろうと決めてしまふ国民、もし騒がなかつたら、こちらから特派員を出しても、騒いだことに決定してしまふ国民。それから自分に対するお世辞だけを大袈裟に扱ふ国民。これを頭に入れると今度の満洲問題や上海問題に対する態度も説明しよくなる。[95]

オリンピツクの大騒ぎがインフエリオリチー・コンプレツクスではないか。平生、自から優者のゆとりを持つてゐるものは、二人や三人が外国に勝つたつて、そう大騒ぎはしません、それに対等同志《ママ》なら、スポーツに

『決死』や、国をあげての祝賀会などはありはしません（！）。外国の流行、イデオロギーの流行は無論インフエリオリチー・コンプレックスだが、これに対抗しようとして青筋を立てるファッショと国粋が著るしいインフエリオリチー・コンプレックスだ。大きな犬の存在を感ずる小犬は吠へたがる。(96)

といった論調である。オリンピックにおける日本選手の活躍や人気ぶりを過大評価しがちな日本の国民性に対する痛烈な批判であり、そうした国民の心理状況（劣等感）に基づく行動が、今日の日本の国際環境をますます厳しくさせているという指摘である。

ロサンゼルス大会の時には、新聞でも大衆雑誌でも、様々な出来事を脚色し日本人の国民意識を喚起し強化するような報道が行われていた。だが、同じ時期に、総合雑誌には、満洲事変後の日本の対応とも絡めた新聞批判、国民性批判も掲載されていた。このことは、ロサンゼルス大会の言説の多様性を示しているといえるだろう。様々なメディアを横断的にみれば、当時の日本には、ロサンゼルス大会の日本選手の活躍ぶりを、日本の国家的威信と関連づけて感情的に表現する言説がある一方で、そうした通俗的な報道から距離を置き、オリンピックへの日本国民の大衆的熱狂に危うさを見出し批判する言説もかなり存在していたのである。『中央公論』の同じ号には、「オリムピック報告書」と題して、織田幹雄（陸上主将）と松澤一鶴（水泳ヘッドコーチ）によるオリンピック体験記が寄せられているが、このなかでも、織田が在留同胞の応援や日本帰国の際の歓迎振りが少し度を超え過ぎていたと述べるなど、新聞報道にはみられなかった視点が提示されている。(97)

新居格「国際オリムピックの本質」、室伏高信「オリムピック診断」（『日本評論』一九三六年九月号）

大衆批判、メディア批判は、ベルリン大会に関する評論でもみられた。ここでは、『日本評論』一九三六年九月号に掲載された二つのオリンピック関連記事をみていく。

『日本評論』は、体制順応型の雑誌であったといわれるが、[98] 新居格は、アナーキストとして知られていた人物である。この新居が「国際オリンピックの本質[99]」という論文のなかで指摘するのは、国家主義的傾向と世界平和追求という近代オリンピックが最初から孕んでいた二重性である。オリンピックは、古代ギリシャを憧憬したクーベルタンがフランス国民の体躯改造の必要性を認識したことから始まった国民運動であるが、世界の平和への貢献を目的・理想としているというのである。極めてバランスのとれた正確なオリンピック認識である。

そのうえで、新居は、ベルリン大会は、オリンピックが重点をおくべき国際性に反していたとする。新居は、アメリカの新聞記者の批評（「甚しくナチス・ドイツの姿を示現し、オリムピック大会を通じてヒトラア総統がドイツ国民にナチスの感情統制を意図し、利用した嫌ひはなくもなかった[100]」）や、外電（「米国の選手達はナチス張りの敬礼方法、――帽子を左手に持って右腕高く挙げる――を嫌悪し、右手にもった帽子を胸の上に置き軽く右を見ることに換へた[101]」）を引用しながら、ナチス・ドイツとベルリン大会を批判した。母国の栄誉のために競技での勝利を求める感情は肯定する一方で、根本的に重要なオリンピックの本質は、「共通した競技のルール、協力した善意、国際理性の上に動く国際親善の感情[102]」であると説いた。

一方で、『日本評論』同号に掲載されたもう一つの論文、室伏高信「オリムピック診断」は、オリンピックを国威発揚の場として捉え、そのことを次のように皮肉っている。[103]

見給へ、ラヂオや、新聞が、いかに日本の選手たちを大英雄にしたてるために努力してゐるかを。外国の選手なら一等の勇者も蟲眼鏡で見るやうな小活字で片づけておいて、日本の選手なら六等でもでかでかと書き立てる。われわれの「大新聞」の愛国ぶりを見るがいゝ。成るべく外国の選手にはけちをつけ、日本の選手だと、ラヂオ・ドラマにまで仕組んで、恋人の女優に公然と甘いささやきをさせたり、愛国詩人西条八十があらはれておらが国さを礼讃したり、名アナウンサアが熱い涙をこぼして善男善女を随喜させたり、それどころか、アメリカのやつどもは黒んぼばかりを出してゐると悪口するものはあつても、孫や南が朝鮮人じゃないかとたゞの一言も口に出すほどの不心得者はない。オリムピックで「愛国心」を外国に置き忘れると考へる位ゐ《ママ》認識不足はない。これは百パアセント愛国心だ。国際愛に陶酔するどころか、日章旗、日章旗、日章旗だ。

（中略）

平和主義で戦争主義、国際主義で国家主義、人道主義で殺伐主義、オリムピックこそ正に七面鳥的な現代の象徴だ。こゝに一切のものがある。人間のあらゆる正直さが墨染の下から暴露され、またあらゆる偽瞞《ママ》が寝衣のまゝで立ちあらはれてゐる。(104)

室伏は、メディアの伝える（メディアの歪曲する）オリンピックによって愛国心が高揚すること、換言すれば、愛国心を高揚させているのはメディアの再構成したオリンピックの物語にすぎないことを指摘しているのである。ところが、最終的には、

遠慮なしに、「日本精神」を昂揚しよう。オリムピックは機会だ。一九四〇年が平和の年だと考へるほどに頭の悪い青年はやがて知るだらう、武装オリムピックがどのやうな光景のもとに、一九四〇年の空を彩るであらうかといふことを。

われわれは一九四〇年を歓迎する。最も国際的なものが最も国家的なものであることの赤裸々に証明されるの年だ。あらゆる準備のもとに、日本精神をたかぶらせよう。(105)

と論じている。東京オリンピックが日本のナショナリズムを高ぶらせるイベントとなることを予見していたといえるだろう。

二つの論文は、ともに後半部分を一九四〇年東京大会についての記述にあてている。新居は、「戦争があればオリムピアの聖火は燃えない」[106]として、本質的には世界平和と国際親善を含意するオリンピックが日本で開催されることに期待を寄せる。一方、室伏は、一九四〇年が国威発揚の年となることを予言している。現状からオリンピックが国家主義的なものとなることを予測し、そのことを皮肉交じりに肯定する評価と、あくまでオリンピックは国際性を追求するものでなければならないとする理想主義的な評価が、同じ雑誌に掲載されていたことになる。

ナチス・ドイツの開催したオリンピック、それに日本の新聞報道への批判的態度は、他誌にもみられた。文化雑誌『セルパン』は、オリンピックの一〇日ほど前に始まったスペイン内戦により、ヨーロッパの国民はオリンピックどころではなかったという見解を淡々と伝えている[107]。総合雑誌におけるオリンピックの評価は、ベルリン大会時にも、一般雑誌や新聞、ラジオなどとは大きく異なっていたといえる。オリンピックに対する懐疑的態度は、総合雑誌では、次節で取り上げる東京オリンピック論にも表れている。

4　東京オリンピックに向けた物語――諸外国からの視線

東京オリンピック招致の成功をうけ、ベルリン大会後には、東京大会に関する記事も、雑誌に多く掲載された。前述のように、『キング』の一九三六年一一月号には、ベルリン大会から東京大会への教訓を得ようといった趣旨の記事や、東京大会開催決定を機に英語の勉強を始めるよう勧める広告が掲載されていた。他の大衆雑誌や女性雑誌、総合雑誌にも、東京オリンピックに関する記事や評論が載っていた。以下では、東京で一九四〇年に開催されることになっていたオリンピックが、一九三六年の秋から冬にかけて、雑誌記事のなかでどのように表象されていたのかについてみていく。

「特集漫画　フレー！東京オリムピツク」（『オール讀物』一九三六年一〇月号）

文藝春秋社発行の『オール讀物』に掲載された新漫画派集団による漫画は、「特集漫画　フレー！東京オリムピツク」というタイトルがつけられ、八頁、二二コマからなる。[108] 全体を通して示されているのは、外国人が街に増えるイメージである。『キング』の一一月号の記事が、ベルリン大会から東京大会への教訓を得ようとしていたのに対し、ここで取り上げる漫画には、啓蒙的な内容は含まれていない。代わりに、西洋人のオリエンタリズムに迎合するような視覚的表現が続く。

図９-９　益子善六

「特集漫画フレー！東京オリムピツク」

出典：『オール讀物』1936年10月号，275頁。

最初の表紙となっているコマ（益子善六）は、天守閣を模したようなスタジアムに、「新装なれるスタデイアム入口」[109]というキャプションがつけられている（図９-９）。外国人が東京のオリンピックに

図9-10　清水崑・小関まさき・益子善六
「特集漫画　フレー！東京オリムピツク」

出典：『オール讀物』1936年10月号，276頁。

図９－11　小関まさき・矢崎茂四・中村篤九
「特集漫画　フレー！東京オリムピック」

出典：『オール讀物』1936年10月号，277頁。

図9－12　石川義夫・矢崎茂四
「特集漫画　フレー！東京オリムピツク」
出典：『オール讀物』1936年10月号，279頁。

図9-13　清水崑「特集漫画　フレー！東京オリムピック」

出典：『オール讀物』1936年10月号，282頁。

期待しているのは、日本らしい天守閣のあるスタジアムを見ることではないか、ということであろう。二頁目以降にも、芸者が観客として入場していくのを外国人がカメラを構えて見ている絵（小関まさき）、外国人客用に、辻籠が復活するという絵（益子善六）（図9-10）、オリンピックの聖火が大名行列のようにして運ばれてくる絵（小関まさき）、人力車のような乗物に外国人客が乗っている絵（矢崎茂四）（図9-11）、研究の末、真夏に咲かせることに成功した桜を外国人客が見ている絵（石川義夫）（図9-12）が登場する。芸者、大名行列、人力車、桜など、いずれも、西洋人の日本のイメージに応えて創り出された日本の伝統であるといえるだろう。聖火が大名行列のようにして運ばれているのを見て、「お、ワンダフル[110]」と感心する外国人客の姿を示すなど、想像上の外国人の反応まで描かれている。

総じて、この記事では、オリンピックを開催する日本／東京を、実現不可能そうなものも含めて、面白おかしくイメージ化している。アドバルーンを使った観客席を描いてみたり（小関まさき）、オリンピックの記事電送を陸上競技と重ね合わせてみたり（図9-12・石川義夫）、満員でスタンドに入れない観客のために、鏡を設置して競技の模様を見せようとしてみたり（図9-12・矢崎茂四）、といった具合である。ただ、どの絵においても、オリンピックが皆の注目の的になっていること、オリンピックに皆が浮き立っていることが表現されている。団子屋はオリンピック団子を売り出し（図9-11・中村篤九）、ハリウッド俳優までもが、オリンピックの見物にやってくるのである（図9-10・清水崑）。

こうしたお祭りが日本で開催されることは、対日イメージの向上とも関連づけられる。多くのコマに外国人が表象されているが、最後のコマ（清水崑）は、船に乗って東京を去っていく人々（外国人観客や選手）が、別れ際に涙を流しているのを絵にしたものである（図9-13）。陸地には、富士山とオリンピック旗と日章旗、そして見送りの観客が、日本の象徴として描かれている。

新聞記事では、オリンピックを東京で開催することは、東洋の代表として近代化を達成した日本の誇りという意味づけがなされていた。東京でのオリンピック開催の決定は、近代オリンピックが「東洋に歴史的な歩みを延べた[111]」ことを象徴する出来事であり、東京大会は、「皇紀二千六百を期してスポーツ日本の光輝は全世界に照り映える[112]」機会として捉えられていた。そうした国家的な自尊心は、『オール讀物』の漫画では前面には出てこない。

ただし、東京オリンピックは、欧米人に日本を見られる機会であるという意識はあった。国際的なイベントを通じて、欧米人の評判を獲得し、また、自分たちも国際的なイベントを祭りとして楽しむためには、西欧のオリエンタリズムに迎合せざるをえない。そうしたジレンマを日本が抱えていたことを、ここで分析した『オール讀物』の漫画は示している。

戸坂潤「オリンピック招致の功罪」（『エコノミスト』一九三六年九月一一日号）

『オール讀物』は、東京オリンピックを娯楽として捉え、面白おかしく漫画化していた。また、『キング』の一一月号は、東京大会に向けてベルリン大会から学ぶよう説いていた。こうした大衆雑誌の啓蒙的、あるいは娯楽重視の表象と比較して、総合雑誌の東京オリンピックに関する評論はどのようなものであったのだろうか。次に、総合雑誌に掲載されたオリンピック関連の記事を分析する。まずは、『エコノミスト』に掲載された戸坂潤の論文からみていこう。[113]

東京オリンピック開催決定から間もない時期に書かれた戸坂の論文は、第一二回大会の開催地選出にあたって、東京支持は、ドイツ・イタリア・ポーランド・オーストリアなどのファシスト国家ないしファシスト化国家で、ヘルシンキ支持は、フランス・スペインなどの人民戦線国家や小国であったとし、

かくて日独親善の下に一九四〇年の国際オリンピツク会場は、皇紀正に二千六百年フラツトに当る大東京において開催されることになつた。このときこそ日本精神を高揚するときであり、日本文化が国際的に知れわたるときであり、日本の世界的位置が正当に評価されるときであり、その他〳〵のときであり、しかも話をこゝまでものにすることの出来たのも、日本の現在の「力」のせゐだといふわけである。して見ると、単にスポーツといふなかれ、またスポーツマンシツプの話だと思ふなかれ。これは一個の国際的政治現象に他ならないのだ。[114]

と論じている。戸坂は、オリンピック招致を国際政治の問題として捉え、その成功が日本の世界における地位の向上を示しているとする。オリンピックのもつ国際性ゆえに日本精神が高揚するという理解は、ナチスのオリンピッ

ク理解とほとんど変わらない。

しかし、戸坂は、様々な期待（経済効果・体育の向上・日本文化の宣伝）はあるが、どれも効果は不透明であると論じる。外国人客がドルやポンドを落とすとはいっても、日本側でも費用がかかるだろうし、オリンピックが日本で開かれることが、日本の民衆の体育向上につながるとは必ずしもいえない。東京にやってきた外国人が日本の文化的水準に感銘するかは危うく、資本主義的な立ち遅れや不潔な封建的残滓を見出すこともありうるだろう。戸坂は、「賑やかで面白くてい、気持ちだといふ以外に大してオリンピック東京招致の実質はないようである」[115]とし、オリンピック東京大会のもたらす効果を冷静に評価している。

ただ、戸坂は、市民生活という観点からのオリンピック東京開催のメリットを二点挙げている。第一に、「東京を始めとして各都市が、今日よりももつと都会らしい体裁を具へさせられるだらう」[116]ということ、第二に、「旅客飛行機とかテレヴイとかいふもの、技術的進歩が促進されるに相違ないが、これもまたわれわれ近代都会生活者にとつての楽しみだ」[117]ということである。軍部が、国防費が嵩む非常事態でのオリンピック開催に懸念を示すのに対して、戸坂は、オリンピック開催によって、国防費の犠牲になっている民衆レベルでの生活環境の変化が期待できるという。そして、「この機会に少しでも市民の生活施設が国家的に配慮されるようになり、そしてさういふ配慮が当然国家の責任だといふことが国民全般に理解されれば、オリンピック東京招致も人民にとつて相当意義があるわけだ」[118]と主張する。戸坂は、オリンピック招致を論じることで、間接的に、市民生活をないがしろにしている軍国主義の現状を批判していたといえる。

岸田日出刀「東京大会への警告」（『文藝春秋』一九三六年一二月号）

次に、『文藝春秋』一九三六年一二月号に掲載された岸田日出刀の論文をみる[119]。岸田は、一八九九年生まれの建築家で、東京帝国大学建築科卒業後、同大技師、講師、助教授を経て、一九二九年に教授に就任した。東京帝国大学構内の安田記念講堂、図書館などを設計していて、ベルリン大会には、文部省から、大会競技施設視察のために派遣された。

この記事のなかで、岸田は、紙幅の多くをベルリン大会の視察の感想に割いているが、「四年後の東京オリンピツク大会が待遠しいと思ふ一方、何となく心配になるやうな気もする」(120)とし、題名にあるように、「東京大会への警告」をする。

まず岸田が論じるのが、東京オリンピックの開催時期についてである。岸田は、大会は、できることならば九月半ばから一〇月にかけて行うのが最適ではないかとし、「十月半ばになれば各地の紅葉も見頃になるだらうし、日本各地の遊覧にも好適の季節となり、遙々憧れの日本を訪ねた外国人達も心ゆくまで風光日本を観賞することができ、再遊への深い憧憬を以て帰国するだらうと思ふ」(121)などと述べた。

岸田が最も懸念を示すのが、日本人観客のスポーツ観戦の態度である。この論文には、次のようにある。

自国の選手に勝たせたいと希ふのは言ふまでもないことだが、あまりに勝つことばかりに拘泥するといふと、他国の選手が勝つた場合何のわだかまりもなく朗らかな気持で優勝者の栄誉を祝福する拍手が送れないといふやうな羽目にならぬとも限らぬ。伯林のオリンピツク競技場は観衆十二万を容れ得るもので、観衆の大部分は独逸人だが、自国の選手がスタートに立つてもその名を呼んで声援する者は一人もなかつたと言つてよい。もし日本だつたら「誰々頑張れ」の連呼で満場騒然たるものがあらう。「頑張れ」の声援結構だが、あまりに自国の選手に勝たせたい一念から、もし声援の主である自国の選手が負けでもした時、外国選手の優勝者に心からの拍手が送れないといふやうな懸念がないでもない。（中略）東京大会の時の様子が今から少し気にもなるといふもの、日本の選手がうんと勝つて、また日章旗君が代とよい気持になれたらそれこそ申分ないのだが、さうは問屋がおろさないで、次から次と外国の国旗が上り国歌が吹奏されやうものなら、私達の感情は極度に歪んだものとなり、畜生といつたやうな甚だ香しくない気持ちで競技を見なければならないとしたら、オリンピツクといふ国際競技の手前諸外国の選手や観衆に対し飛んだ失礼をする訳けで、さうしたことをしないやうに私達は今から用心して心がけたいと思ふ。(122)

ベルリン大会の視察を終えて帰国したばかりであった岸田は、東京大会について考える時に、外国の視線を意識している。外国の視線を意識するあまりに、自国開催の行方、とりわけ、狭隘なナショナリズムが噴出する危険性を心配している。

東京オリンピックは、近代日本／近代都市東京が国際的な注目を集める機会として認識されていた。だが、それは、知識人にとっては必ずしも手放しで喜べるようなものではなかった。前述の戸坂の論文も、東京にやってきた外国人観客が、日本社会の後進性を発見する可能性を指摘している。オリンピックの東京での開催は、日本の負の側面が晒されるという危機感を抱かざるをえないものであったのである。

岸田は、ナチス・ドイツのやった式典の盛大さや建築に驚いたとする一方で、「東洋から行った一人の自由人の眼には少なからず窮屈でぎこちない生活の断片が到るところに見られて、ひと事ながら心配もしまた時には憤慨したいやうな時も度々あつた(123)」とも述べている。岸田は、意識的か無意識的かは別として、自分がナチス・ドイツを観察したように、東京が観察されると考えていたと推測できる。

外国から見られるという意識は、先に分析した『オール讀物』の漫画にもあった。しかし、『オール讀物』の漫画が、取り立てて啓蒙的なメッセージを含んでいなかったのに対して、岸田の論文は、「警告」のかたちをとっていた。同号には、ベルリン大会の日本選手団の開会式行進での醜態、船でのどんちゃん騒ぎを問題視する評論も掲載されており[124]、諸外国の視線に東京中・日本中が晒されるオリンピック開催に向けて、自制的な対応が求められているというメッセージを発していたといえる。

東京オリンピックの決定後は、外国の視線が強く意識されるようになっていた。東京オリンピックを国際的な注目を集める機会だとする見方は、総合雑誌に限ったことではなく、大衆雑誌でもみられた。ただ、総合雑誌に寄稿するような知識人たちは、外国の視線に晒されることへの危機意識が強く、東京オリンピックの招致成功を手放しで喜ぶことはなかった。雑誌間の東京オリンピックに関する表象の違いは、国際社会における日本の序列に敏感であるか否かといった対外意識の多層性に由来するものでもあったといえるだろう。

本章では、雑誌のオリンピック記事についてみてきた。大衆雑誌や女性雑誌では、新聞報道以上に、国際的舞台で奮闘する日本人選手の姿を劇的かつ詳細に描き出していた。こうした雑誌の記事は、日本人選手の精神的態度や彼ら・彼女らを支える家族愛などをテーマとし、類似したテーマの新聞記事やラジオ放送と呼応しながら、オリンピックの物語を創り出していたといえるだろう。一方、総合雑誌のオリンピック評論は、一般的な新聞や雑誌で顕著であったオリンピック言説とは距離を置き、むしろ、これらを批判する傾向にあった。とりわけ、その傾向は、東京オリンピックの招致成功後に強まったといえる。

終　章　近代日本におけるオリンピックの力学

1　一九三〇年代のオリンピックは、どのように展開していったのか？

一九三〇年代の日本におけるオリンピックは、国民意識を形成、強化するものであった。しかし、それは、ナショナリズム一辺倒のイベントであったわけではない。ナショナリズム、インターナショナリズム、そして娯楽――イベント参加や買物、選手の活躍に一喜一憂することなどから得られる楽しみ――という三要素が、決定的に矛盾することはないまでも、一定の緊張関係のなかでメディアによって相互に連関づけられ、相乗化して、オリンピックというイベントを国民的イベントに仕立て上げていったのである。

第Ⅰ部で述べたように、日本からオリンピックに選手団が初めて派遣されたのは、一九一二年ストックホルム大会であったが、それより一足先に、大阪毎日新聞社の社員が一九〇八年ロンドン大会を取材、報道していた。日露戦争後の戦勝国意識の高まりを背景に、当時最も企業化していた新聞社の一つであった大阪毎日新聞社が、海外派遣員制度を創設し、その制度による第一号の派遣員が、西洋近代のスポーツ・イベントであるオリンピックを発見したのだった。

一九〇八年以降、国際的なスポーツ・イベントであるオリンピックが報道対象として認識され、新聞社の先行開発で、オリンピックを理解する基本的枠組みが形成されていった。しかし、一九二八年アムステルダム大会の頃までは、国際的なスポーツ・イベントとしてオリンピックを理解する枠組みはまだ社会的には共有されておらず、政府や企業も、オリンピックが潜在的にもつ政治的・商業的価値を十分には認識していなかった。オリンピックがスポーツ関係者だけではなく、広範に国民を巻き込みながら展開するようになったのは、一九三二年ロサンゼルス大会であった。

ロサンゼルス大会では、多くの新聞・通信社が、特派員を現地へ派遣し、速報体制を強化して、写真やニュース映画を重視した報道合戦を繰り広げた。有力新聞社を中心に、新聞各社はオリンピック関連の事業活動にも乗り出し、派遣費寄付や応援歌募集を呼び掛けた。こうした新聞社のオリンピックに対する姿勢は、一九二〇年代後半から三〇年代初頭にかけてのメディアの大衆化、それに伴う新聞事業活動の大規模化（特に国際スポーツ・イベントの流行）、ラジオやニュース映画といった新しいメディアの登場と連動したものであった。また、前年の満洲事変以降、新聞社は、言論よりも、速報性・視覚性の追求や娯楽イベントの開催に力を注ぐようになっていた。新聞社は、競い合うように、オリンピック関連の報道や事業活動に資金を投じ、新聞社間の競争は過熱していったのである。

ロサンゼルス大会からは、ラジオ放送も行われるようになった。オリンピックにおけるラジオの活用は、旧来メディアやスポーツ界の警戒心が強く、技術的な条件が整っていたにもかかわらず遅れ、ロサンゼルス大会でも、NBCと組織委員会の交渉が決裂した。しかし、日本に向けた放送は、外務省の協力と日本放送協会の熱意により実現した。日本では、ラジオの普及はまだ限定的であったが、ロサンゼルス大会の実感放送は、オリンピックを「聴く」という新たな体験をもたらした。放送を聴く人々の様子や放送記録は、新聞や雑誌にも掲載された。

企業も、オリンピックに関連した広告やキャンペーンを展開した。オリンピック関連の広告は、ロサンゼルス大会、ベルリン大会と回を重ねるごとに増加し、特に都市的な生活様式と結びついていた化粧品、菓子、酒などの企業が、オリンピックに関連した販売促進活動を行った。

国家も、オリンピックに対しては、ロサンゼルス大会から積極的に関わった。アムステルダム大会で日本選手が活躍して以降、政府は、対外的な国力の誇示につながり国内を統合することにも役立つといった意義を、オリンピックに見出すようになっていた。また、アムステルダム大会からロサンゼルス大会の間に、日本国内では新聞社主催の国際スポーツ・イベントが多数開催されて人気を集め、一方、国際政治上、日本を取り巻く環境が変化し、スポーツが外交戦略のなかに位置づけられていた。

派遣費の内訳だけみれば、ロサンゼルス大会は、国家というよりは民間に支えられており、その傾向は、ベルリン大会においてさらに強まる。しかし、重要なのは、国家や皇室が、補助金や下賜金というかたちで選手団に資金を供給し、選手団が、恩賜のブレザーを身につけ、明治神宮参拝や二重橋前の宮城遥拝を行うようになったという点であろう。これらの行為を通じて、オリンピックへの派遣選手は、国家の代表・臣民の代表として意味づけられたのである。

諸組織においてオリンピックのもつ商業的・娯楽的・政治的価値が認識され、それぞれが結びついたことによって、メディアのイベントとしてのオリンピックは、ナショナルな規模で共有され、巨大化していった。

企業の広告やイベントは、新聞社の報道や事業活動、あるいはオリンピック放送の人気に刺激されて登場したものであろう。実際、企業の行ったキャンペーンのなかには、新聞社のキャンペーンと類似したものも少なくなく、新聞社が企画した連合広告も多かった。ただ、企業のキャンペーンに刺激されて、マス・メディアの報道がますます過熱し、大がかりなイベントが開催されるという側面もあったと考えられる。また、メディアがオリンピック報道に熱心に取り組み、企業もオリンピックを積極的に活用するようになった前提条件には、国家がオリンピックの重要性を認識し、日本選手団を国家の代表として意味づけたこともあった。こうして、オリンピックは、ただ新聞で競技の結果を知るだけのものから、ラジオで聴いたりニュース映画を見たり、あるいは懸賞に応募したり商品を買ったりといった複合的な体験を生み出すものになっていった。オリンピックが消費文化と結合し、娯楽として享受されるようになったのである。

　戦前日本のオリンピックの終着点にあったのが、一九四〇年東京オリンピックの計画である。東京オリンピックの構想は、一九三〇年代初頭に生まれた。新聞社、放送局、国家、企業といった諸組織、それにオリンピックの東京招致に携わった関係者にとって、東京大会は、自分たちで作り上げていく「東京のオリンピック」であり、外国で開催されメディアで体験するだけのオリンピックとは全く異なる重要なイベントであった。そうした意識は、特に招致成功後に高まりをみせた。

　東京大会の招致から返上までの経緯は、一九三〇年代の日本で、オリンピックが様々な組織や個人のもつ多様な思惑を吸収するようになっていたことを反映している。東京大会の招致運動の中心にいた人物は、欧米諸国の都市・社会・政治・文化・スポーツ・学問・日本文化に対する認識などに精通した国際的な知識人であった。幾人かは、少年期からの留学体験をもっていた。戦前日本の政財界の中心にいた知識人が、国際的なネットワークを活用して、招致運動を展開したのである。

　ただ、東京オリンピックは、その構想の段階から国際性だけを志向していたのではない。東京大会は、日本国民にとって、皇紀二六〇〇年という日本の伝統を内外に宣揚するイベントであり、さらには東洋で開催される初めてのオリンピックであるとされた。西洋のイベントであるオリンピックに日本的な伝統と東洋的な要素をつけ加えることに、東京オリンピックの独自性と意義が見出されていた。

　東京でのオリンピック開催が決定すると、放送関係者は、東京オリンピックを目標に技術開発を行い、新聞社のなかには、早速、東京オリンピック関連の事業活動を開催するところも出てきた。オリンピックは、商機としても捉えられ、特に外客誘致の観点から期待が寄せられた。最終的には返上され、計画は幻となるのだが、東京オリンピックには、ロサンゼルス大会やベルリン大会以上に、複数の意味・意義が見出され、それゆえ、多方面から支持を獲得したといえる。

2　ナショナリズム・インターナショナリズム・娯楽の三要素

一九三〇年代のオリンピックは、報道内容とは関係なく、大衆化されたメディアによって報道され、国民的な規模で表象の共有が行われたこと自体が、ナショナリズムの再生産という側面をもっていた。第Ⅰ部の政治経済学的分析は、こうしたオリンピックをとりまくメディア環境の成立過程を描き出した。一九三〇年代のオリンピックが、国民動員のメカニズムを作り出していたことは間違いない。

この国民動員のメカニズムを成立させていたのは、ロサンゼルス大会やベルリン大会の報道を可能にした通信技術、マス・メディア組織・企業の社会的・政治的・経済的環境である。ここには、日本のマス・メディアの普及率やメディア組織の資金力・編集方針だけではなく、国際的な要因も含まれる。例えば、ロサンゼルス大会の際に、写真やニュース映画を日本で見ることができたのは、日本の新聞社が現地の写真通信社と協力関係を結んだからであり、ベルリン大会の際に、ラジオの競技中継や双方向型の国際中継を日本で聴けたのは、ベルリン大会の組織委員会が放送施設を整備したりプログラムを企画したりしたからである。これらのさらに背後には、国際的にも、一九三〇年代に各国メディアのオリンピックに対する関心が高まりオリンピックがメディアとの結びつきを強めていたという状況がある。

また、メディアの伝えるオリンピックは、国民意識の形成と強化に関わるイベントではあったが、インターナショナリズムとも関係していた。このことは、第Ⅱ部の表象分析によって特に明らかになった。東京三紙の記事の量的分析結果によれば、ロサンゼルス大会におけるナショナリズムの再生産に関わる表象は、アムステルダム大会の時と比べて増加していた。ロサンゼルス大会では、天皇への忠誠を誓うような表象や、オリンピックを戦争に擬えるような表象がみられ、国家の存在感は高まっていた。ただし、オリンピックは、ナショナリズムと同時に、インターナショナリズム、あるいはもっと普遍的な世界主義を体験するイベントとしても提示されていた。開会式の写真号外では、外国人の写真が多く掲載されていた。ヌルミのような世界的な選手に対して、国境を越えた関心も表明されていた。

むしろ国際社会の一員としての日本の姿を描き出すための装置として、外国人の表象があった。オリンピックに集う外国人を描くことによって、国際舞台において日本人が立派に活躍しているという意味が作り出されるのである。外国選手は、日本選手とは異なる他者として差異化される。同時に、外国選手も、日本選手と同じように国家に属し、国家に忠誠を誓う存在として描き出される。オリンピックを通じた日本のナショナリズムは、インターナショナリズムを否定するのではなく、インターナショナリズムの力を借りて確立していったと考えられる。ベルリン大会では、外国選手よりも日本選手に重点を置いた報道が行われ、日本のナショナリズムが肥大化していたが、インターナショナリズムの要素が完全に消滅していたわけではなかった。スポーツによって可視化される身体能力に注目すれば、世界中から集まった選手が国を代表して競い合うオリンピックの舞台では、必ず、インターナショナリズムが作動するはずである。

このように、オリンピックでは、ナショナリズムとインターナショナリズムという二つの要素が葛藤し合っていた。だが、娯楽はここに、どのように絡んでいたのであろうか。

歴史的にみて、ナショナリズムは、インターナショナリズムという思考様式とセットになって世界中に波及していった[1]。あらゆる人がいずれかの国家に属することを自明とする思想の拡散は、新しい国家を建設しようという主張や運動を喚起する。ナショナリズムは、インターナショナルな秩序が形成されるなかで芽生えていった。ロバートソン（Robertson）によれば、こうした状況は、一八七〇年代から一九二〇年代に顕著になった[2]。

ナショナリズムとインターナショナリズムは、オリンピックによって強化されるものであると同時に、オリンピックが理解され支持されるための基盤でもあった。日本において、オリンピックがメディアのイベントとして成立していった一九二〇年代後半から一九三〇年代にかけては、人々の間に、旧来の共同体への帰属意識に代わって、ナショナリズムやインターナショナリズムといった思考様式が広がっていた時代であったと理解することができる。前近代の共同体から切り離された人々は、比較的新しい近代的なアイデンティティ（ナショナリズムとインターナショナリズム）を刺激し満たすイベントを、娯楽として享受したのである。

オリンピック期間中、新聞では、日章旗や「我等」といった表現を多用し、世界中から選手が集まる舞台で日本選手が活躍する様子を描き出した。広告は、「この商品を買えば、日本選手を応援することになる」「この商品を買ってこそ、日本人だ」というメッセージを発していた。インターナショナリズムをともなったナショナリズムの高揚が、オリンピックの商業化と娯楽的な消費形態を引き起こし、それがさらなるナショナリズムやインターナショナリズムの高揚につながっていったと考えられる。

もっとも、ナショナリズムとインターナショナリズム、それに娯楽の結合は、常に、日本全国で均一なかたちをとっていたわけではない。一九三〇年代のオリンピックは、大衆化されたメディアによって大々的に報じられた。しかし、ロサンゼルス大会でもベルリン大会でも、ラジオ聴取者の地理的分布、電送写真の受信地域、オリンピック関連イベントの開催地などには偏りがあった。

『静岡民友新聞』と『東奥日報』の表象分析の結果は、地方紙ではオリンピック大会の報道量が少なかったこと、東京三紙と比べると、インターナショナリズムもナショナリズムも、不完全な状態にあったことを示している。『静岡民友新聞』や『東奥日報』では、外国人選手の表象がほとんどなかったり、自国中心的・排外主義的言説が目立ったり、地元選手に偏重した報道が行われるなどしていた。

大衆雑誌や女性雑誌の記事は、基本的には新聞報道の延長線上にあり、新聞報道よりも詳細かつドラマチックに、日本選手が世界で活躍しているという物語、日本選手の謙譲な態度が外国人に賞賛されているという物語、日本選手を陰で支える家族の物語を語っていた。一方、総合雑誌のオリンピック評論は、一般的な新聞や雑誌の熱狂的な態度を批判する傾向がみられた。ナショナリズムに拘泥しないオリンピック理解も存在した。とりわけ、東京オリンピック招致成功後の評論は、冷静な態度で、東京オリンピックの行方を論じた。雑誌メディアの表象の多様性は、地理的条件は同じであっても、オリンピックの体験が、接するメディア、すなわち階層や学歴、性別などによって異なっていた可能性を示唆している。

さらに、ナショナリズム、インターナショナリズム、娯楽の三要素の力関係——どの要素が表面化し、強調されるか——は、時代状況に応じて変化していた。一九二〇年代にも、ナショナリズム、インターナショナリズム、娯楽といったそれぞれの要素の萌芽はあったが、ロサンゼルス大会において、初めて三要素が顕在化し、相互に結びついた。オリンピックが、メディアの一大イベントとして、新聞社、放送局、国家、企業の関心を惹きつけ、広範に国民を巻き込みながら展開するようになったのである。ベルリン大会では、インターナショナリズムの要素が消滅したわけではないが後退し、ナショナリズムの要素が膨張してきた。

最終的に返上された東京大会についての評価は難しい。ただ、仮に一九四〇年に東京でオリンピックが開催されていたとすれば、それは、日本人が「世界」に触れる絶好の機会となっただろう。返上までの間、人々は、一九四〇年に多くの外国人が東京に集結し、買い物をし、さらに各地を旅行してまわることを夢想していたのである。一方で、東京オリンピックは、皇紀二六〇〇年という日本の伝統、さらには東洋の盟主としての意識と結びついて構想されていた。一九四〇年東京オリンピックは、ナショナリズム、インターナショナリズム、娯楽の三要素のうち、結果的に、ナショナリズムの面が顕在化しながらも、他の二つの要素と決定的に対立するまでには至らない段階で、幻となったといえる。

このように、時代や地域によって力関係が変化していたとはいえ、一九三〇年代の日本において、オリンピックはナショナリズムとインターナショナリズムの合成イベントであり、娯楽として享受されるようになっていた。三要素は、メディアのなかで再構成された現実が、実際の現実を作り出し、それがまたメディアのなかの現実に跳ね返っていくという循環的メカニズムのなかに組み込まれた。

本書では、一九三〇年代の日本におけるオリンピックのもつ社会的・文化的意味について論じてきた。国際社会の一員としての国家に同一化することと、商品を消費しスポーツ・イベントを娯楽として楽しむこと、あるいは、郷土の一員としての帰属意識を確認することとが結びつけられる。これが、一九三〇年代に出現したオリンピックの体験のあり方であった。メディア、国家、企業が後ろ盾となって、メディアのイベントとしてのオリンピックが成立し、ナショナリズムとインターナショナリズムと娯楽的要素が盛り上がっていくメカニズムが動き出したのである。それは、現代のオリンピックの原型であり、それを基礎にして、現在の日本におけるオリンピックの受容、オリンピック体験があると考えられる。ますます膨張、巨大化していくオリンピックにおいて、メディアの媒介する三者の力学がどのようなものになっていくかを考えることを、次の課題としたい。

注

＊書誌情報は各章初出の時のみすべて記し、二回目以降は略記した。

序章　メディアのイベントとしてのオリンピック

（1）ユネスコは、一九七七年一二月にコミュニケーション問題研究国際委員会を設置した。国際コミュニケーションの不均衡の是正をユネスコが掲げることに反対した英米は、一九八〇年代半ばにユネスコを脱退している（Thussu, D. K., *International Communication*, 2nd edition (London : Hodder Education), p. 37)。

（2）ユネスコ／永井道雄監訳『多くの声、一つの世界――コミュニケーションと社会、その現状と将来　ユネスコ「マクブライド委員会」報告』（日本放送出版協会、一九八〇年）は、ユネスコの国際コミュニケーション問題に関する代表的な報告書である。

（3）Real, M. (ed.), *Global Ritual : Olympic Media Coverage and International Understanding* (Paris : UNESCO, 1985).

（4）メディアの役割への言及はないが、スポーツの伝播それ自体が文化帝国主義といえるか否かといった議論も存在する。アレン・グットマン／谷川稔他訳『スポーツと帝国――スポーツと文化帝国主義』（昭和堂、一九九七年）の第九章を参照。

（5）ジョシュア・メイロウィッツ／安川一他訳『場所感の喪失（上）――電子メディアが社会的行動に及ぼす影響』新曜社、二〇〇三年。

（6）ダニエル・ダヤーン、エリユ・カッツ／浅見克彦訳『メディア・イベント――歴史をつくるメディア・セレモニー』青弓社、一九九六年。

（7）同前書、一八頁。

（8）同前書、一〇頁。

（9）Rothenbuhler, E. W., "The Living Room Celebration of the Olympic Games", *Journal of Communication*, Vol. 38, No. 4 (December, 1988), pp. 61-81 ; Rothenbuhler, E. W., "Values and Symbols in Orientations to the Olympics", *Critical Studies in Mass Communication*, Vol. 6, No. 2 (June, 1989), pp. 138-157.

（10） Real, M. (ed.), *op. cit.*, Introduction, pp. 3-6. ユネスコ研究の代表者 Real によるオリンピック関連の研究としては、Real, M., *Super Media: A Cultural Studies Approach* (Newbury Park, Calif.: Sage, 1989) もある。

（11） 注（9）（10）に挙げた研究のほか、Cho, Y., "Unfolding Sporting Nationalism in South Korean Media Representations of the 1968, 1984 and 2000 Olympics", *Media, Culture and Society*, Vol. 31, No. 3 (May, 2009), pp. 347-364; Higgs, C. T. *et al.*, "Gender Bias in the 1996 Olympic Games: A Comparative Analysis", *Journal of Sport and Social Issues*, Vol. 27, No. 1 (February, 2003), pp. 52-64; Tomlinson, A., "Olympic Spectacle: Opening Ceremonies and Some Paradoxes of Globalization", *Media, Culture & Society*, Vol. 18, No. 4 (October, 1996), pp. 583-602; Whannel, G., "The Five Rings and the Small Screen: Television, Sponsorship, and New Media in the Olympic Movement", in Young, K. and Wamsley, K. B. (eds.), *Global Olympics: Historical and Sociological Studies of the Modern Games* (Amsterdam: Elsevier, 2005), pp. 161-177. など。日本を対象とした研究については、注（12）―（16）を参照。

（12） 高木栄作・坂元章「ソウル・オリンピックによる外国イメージの変化――大学生のパネル調査」『社会心理学研究』六巻二号、一九九一年二月、九八―一一一頁。Sakamoto, A. *et al.*, "The Barcelona Olympics and the Perception of Foreign Nations: A Panel Study of Japanese University Students", *Journal of Sport Behavior*, Vol. 22, No. 2 (June, 1999), pp. 260-278. 向田久美子他「アトランタ・オリンピックと外国イメージの変化」『社会心理学研究』一六巻三号、二〇〇一年三月、一五九―一六九頁、向田久美子他「オリンピック報道は外国人・日本人イメージにどのような影響を与えてきたか――シドニー・オリンピックを中心に」『人間文化創成科学論叢』一〇巻、二〇〇八年三月、二九七―三〇七頁。

（13） 上瀬由美子「アテネ・オリンピック報道にみる外国関連情報――テレビニュース番組の内容分析から」『慶應義塾大学メディア・コミュニケーション研究所紀要』五七号、二〇〇七年三月、八三―九六頁、横山滋「トリノ・オリンピック報道における外国関連情報と中立性――『ニュース10』『ニュース23』『報道ステーション』の場合」『慶應義塾大学メディア・コミュニケーション研究所紀要』五七号、二〇〇七年三月、九七―一一一頁、上瀬由美子「オリンピックにおける外国関連報道――テレビニュースに現れるライバル・フレーム」萩原滋編著『テレビニュースの世界像――外国関連報道が構築するリアリティ』勁草書房、二〇〇七年、二七一―二九〇頁、横山滋「オリンピック・ニュースはなぜ『応援放送』化するか――トリノ・オリンピック関連報道から」同前書、二九一―三一〇頁。

(14) 田中東子「ジェンダー化された身体とスポーツ」『マス・コミュニケーション研究』六二号、二〇〇三年一月、四〇―五七頁、阿部潔「スポーツ・イベントと『ナショナルなもの』――長野オリンピック開会式における『日本らしさ』の表象」『関西学院大学社会学部紀要』九〇号、二〇〇一年一〇月、八五―九七頁、飯田貴子「新聞報道における女性競技者のジェンダー化――菅原教子から楢崎教子へ」『スポーツとジェンダー研究』一巻、二〇〇三年三月、四―一四頁。

(15) 小玉美意子他「北京オリンピック報道――テレビニュースは何を伝え、視聴者の対中国意識はどう変化したか（中間報告）」『武蔵大学総合研究所紀要』一八号、二〇〇九年六月、一―八三頁、上瀬由美子他「北京オリンピック視聴と中国・中国人イメージの変化――大学生のパネル調査分析から」『慶應義塾大学メディア・コミュニケーション研究所紀要』六〇号、二〇一〇年三月、六七―八八頁、渋谷明子「北京五輪のオモテとウラ――テレビ報道で提供された中国イメージとその記憶」『慶應義塾大学メディア・コミュニケーション研究所紀要』六〇号、二〇一〇年三月、八九―一〇六頁、橋元良明他「北京五輪に関する東大生、清華大生のメディア接触とその影響」『情報学研究　調査研究編』二五号、二〇〇九年三月、二九―七二頁。

(16) 中正樹他「ロンドンオリンピック開催期間における日本のテレビニュース報道に関する内容分析」『ソシオロジスト』一七号、二〇一五年三月、一四七―一八二頁。

(17) 竹山昭子『ラジオの時代――ラジオは茶の間の主役だった』世界思想社、二〇〇二年、山口誠「メディアが創る時間――新聞と放送の参照関係と時間意識に関するメディア史的考察」『マス・コミュニケーション研究』七三号、二〇〇八年七月、一―二〇頁、山口誠「メディアの文脈から問う――ベルリン・オリンピック放送の聴取空間を事例に」『メディア史研究』三三号、二〇一三年三月、二九―五二頁、黒田勇『ラジオ体操の誕生』青弓社、一九九九年。Mccoy, J., "Radio Sports Broadcasting in the United States, Britain and Australia, 1920-1956 and its Influence on the Olympic Games", *Journal of Olympic History*, Vol. 5, No. 1 (1997), pp. 20-25.

(18) Keys, B. J., *Globalizing Sport : National Rivalry and International Community in the 1930s* (Cambridge, Mass.: Harvard University Press, 2006) ; Yamamoto, E., "Cheers for Japanese Athletes : The 1932 Los Angeles Olympics and the Japanese American Community", *Pacific Historical Review*, Vol. 69, No. 3 (August, 2000), pp. 399-430.

(19) Keys, B. J., *op. cit.* デイヴィッド・クレイ・ラージ／高儀進訳『ベルリン・オリンピック一九三六――ナチの競技』白水社、二〇〇八年、中村哲夫「ナチス・オリンピックと日本――近代日本オリンピック史の一断面」『三重大学教育学部

研究紀要　人文・社会科学』四五号、一九九四年、一一一―一二四頁、池井優「スポーツの政治的利用――ベルリンオリンピックを中心として」『法学研究』六五巻二号、一九九二年二月、九―三一頁、伊藤守『記憶・暴力・システム――メディア文化の政治学』法政大学出版局、二〇〇五年、一〇二―一二九頁。

(20) 池井優「一九四〇年〝東京オリンピック〟」入江昭・有賀貞編『戦間期の日本外交』東京大学出版会、一九八四年、二一一―二三七頁、中村哲夫「第一二回オリンピック東京大会研究序説（Ⅰ）」『三重大学教育学部研究紀要　人文・社会科学』三六号、一九八五年、一〇一―一一二頁、中村哲夫「第一二回オリンピック東京大会研究序説（Ⅱ）」『三重大学教育学部研究紀要　人文・社会科学』四〇号、一九八九年、一二九―一三八頁、中村哲夫「第一二回オリンピック東京大会研究序説（Ⅲ）」『三重大学教育学部研究紀要　人文・社会科学』四四号、一九九三年、六七―七九頁、古川隆久『皇紀・万博・オリンピック――皇室ブランドと経済発展』中央公論社、一九九八年。Collins, S., *The 1940 Tokyo Games: The Missing Olympics* (London: Routledge, 2007).

(21) 坂上康博・高岡裕之編『幻の東京オリンピックとその時代――戦時期のスポーツ・都市・身体』青弓社、二〇〇九年。

(22) 一九二〇年代以降の日本におけるメディアの普及（大衆化）に関する代表的な研究としては、以下のような研究がある。まず、特定の地域のメディアの受容状況に着目した研究として、有山輝雄『近代日本のメディアと地域社会』（吉川弘文館、二〇〇九年）、有山輝雄「一九三〇年代メディア受容の社会史――布施市の事例をもとに」（『コミュニケーション科学』一七号、二〇〇二年一月、一二五―一四八頁）、永嶺重敏『モダン都市の読書空間』（日本エディタースクール出版部、二〇〇一年）がある。雑誌に関する研究には、永嶺重敏『雑誌と読者の近代』（日本エディタースクール出版部、一九九七年）、佐藤卓己『『キング』の時代――国民大衆雑誌の公共性』（岩波書店、二〇〇二年）、近代女性文化史研究会『大正期の女性雑誌』（大空社、一九九六年）、近代女性文化史研究会『戦争と女性雑誌――一九三一年―一九四五年』（ドメス出版、二〇〇一年）などがある。放送については、日本放送協会編『二〇世紀放送史　上』（日本放送出版協会、二〇〇一年）、竹山前掲書、山口誠「『聴く習慣』、その条件――街頭ラジオとオーディエンスのふるまい」（『マス・コミュニケーション研究』六三号、二〇〇三年七月、一四四―一六一頁）がある。新聞の大衆化については、各新聞社社史が参考になるほか、有山輝雄「『民衆』の時代から『大衆』の時代へ――明治末期から大正期のメディア」（有山輝雄・竹山昭子編『メディア史を学ぶ人のために』世界思想社、二〇〇四年、一〇二―一三〇頁）、有山輝雄「総動員体制とメディア」（同前書、二三二―二六〇頁）、といった研究がある。新聞社の事業活動については、津金澤聰廣編著『近代日本のメディア・イベント』（同文舘、一九九六年）、津金澤聰廣・有山輝雄編著『戦時期日本のメディア・イベント』（世界思想社、一九九八年）に詳しい。

(23) 江口圭一「満州事変と大新聞」『思想』五八三号、一九七三年一月、九八―一一三頁、有山輝雄「戦時体制と国民化」『年報　日本現代史』七号、二〇〇一年五月、一―三六頁、加藤秀俊「美談の原型――爆弾三勇士」『朝日ジャーナル』七巻一五号、一九六五年四月一一日号、七四―七八頁。

(24) 高津勝『日本近代スポーツ史の底流』創文企画、一九九四年。スポーツとメディアとの関係については、高津同前書のほか、井上俊・西山哲郎「スポーツとメディア・イベント――『武道』の形成とスポーツの『武道化』」（津金澤編著（一九九六年）前掲書、一一五―一三九頁）、坂上康博『権力装置としてのスポーツ――帝国日本の国家戦略』（講談社、一九九八年）に詳しい。

(25) 有山（二〇〇一年五月）前掲論文、坂上（一九九八年）前掲書。戦時下のスポーツ・イベントを論じた研究に高嶋航『帝国日本とスポーツ』（塙書房、二〇一二年）がある。

(26) 赤澤史朗・北河賢三編『文化とファシズム――戦時期日本における文化の光芒』日本経済評論社、一九九三年、有山（二〇〇一年五月）前掲論文、吉見俊哉「帝都東京とモダニティの文化政治――一九二〇年・三〇年代への視座」吉見俊哉他『拡大するモダニティ』岩波書店、二〇〇二年、一―六一頁、古川、前掲書、ケネス・J・ルオフ／木村剛久訳『紀元二千六百年――消費と観光のナショナリズム』朝日新聞出版、二〇一〇年。

(27) ベネディクト・アンダーソン／白石さや・白石隆訳『増補　想像の共同体』NTT出版、一九九七年、二四頁。

(28) アーネスト・ゲルナー／加藤節監訳『民族とナショナリズム』岩波書店、二〇〇〇年、二一一―二一二頁。

(29) 津田正太郎「ナショナリズムの生成および再生産過程におけるマス・メディアの役割――ナショナリズム概念の再検討による新たな視座の探求」『マス・コミュニケーション研究』七〇号、二〇〇七年一月、一九五―二一一頁。

(30) 吉野耕作『文化ナショナリズムの社会学――現代日本のアイデンティティの行方』名古屋大学出版会、一九九七年、Billig, M., *Banal Nationalism* (London : Sage, 1995).

(31) 丸山真男『増補版　現代政治の思想と行動』未來社、一九六四年、一一―二八頁。

(32) E・ホブズボウム、T・レンジャー編／前川啓治・梶原景昭訳『創られた伝統』紀伊国屋書店、一九九二年、四五五頁。

(33) T・フジタニ／米山リサ訳『天皇のページェント――近代日本の歴史民族誌から』日本放送出版協会、一九九四年、吉見俊哉「ネーションの儀礼としての運動会」吉見俊哉他『運動会と日本近代』青弓社、一九九九年、七―五三頁、山口輝臣『明治神宮の出現』吉川弘文館、二〇〇五年。

(34) 赤澤・北河編、前掲書、ケネス・J・ルオフ、前掲書

(35) 加藤秀俊「交通・通信網の発達――世界における同時性」『思想』六二四号、一九七六年六月、二五六―二六六頁。

(36) 井上寿一『戦前日本の「グローバリズム」――一九三〇年代の教訓』新潮社、二〇一一年、有山輝雄「満州事変期日本の対米宣伝活動」東京経済大学大学院コミュニケーション学研究科編『日本の国際情報発信』芙蓉書房、二〇〇四年、一二九―一六二頁。

(37) 芝崎厚士『近代日本と国際文化交流――国際文化振興会の創立と展開』有信社、一九九九年、一八頁。

(38) 入江昭／篠原初枝訳『グローバル・コミュニティ』早稲田大学出版部、二〇〇六年、一五―五〇頁。

(39) 同前書、四四頁。

(40) ただし、最近、一九三〇年代の日本におけるアメリカンフットボールの展開をスポーツ外交の観点から研究した論文が発表された。熊澤拓也「戦前日本のスポーツ外交と日米親善――一九三三年から一九三七年までのアメリカンフットボールを事例として」『スポーツ社会学研究』二三巻一号、二〇一五年三月、六三―八〇頁。

(41) Keys, B. J., *op. cit.*

(42) ジョン・J・マカルーン／柴田元幸・菅原克也訳『オリンピックと近代』平凡社、一九八八年、一二頁。

(43) ロチェ（Roche）によれば、オリンピックは、近代的ではあるが非近代的な（前近代や後近代の）要素を包含し、国家を基盤としながらも、国際的でありグローバルなイベントである。また、場所（開催都市）が重要視される一方で、メディアに媒介されることで脱場所化していく。こうしたイベントの多面性を考慮したうえで、ロチェは、分析の次元を、短期的、中期的、長期的という三つのタイムスパンで区切り、それぞれ、（一）イベントの直前・最中・直後における経験や意味作用に着目するドラマトロジーの視角（a dramatological perspective）、（二）イベントが生産・消費される過程に着目する中期的な文脈の視角、あるいは、批判的政治社会学的な視角（an intermediate contextualist perspective / a critical political sociological perspective）、（三）イベントの長期的な要因・動機・効果を歴史的・世界的構造のなかで包括的に捉える近代の社会学の視角（a general sociology of modernity perspective）と呼んでいる。ロチェの提案する三つの分析次元には、首肯すべき点も少なくないが、実際に研究を進めていこうとすると困難を伴う印象がある。Roche, M.,

Mega-events and Modernity: Olympics and Expos in the Growth of Global Culture (London; New York: Routledge, 2000) を参照。

（44） Saukko, P., *Doing Research in Cultural Studies: An Introduction to Classical and New Methodological Approaches* (London; Thousand Oaks; New Delhi: Sage, 2003).

（45） アパデュライは、これらを、エスノスケープ、テクノスケープ、ファイナンスケープ、メディアスケープ、イデオスケープと呼んでいる。アルジュン・アパデュライ／門田健一訳『さまよえる近代――グローバル化の文化研究』平凡社、二〇〇四年、五八―九五頁。

（46） Golding, P. and Murdock, G., "Culture, Communication and Political Economy", in Curran, J. and Gurevitch, M. (eds.), *Mass Media and Society*, 3rd edition (London: Arnold, 2000), pp. 70-92. 邦訳は、『マスメディアと社会――新たな理論的潮流』勁草書房、一九九五年、一―三〇頁。ゴールディンとマードックは、批判的政治経済学の特徴として、他にも、資本主義的企業経営と公的介入のバランスを中心的な課題とすること、正義・公正・公共善といった倫理的問題に取り組むことを挙げている。

（47） Hesmondhalgh, D., *The Cultural Industries* (London: Sage, 2007), pp. 44-49. ドミニク・ストリナチ／渡辺潤・伊藤明己訳『ポピュラー文化論を学ぶ人のために』世界思想社、二〇〇三年、一七一―一八二頁。Garnham, N., "Political Economy and Cultural Studies: Reconciliation or Divorce?", *Critical Studies in Mass Communication*, Vol. 12, No. 1 (March 1995), pp. 62-71; Grossberg, L., "Cultural Studies vs. Political Economy: Is Anybody Else Bored with this Debate?", *ibid.*, pp. 72-81; Carey, J. W., "Abolishing the Old Spirit World", *ibid.*, pp. 82-89; Murdock, G., "Across the Great Divide: Cultural Analysis and the Condition of Democracy", *ibid.*, pp. 89-95; Murdock, G., "Cultural Studies at the Crossroads" in McRobbie, A. (ed.), *Back to Reality?: Social Experience and Cultural Studies* (Manchester: Manchester University Press, 1997), pp. 58-73. 浅見克彦『消費・戯れ・権力』社会評論社、二〇〇二年。

（48） 前注に挙げた文献のうち、浅見（二〇〇二年）、Murdock（1995, 1997）を参照。

（49） Kellner, D., "Critical Theory and Cultural Studies: *The Missed Articulation*", in McGuigan, J. (ed.), *Cultural Methodologies* (London: Sage, 1997), pp. 33-36.

（50） 日本の研究状況をみると、現代のメディア文化に関する研究では、テクスト（文化的生産物）の読みの多様性・複数性に焦点が当てられ、テクスト（文化的生産物）が生産・消費される政治経済的なシステムの分析は軽視される傾向がある。一方、メディアの歴史的研究では、政治経済学的側面（国家・政府とメディアの制度的・非制度的関係、メディアの経営戦略と事業活動、メディア受容と経済・社会状況の相関関係、人的ネットワークなど）に関する先行研究が蓄積されており、本研究も、それらの研究に多く依拠する。ただ、これまでのメディアの歴史的研究では、単一のメディアが取り上げられることが多く、複数のメディア間、あるいは、メディアと政府・企業などの相互関係については十分に論じられてこなかった。津金澤らによるメディア・イベント研究〈津金澤編著（一九九六年）前掲書、津金澤・有山編著（一九九八年）前掲書など〉は、新聞社・政府・放送局の協調体制に着目したものではあったが、ほとんどの研究が新聞社事業活動を対象としている。また、国際的なメディアの技術的・産業的構造や政治・経済状況には、十分に注意が払われてこなかった。

（51）津金澤編著（一九九六年）前掲書、津金澤・有山編著（一九九八年）前掲書。

（52）ピエール・ブルデュー／田原音和訳「人はどのようにしてスポーツ好きになるのか」

ピエール・ブルデュー／田原音和監訳『社会学の社会学』藤原書店、一九九一年、二二三―二五〇頁、クリスティアーネ・アイゼンベルク／有賀郁敏訳「スポーツ史における社会学、経済学そして「文化経済学」のアプローチ――新しい方向のための提言」『立命館産業社会論集』四六巻一号、二〇一〇年六月、一九七―二〇六頁。

（53）万国博覧会とオリンピックの関係については、吉見俊哉『博覧会の政治学――まなざしの近代』講談社、二〇一〇年を参照。

（54）以下、ホールの表象に関する議論については、Hall, S., "The Work of Representation", in Hall, S. (ed.), *Representation : Cultural Representations and Signifying Practices* (London : Sage, 1997), pp. 13-64 を参照。

（55）ロラン・バルト／下澤和義訳『現代社会の神話』みすず書房、二〇〇五年、三一九―三九九頁、ロラン・バルト／渡辺淳・沢村昂一訳『零度のエクリチュール』みすず書房、一九七一年、ロラン・バルト／佐藤信夫訳『モードの体系――その言語表現による記号学的分析』みすず書房、一九七二年。

（56）ミシェル・フーコー／中村雄二郎訳『知の考古学』河出書房、一九八一年。

（57）Hall, S., "Encoding/decoding", in *Culture, Media, Language : Working Papers in Cultural Studies, 1972-79* (London ; New York : Routledge, 1992), pp. 128-138.

（58）Berelson, B., *Content Analysis in Communication Research* (Glencoe, Ill.: Free Press, 1952), p. 18.
（59）K・クリッペンドルフ／三上俊治他訳『メッセージ分析の技法――「内容分析」への招待』勁草書房、一九八九年。クリッペンドルフは、「内容分析とは、データをもとにそこから（それが組み込まれた）文脈に関して反復可能で（replicable）かつ妥当な（valid）推論を行なうための一つの調査技術」（二一頁）と定義し、ベレルソンの「客観的」で「体系的」という要請が、「反復可能」という条件にあたるとしている。
（60）Deacon, D. *et al., Researching Communications*, 2nd edition (London: Arnold, 2007), pp. 118, 132.
（61）Real, M. (ed.), *op. cit.* ダニエル・ダヤーン、エリユ・カッツ、前掲書。
（62）Fairclough, N., *Media Discourse* (London: Arnold, 1995); Deacon, D. *et al., op. cit.*
（63）量的分析と質的分析の組合せに関する議論は、Deacon, D. *et al., op. cit.*, pp. 138-140 を参照。
（64）戦前のオリンピックは夏季大会が中心であることから、本書では冬季大会にはほとんど言及しない。冬季競技は一九〇八年ロンドン大会、一九二〇年アントワープ大会でも一部実施されていた。夏季大会から独立したかたちで試験的に実施されたのが、一九二四年にシャモニーで開かれた大会で、これが後に第一回冬季オリンピックとなった。日本の冬季大会への参加は、一九二八年のサンモリッツ大会からである（『日本体育協会七十五年史』日本体育協会、一九八六年、三〇八―三一一頁）。また、一九一二年ストックホルム大会からは、芸術競技が実施されているが、これも本書の分析からは除外した。芸術競技については、吉田寛「近代オリンピックにおける芸術競技の考察――芸術とスポーツの共存（不）可能性をめぐって」『美学』五七巻二号、二〇〇六年九月、一五―一八頁を参照。

第一章　新聞社――報道と事業活動をめぐる競争の過熱

（1）有山輝雄『近代日本ジャーナリズムの構造』東京出版、一九九五年、一三一―七二頁。
（2）津金澤聰廣編著『近代日本のメディア・イベント』同文館、一九九六年。
（3）鎌田敬四郎編『五十年の回顧』大阪朝日新聞社、一九二九年、一八二頁。
（4）一八九五年一〇月から一九〇八年一〇月までの間は、大阪朝日新聞社と東京朝日新聞社は別組織となっていたが、経営上の密接な連携は継続していることから、便宜上、朝日新聞社と表記する。
（5）朝日新聞社の海外観光旅行については、有山輝雄『海外観光旅行の誕生』吉川弘文館、二〇〇二年を参照。

(6) 鎌田編、前掲書、一八一―一九一頁、年譜二一―二四頁。

(7) 『読売新聞』一八九六年五月一三日にオリンピック再興に関する記事があるが、筆者のみる限り、記者の取材による近代オリンピックの報道は、『大阪毎日新聞』のロンドン大会記事が初めてである。

(8) 小野秀雄『大阪毎日新聞社史』大阪毎日新聞社、一九二五年、二九―四四頁。

(9) ただ、『毎日電報』の経営は苦戦していた。大阪毎日新聞社の東京での本格的新聞経営が始まるのは、一九一一年三月に『東京日日新聞』を合併してからのことである。大阪毎日新聞社編『大阪毎日新聞五十年』大阪毎日新聞社、一九三二年、二〇一―二〇四頁。

(10) 『大阪毎日新聞』一九〇七年一一月二八日、朝刊一頁。

(11) 『大阪毎日新聞』一九〇八年九月七日、朝刊七頁。

(12) 吉見俊哉『博覧会の政治学――まなざしの近代』講談社、二〇一〇年、一一五―一五二頁。

(13) 『大阪毎日新聞』一九〇八年九月七日、朝刊七頁。

(14) 『大阪毎日新聞』一九〇八年九月一二日、朝刊八頁。

(15) 『大阪毎日新聞』一九〇九年二月一九日、朝刊一頁。

(16) 『大阪毎日新聞』一九一二年七月一四日、朝刊六、九頁、七月二八日、朝刊四頁。

(17) 大阪毎日新聞社編、前掲書、三九八―四〇〇頁。極東オリンピックは、キリスト教青年会（ＹＭＣＡ）の提唱で始まった日本、中国、フィリピンによる国際競技会である。ＩＯＣが「オリンピック」の名称を用いることを許可しなかったため、第二回からは「極東選手権競技大会」と改称した。ただし、新聞などでは第二回以降も「極東オリンピック」の名称がよく用いられている。

(18) 『万朝報』は、スウェーデンの新聞を引用して、伯林（ベルリン）、倫敦（ロンドン）、彼得堡（サンクトペテルブルグ）の日本の新聞社の通信員がストックホルムに来集していて、このなかに、大阪毎日の木戸氏、読売新聞の大井氏などがいる、と報じている（一九一二年七月三日、一頁）。ストックホルム大会公式報告書には、日本の新聞記者として、Tsuchiya, Omori, Oi の三名が記されているが、Omori は、選手団の大森兵蔵と混同したものと考えられる。Bergvall, E. (ed.), *The Official Report of the Olympic Games of Stockholm 1912* (Stockholm : Wahlström and Widstrand, 1913, translated by Edward Adams-Ray), p. 995. (http://www.aafla.org/6oic/OfficialReports/1912/1912.pdf)

(19) 大阪毎日新聞社編、前掲書、三九九頁。
(20) 『新聞総覧　明治四十三年度版』大空社、一九九一年［底本：日本電報通信社より一九一〇年刊］、五一―五二頁。
(21) Bergvall, E. (ed.), *op. cit.*, pp. 241-253.
(22) *Ibid.*, p. 997.
(23) 『日本体育協会七十五年史』日本体育協会、一九八六年、二四七―二六〇頁。
(24) 毎日新聞社史編纂委員会編『毎日新聞七十年』毎日新聞社、一九五二年、二七四頁、朝日新聞百年史編修委員会編『朝日新聞社史　大正・昭和戦前編』朝日新聞社、一九九一年、三一六頁。朝日新聞社は、一九〇八年に大阪・東京の経営を一本化して、「朝日新聞合資会社」となり、一九一九年からは「株式会社朝日新聞社」となった。一方、大阪毎日・東京日日は、大阪毎日新聞社東京支店が『東京日日新聞』を発行する形態をとっていて、社名が「毎日新聞社」と改称されたのは一九四三年である。ただ、『東京日日新聞』合併後の大阪毎日新聞社は、社名に「大阪」を冠していたとはいえ、朝日新聞社と同様に、東京でも本格的な新聞経営に乗り出している。本書では、『大阪朝日新聞』『東京朝日新聞』を発行する朝日新聞社と対照させて、『大阪毎日新聞』『東京日日新聞』を発行する大阪毎日新聞社に言及する場合に、「毎日新聞社」という表現を用いる。
(25) 永島惇正編『人見絹枝――生誕一〇〇年記念誌』日本女子体育大学、二〇〇八年、一八五―一八六頁、『報知新聞』一九二六年一二月二一日、朝刊七頁。
(26) 他にも、アムステルダム大会では、東京日日新聞社がスポーツ講演会を数回開催してその入場料を派遣費に寄付し、国民新聞社が満都オリンピックエイドを主催して一〇〇〇円を寄付している（大日本体育協会編『第九回国際オリムピック競技大会報告書』大日本体育協会、一九三〇年、三〇八頁）。また、初期のオリンピック大会でも、小規模ではあったが新聞社による報道以外でのオリンピックへの関与はあり、例えば、朝日新聞社では、応援旗の寄贈（一九一二年ストックホルム大会）、出発の際の花籠贈呈（一九二〇年アントワープ大会）、講演・活動写真会や選手歓迎会の後援（一九二四年パリ大会）を行っている（『東京朝日新聞』一九一二年五月一六日朝刊五頁、一九二〇年五月一五日朝刊五頁、一九二四年四月七日夕刊二頁、九月三日朝刊七頁）。またアントワープ大会の陸上代表選手選考予選会は、福岡日日新聞社、中国新聞社、中国民報社、名古屋新聞社、朝日新聞社、小樽新聞社の主催・後援で開催されており、これらは、地方紙のスポーツ事業活動のさきがけであったといえる（野口源三郎『第七回オリンピック陸上競技の印象』中文館書店、一九二一年、七―八頁）。

(27) 先に述べたように、鶴田は報知新聞社の社員であり、織田は、のちに朝日新聞社に入社する。

(28) 大日本体育協会編、前掲書、三四一―三四三頁。

(29) 『報知新聞』一九二八年一〇月二四日、朝刊一一頁、二九日、朝刊七頁。

(30) 本書では、アムステルダム大会以降の国際スポーツ・イベントの流行と大規模化に着目するが、アムステルダム大会以前も、小規模な海外スポーツ選手招聘事業はあった。管見の限り、一九二四年パリ大会後の朝日新聞社による陸上選手招聘、一九二六年九月の報知新聞社による水泳選手招聘がある。

(31) 有山輝雄「『民衆』の時代から『大衆』の時代へ――明治末期から大正期のメディア」有山輝雄・竹山昭子編『メディア史を学ぶ人のために』世界思想社、二〇〇四年、一〇二―一三〇頁。

(32) 『東京朝日新聞』一九二八年一〇月一四日、夕刊一頁。

(33) 『東京朝日新聞』一九二八年一〇月一六日、朝刊三頁。

(34) 西日本新聞社編『西日本新聞百年史』西日本新聞社、一九七八年、三六二―三六三頁。

(35) 江口圭一「満州事変と大新聞」『思想』五八三号、一九七三年一月、九八―一一三頁、江口圭一『日本帝国主義史研究』青木書店、一九九八年、一七二―二〇八頁。

(36) 川本信正「スポーツとジャーナリズム」『体育と競技』一一巻一二号、一九三二年一二月、三二頁。

(37) アムステルダム大会の参加国数は四六ヵ国、参加選手数は二八八三名、ロサンゼルス大会の参加国数は三七ヵ国、参加選手数は一三三二名であった。オリンピックがヨーロッパ以外の土地で開催されるのは、一九〇四年の第三回セントルイス大会に次いで二度目のことであった。一九〇八年の第四回ロンドン大会以降のすべてのオリンピックに二〇〇〇名から三〇〇〇名の選手が参加していることから、ロサンゼルス大会は、参加人数という点において特異な大会であったといえる。各大会の参加国数・選手数については、IOCホームページ（http://www.olympic.org/olympic-games）参照。

(38) 『日本新聞年鑑（第一一巻）』日本図書センター、一九八六年［底本：新聞及新聞記者版、永代静雄主幹、一九三二年刊］、第一篇、三一―三二頁。

(39) 各社社史によれば、毎日は、七名（うち三名は選手団に所属）、朝日は、七名（うち四名は日本から特派）が報道に従事した（毎日新聞社史編纂委員会編、前掲書、二七五頁、朝日新聞百年史編修委員会編、前掲書、四〇二―四〇三頁）。

中国新聞社も特派員を一名派遣している（中国新聞社史編纂委員会編『中国新聞八十年史』中国新聞社、一九七二年、一一九頁）。

(40) 朝日新聞百年史編修委員会編、前掲書、三一七頁、『大阪毎日新聞』一九三二年六月二一日、朝刊四頁、大日本体育協会編『第十回オリムピツク大会報告』大日本体育協会、一九三三年、七二―八三頁。なお毎日新聞社史編纂委員会編、前掲書（二七五頁）には、斎藤巍洋も選手団に加わったとあるが、大日本体育協会の報告書に掲載されている団員名簿に斎藤の名前はない。

(41) 朝日新聞百年史編修委員会編、前掲書、四〇二頁。

(42) 毎日新聞社史編纂委員会編、前掲書、二七五頁。

(43) 外信子「太平洋をただ一閃!!」『新聞及新聞記者』一三巻九号、一九三二年九月、五―七頁。

(44) 朝日新聞データベースのオリンピック関連の号外収録数である。『改造』の記事には、朝日も毎日も、一頁大の号外を四回、小型の号外を一五回出したとある（山田武彦「オリムピツクと朝日、日日の新聞戦」『改造』一四巻一〇号、一九三二年一〇月、一三八―一四二頁）。

(45) Browne, F. G. (ed.), *The Games of the Xth Olympiad, Los Angeles, 1932: Official Report* (Los Angeles: The Xth Olympiade Committee of the Games of Los Angeles, U.S.A. 1932, 1933), pp. 169-172, 211. (http://www.aafla.org/6oic/OfficialReports/1932/1932s.pdf) なお、当時の日本語文献では、インターナショナル・ニュース・フォトは、インターナショナル・ニュース・サーヴィス（ＩＮＳ）、ワイド・ワールド・フォトは、ニューヨーク・タイムズ世界写真部と記されている。

(46) 前掲『日本新聞年鑑（第一一巻）』第一篇、三三頁。

(47) 同前。なお、日本新聞聯盟は、ＩＮＳの写真が米国選手中心であることを不服として申し入れをしている（『日本新聞研究所報』一九三二年八月五日、一頁）。

(48) 『東京朝日新聞』一九三二年八月一三日、第二号外。

(49) 朝日新聞百年史編修委員会編、前掲書、四〇三―四〇四頁。

(50) 『大阪毎日新聞』一九三二年八月一四日、朝刊一一頁。

(51) 実現には至らなかったようであるが、朝日新聞社資料によれば、朝日新聞社と毎日新聞社には、オリンピック見学旅行団の計画もあった。「オリンピック観光船費用概算書」（昭和六年一二月二九日）総記―保管史料―企画事業―三―一、朝日新聞大阪社史編修センター所蔵。

(52) 池井優「一九四〇年〝東京オリンピック〟」入江昭・有賀貞編『戦間期の日本外交』東京大学出版会、一九八四年、二一四―二一五頁。

(53) 『読売新聞』一九三二年五月七日、朝刊二頁、七月五日、朝刊七頁。

(54) 『東京朝日新聞』一九三三年四月一七日、朝刊二頁。

(55) 朝日新聞百年史編修委員会編、前掲書、四〇二頁。

(56) 『東京朝日新聞』一九三六年七月二七日、朝刊七頁、文部省『オリンピック読本〈小学生のために〉』光風出版、一九六四年、五四頁。

(57) 『東京朝日新聞』一九三二年五月六日、朝刊三頁。

(58) 中国新聞社史編纂委員会編、前掲書、一一九頁。

(59) 「事業部『連絡簿』（昭和七年六月一四日、一〇月一一日、一〇月一七日）」山田公平編『名古屋新聞・小山松寿関係資料集』三巻、龍渓書舎、一九九三年、四八三、四九一頁。

(60) 『日本新聞年鑑（第一五巻）』日本図書センター、一九八六年［底本：新聞研究社版、編輯兼発行者永代静雄、一九三六年刊］、第一篇、二四頁。

(61) 以上、同盟通信社設立経緯については、「戦前の情報機構要覧」（奥平康弘監修『言論統制文献資料集成（第二〇巻）』日本図書センター、一九九二年）三―二五頁を参照。

(62) 「同盟通信社第五回理事会議事録（写）」（有山輝雄・西山武典編『同盟通信社関係資料（第四巻）』柏書房、一九九九年、二六一―二七〇頁）、「オリムピック無線電送写真内地受信後の頒布費用」（一九三六年五月一九日）など（同前書、四六一―五八頁）。

(63) 大日本体育協会編『第十一回オリンピック大会報告書』大日本体育協会、一九三七年、四一六頁。Organisationskomitee für die XI. Olympiade Berlin 1936 e. V., *The XIth Olympic Games Berlin, 1936 Official Report*, Volume I, (Berlin: Wilhelm Limpert., 1937), pp. 308, 310. (http://www.aafla.org/6oic/OfficialReports/1936/1936v1sum.pdf)

(64) 里見脩『ニュース・エージェンシー――同盟通信社の興亡』中央公論新社、二〇〇〇年、一四四―一四五頁。

(65) 朝日新聞百年史編修委員会編、前掲書、四七三頁。
(66) 東朝記事審査部「オリムピック電送写真に就て」総記—保管史料—編集—一—三、朝日新聞大阪社史編修センター所蔵。
(67) 前掲『日本新聞年鑑（第一五巻）』第一篇、二四—二七頁。
(68) 『北海タイムス』一九三六年八月二日、号外、『河北新報』一九三六年八月二日、号外。なお、実現の成否は不明だが、『新聞研究所報』は、名古屋、新愛知、中国、高知、福日など一〇社が、電送写真を空輸するだろうと報じている（一九三六年八月一日、四頁）。
(69) 東朝記事審査部、前掲「オリムピック電送写真に就て」三頁。
(70) 同前。
(71) 『日刊新聞時代』一九三六年八月一三日、四頁。
(72) 『日刊新聞時代』一九三六年八月一日、一頁。
(73) 『新聞研究所報』一九三六年七月二五日、四頁。
(74) 『新聞研究所報』一九三六年七月三一日、一頁、『日刊新聞時代』一九三六年八月三日、二頁、『新聞研究所報』一九三六年八月二五日、一頁、『新聞研究所報』一九三六年八月二七日、四頁、『日刊新聞時代』一九三六年一〇月二七日、二頁。
(75) 前掲『日本新聞年鑑（第一五巻）』第一篇、二五頁。
(76) 『日刊新聞時代』によれば、これは、ベルリンで読売の宮崎社会部長が、西条を「横取り」したのだという（一九三六年八月八日、一頁）。
(77) 『読売新聞』一九三六年一月一日、朝刊三頁、八月一五日、朝刊二頁。
(78) 前掲『日本新聞年鑑（第一一巻）』第一篇、三一頁、前掲『日本新聞年鑑（第一五巻）』第一篇、二七頁。
(79) 東朝記事審査部「オリムピック大会成績比較」一—三頁、総記—保管史料—編集—一—三、朝日新聞大阪社史編修センター所蔵。
(80) 『日刊新聞時代』一九三六年四月一八日、二—三頁、一九三六年六月五日、一頁、一九三六年五月四日、二頁。
(81) 『新聞研究所報』一九三六年五月一三日、二頁、一九三六年七月一六日、一頁。
(82) 前掲『日本新聞年鑑（第一五巻）』第三篇、一〇六頁。なお、ベルリン大会でも、聯盟は、水上競技開始後、ＩＮＳの送信が減ったと抗議している（『日本新聞研究所報』一九三六年八月一三日、二頁）。

(83)『日刊新聞時代』一九三六年六月九日、二頁。ただ、ロバートソンは、『東京朝日新聞』(一九三六年七月三日、朝刊五頁)によれば、一九三六年大会にも米国ヘッドコーチとして参加していた。同記事によれば、ロバートソンは、一九〇六年アテネ国際大会に出場、一九〇八年大会で米国の主将、一九二四年大会から一九三二年大会まで三回の大会で米国のヘッドコーチを務め、二〇年間ペンシルバニア大のコーチでもあった。

(84)『日刊新聞時代』一九三六年七月二三日、一頁、一九三六年七月二五日、一頁。『報知新聞』は、結果を待たずして予測に基づき記事を作っていたという(『日刊新聞時代』一九三六年八月六日、一頁、八月七日、三頁)。

(85)『日刊新聞時代』一九三六年四月一八日、二頁、一九三六年五月四日、二頁。第二部で質的分析を行う『東奥日報』の社史にも、ベルリン大会では、締切時間を延長して速報版を発行し、青森市内は朝刊とともに、その他の地域へは二度配達、あるいは夕刊とともに配達したとある。こうすることによって、県内で配達される東京紙と対抗できたという(津幡敬正・工藤晃編『東奥日報百年史』東奥日報社、一九八八年、二七四頁)。

(86)Organisationskomitee für die XI. Olympiade Berlin 1936 e. V., *op. cit.*, p. 325. ここでいう満洲への写真電送が『日刊新聞時代』にあるように東京の同盟通信社経由のものであったかは不明である。なお、ベルリン大会では、レニ・リーフェンシュタールによって超大作の記録映画が制作されたが、この映画が日本で公開されたのは、東京オリンピック返上後の、一九四〇年のことであった。

(87)*Ibid.* pp. 308-311. 大日本体育協会が報道陣向けのチケット割当を行っていたことは、日本側の資料でも裏づけされる。「第十一回『オリンピック』大会新聞記者割当に関する件」(昭和一一年五月三〇日)JACAR(アジア歴史資料センター)Ref. B04012503400(第98、99画像目)、国際「オリムピック」競技大会一件 第三巻(I-1-12-0-9_003外交史料館)。

(88)『日刊新聞時代』一九三六年四月二日、四頁。

(89)『日刊新聞時代』一九三六年八月一四日、三頁。

(90)『北海タイムス』一九三六年八月二日、朝刊六―七、一二頁、一九三六年八月三日、朝刊三―四頁。

(91)『日刊新聞時代』一九三六年九月一六日、二頁、一九三六年九月二九日、三頁、一九三六年一〇月一日、三頁。

第二章　放送局――新技術の実験舞台としてのオリンピック

(1)ラジオ放送の制度化の経緯については、竹山昭子『ラジオの時代――ラジオは茶の間の主役だった』世界思想社、二〇〇二年、一二一—一二三頁に詳しい。なお、速報性を発揮するラジオに対する新聞界の不満は、満洲事変や五・一五事件の際に高まったという（日本放送協会編『二〇世紀放送史　上』日本放送出版協会、二〇〇一年、七一—七三頁）。

（2）日本放送協会編『ラジオ年鑑（昭和六年版）』大空社、一九八九年、二三四—二四八頁。

（3）同前書、二三六頁。

（4）同前。

（5）日本放送協会編（二〇〇一年）前掲書、九〇頁、日本放送協会編、前掲『ラジオ年鑑（昭和六年版）』三六二—三六七頁。

（6）Van Rossem, G. (ed.), *The Ninth Olympiad Amsterdam 1928 Official Report* (Amsterdam : J. H. De Bussy), pp. 255-256. (http://www.aafla.org/6oic/OfficialReports/1928/1928.pdf)

（7）Browne, F. G. (ed.), *The Games of the Xth Olympiad, Los Angeles, 1932 : Official Report* (Los Angeles : The Xth Olympiade Committee of the Games of Los Angeles, U.S.A. 1932, 1933), pp. 103, 217. (http://www.aafla.org/6oic/OfficialReports/1932/1932s.pdf)

（8）Mccoy, J., "Radio Sports Broadcasring in the United States, Britain and Australia, 1920-1956 and its Influence on the Olympic Games", *Journal of Olympic History*, Vol. 5, No 1 (1997), p. 22.

（9）Rader, B. G., *In Its Own Image : How Television Has Transformed Sports* (New York : The Free Press, 1984), p. 26.

（10）Mccoy, J., *op. cit.*, p. 22.

（11）組織委員会がＮＢＣに要求した権利金は、『調査時報』では約一〇万ドル、『読売新聞』や『新聞年鑑』では約一〇万円となっている。頼母木眞六「オリムピック放送を語る」『調査時報』二巻六号、一九三二年八月一五日、四—六頁、『読売新聞』一九三二年七月二六日、朝刊七頁、『日本新聞年鑑（第一一巻）』日本図書センター、一九八六年〔底本：新聞及新聞記者版、永代静雄主幹、一九三二年刊〕、第一篇、三一—三二頁。

（12）日本放送協会編『ラジオ年鑑（昭和八年版）』大空社、一九八九年、四八—四九頁。

（13）以上、ロサンゼルス大会のラジオ放送実施に関する交渉の経緯については、頼母木、前掲記事。

（14）日本放送協会編、前掲『ラジオ年鑑（昭和八年版）』四六—五五頁。なお、ロサンゼルス大会に関しては、日本で行われた予選会、応援歌発表会、壮行会、選手帰国状況、回想・報告、歓迎報告会も放送されている。

(15) Rader, B. G., *op. cit.* pp. 23-24.

(16) 実感放送を聴くオーディエンスの姿を伝える新聞記事の分析として、山口誠「メディアが創る時間――新聞と放送の参照関係と時間意識に関するメディア史的考察」『マス・コミュニケーション研究』七三号、二〇〇八年七月、二一―二〇頁がある。

(17) 山口誠「『聴く習慣』、その条件――街頭ラジオとオーディエンスのふるまい」『マス・コミュニケーション研究』六三号、二〇〇三年七月、一四四―一六一頁。山口によれば、一般家庭の多くが定額使用(予め決まった額を納めることで日没から日の出まで電気が使える)の契約であったという。

(18) 有山によれば、海外放送には、これを対外宣伝の手段として捉え他国民を対象とする計画と、海外在住日本人を対象とする計画とがあり、放送開始後もしばらくの間は目的が二重に重なり合ってはっきりしなかった(有山輝雄『情報覇権と帝国日本Ⅱ――通信技術の拡大と宣伝戦』吉川弘文館、二〇一三年、四一八―四三八頁)。

(19) 「海外放送の開始」『ラヂオの日本』二一巻三号、一九三五年九月、一頁。

(20) 業務局報道部「『海外放送』の一ヶ年」『放送』六巻六号、一九三六年六月、三八頁。昭和一一年度の外務省情報部の執務報告には、海外放送の内容には競技実況放送も含まれたとある[『昭和十一年度執務報告 情報部』(昭和一一年一二月)、八一頁(『外務省執務報告 情報部』クレス出版、一九九五年所収)]。

(21) 木村正「国際放送々受の話」『放送』六巻八号、一九三六年八月、八八頁。

(22) 尾山和安「海外放送に就て」『ラヂオの日本』二一巻三号、一九三五年九月、五―八頁。

(23) 日本放送協会編『ラジオ年鑑(昭和七年版)』大空社、一九八九年、二四―三五頁、日本放送協会編、前掲『ラジオ年鑑(昭和八年版)』二二一―二二三頁、日本放送協会編『ラジオ年鑑(昭和九年版)』大空社、一九八九年、三六九―三七一頁、日本放送協会編『ラジオ年鑑(昭和一〇年版)』大空社、一九八九年、九五―一〇六頁、日本放送協会編『ラジオ年鑑(昭和一一年版)』大空社、一九八九年、四八―五二頁。

(24) 「瑞徴!・電波の鼓舞大成功 オリムピック前奏日独交換放送」『放送』六巻六号、一九三六年六月、四二頁。

(25) 「ラヂオ・オリムピック」『放送』六巻七号、一九三六年七月、六八頁。

(26) 新聞報道では、アルゼンチン、ブルガリアではなく、フランス、アイスランドが参加予定国として挙がっている(『東京朝日新聞』一九三六年七月五日、朝刊七頁)。

(27)「伯林につどふ　二十数カ国代表の声」『放送』六巻七号、一九三六年七月、六五頁。

(28)同前。

(29)山口誠「メディアの文脈から問う――ベルリン・オリンピック放送の聴取空間を事例に」『メディア史研究』三三号、二〇一三年三月、二九―五二頁。

(30)「オリムピック放送日記」『放送』六巻九号、一九三六年九月、四四―四八頁、「オリムピック放送批判」同号、五二―五八頁、「オリムピツクを聴いて」同号、五二―五八、六〇―六五頁。

(31)『日刊新聞時代』一九三六年四月一〇日、三頁。

(32)小川悟『第三帝国の文化状況』関西大学出版部、一九九六年、九一―九二頁。

(33)「昭和十三年度執務報告　外務省情報部」（昭和一三年一二月）、九頁（前掲『外務省執務報告　情報部』所収）。

(34)Organisationskomitee für die XI. Olympiade Berlin 1936 e. V., *The XIth Olympic Games Berlin, 1936 Official Report*, Volume I, (Berlin: Wilhelm Limpert., 1937), pp. 336, 340. (http://www.aafla.org/6oic/OfficialReports/1936/1936v1sum.pdf) ただし『ラジオ年鑑』や大日本体育協会の報告書は、放送参加国を三二ヵ国としていて組織委員会の報告書とは食い違う（日本放送協会編『ラジオ年鑑（昭和一二年版）』大空社、一九八九年、三八頁、大日本体育協会編『第十一回オリンピック大会報告書』大日本体育協会、一九三七年、四二九―四三〇頁）。

(35)日本放送協会編、前掲『ラジオ年鑑（昭和一二年版）』三七―四〇頁。

(36)Krüger, A. "What's the Difference between Propaganda for Tourism or for a Political Regime?: Was the 1936 Olympics the first Postmodern Spectacle?" in Bale, J. and Christensen, M. K. (eds.), *Post-Olympism?: Questioning Sport in the Twenty-first Century* (Oxford; New York: Berg, 2004), p. 45 ただし、この研究では出典は明らかにされていない。

(37)「ベルリン・オリムピクの外国放送派遣員サービス」『放送』六巻九号、一九三六年九月、一〇五頁。

(38)Organisationskomitee für die XI. Olympiade Berlin 1936 e. V., *op. cit.*, p. 343.

(39)ベルリン大会記録映画の日本公開に至るまでの経緯と反響については、坂上康博「戦時下の映画と国家」田崎宣義『近代日本の都市と農村――激動の一九一〇―五〇年代』青弓社、二〇一二年、二二七―二五八頁。

（1）Barney, R. K. *et al.*, *Selling the Five Rings: The International Olympic Committee and the Rise of Olympic Commercialism* (Salt Lake City: University of Utah Press, 2004), pp. 29-49.

（2）Keys, B. J., *Globalizing Sport: National Rivalry and International Community in the 1930s* (Cambridge, Mass.: Harvard University Press, 2006), pp. 104-105.

（3）『大阪朝日新聞』一九一二年七月四日、朝刊八頁。

（4）表3-1で図書広告件数の推移をみると、一九三〇年代においてスポーツ専門雑誌以外でオリンピックが取り上げられることが増えてきたことがわかる。雑誌におけるオリンピック表象については、第九章を参照。

（5）『東京朝日新聞』一九三二年八月二六日、朝刊一〇頁、八月二九日、朝刊四頁、八月三〇日、朝刊六、一〇頁、九月二日、朝刊六頁、九月三日、朝刊六頁。

（6）『広告界』では、四月一日のエイプリールフールに、メガネ印肝油本舗が、ハトに広告文の入った信書管をつけて放つという企画が紹介されている（「二〇〇〇〇羽の伝書鳩を広告に使つた珍宣伝」『広告界』八巻五号、一九三一年五月、七四頁）。また、津金澤聰廣他編『近代日本の新聞広告と経営』（朝日新聞社、一九七九年）によれば、一九三二年六月には、伝書鳩マラソン競争という朝日新聞社の企画があり、参加広告主の商品名をつけた鳩を二見ケ浦から大阪本社まで競争させ、所要時間の予想の懸賞募集を行ったという（四九五—四九六頁）。ロサンゼルス大会選手凱旋の企画広告は、おそらく、この伝書鳩マラソンの成功を受けて計画されたものであると考えられる。

（7）津金澤他編、前掲書、四九四頁。

（8）『日刊新聞時代』一九三六年九月一二日、一頁。

（9）『日刊新聞時代』一九三六年七月三一日、三頁、八月一八日、三頁、『静岡民友新聞』一九三六年六月二一日、朝刊三頁。

（10）『日刊新聞時代』一九三六年九月一一日、二頁。

（11）『東京朝日新聞』一九三二年九月八日、夕刊三頁。

（12）例えば、グリコの遊覧飛行がある（『東京朝日新聞』一九三二年九月二五日、朝刊九頁）。

（13）「広告界万華鏡」『広告界』九巻一〇号、一九三二年一〇月、七五頁。

（14）『東京朝日新聞』一九三六年八月一〇日、朝刊一〇頁。

(15) 実際、当時の日本の広告業界は、放送の広告への活用に興味を示していた（長岡逸郎「放送広告の話」『広告界』八巻二号、一九三一年二月、一八―二〇頁）。

第四章　政府・国家――対外宣伝・国内統合・外交戦略

(1) 井上俊『武道の誕生』吉川弘文館、二〇〇四年、一二一―一二二頁。
(2) 北豊吉「オリムピック大会と官民の後援」『アスレチックス』六巻七号、一九二八年七月、四頁。
(3) 同前。
(4) JACAR（アジア歴史資料センター）Ref. B04012501300、国際「オリムピック」競技大会一件 第一巻（I-1-12-0-9_001）（外務省外交史料館）、JACAR（アジア歴史資料センター）Ref. B04012501500、国際「オリムピック」競技大会一件 第一巻（I-1-12-0-9_001）（外務省外交史料館）。
(5) 高橋紘・鈴木邦彦『陛下、お尋ね申し上げます』現代史出版会、一九八二年、一七〇頁。戦後の記者会見において、昭和天皇は、一番感銘深かった思い出として皇太子時代の訪欧旅行に何度も言及している（三五、六六、七五―七六頁）。
(6) 古川隆久『昭和天皇』中央公論新社、二〇一一年、二四―七二頁。
(7) 梶田明宏「大正十年皇太子海外御巡遊とメディア」『メディア史研究』二三号、二〇〇七年一二月、四二―六〇頁。
(8) 『東京朝日新聞』一九二二年四月一七日、朝刊三頁。
(9) サッカーの全国優勝競技会（第一回大会は一九二一年一一月開催）は、今日の天皇杯につながる大会であるが、優勝杯として用いられたのは、一九一九年に英国の蹴球協会（ＦＡ）から送られたカップであった。
(10) 坂上康博『権力装置としてのスポーツ――帝国日本の国家戦略』講談社、一九九八年、五八―五九頁。
(11) 高津勝『日本近代スポーツ史の底流』創文企画、一九九四年、五〇頁、坂上、前掲書、六五頁。
(12) 高津、前掲書、五〇―五一頁。
(13) 『東京朝日新聞』一九二四年四月二三日、朝刊七頁、四月二六日、朝刊一一頁、北豊吉、前掲記事、四頁。
(14) 坂上康博『スポーツと政治』山川出版社、二〇〇一年、三二―三三頁。
(15) 山口輝臣『明治神宮の出現』吉川弘文館、二〇〇五年。
(16) 内務省衛生局編『第一回明治神宮競技大会報告書』内務省衛生局、一九二五年、一頁。

(17)大正期の体育行政とその思想的基盤については、高津、前掲書、二四―七七頁を参照。
(18)山口、前掲書、一七二頁。
(19)大日本体育協会編『第七回極東競技大会報告書』大日本体育協会、一九二五年、三〇四頁、大日本体育協会編『第九回国際オリムピツク競技大会報告書』大日本体育協会、一九三〇年、三〇九頁、『東京朝日新聞』一九二八年九月四日、夕刊一頁。
(20)「請願書」(大正一三年六月九日)JACAR(アジア歴史資料センター)Ref. B04012501700(第2―7画像目)、国際「オリムピック」競技大会一件 第一巻(I-1-12-0-9_001)(外務省外交史料館)
(21)「活動写真映画購入方ニ関スル件」(大正一三年六月四日)ほか。JACAR(アジア歴史資料センター)Ref. B04012501700(第74―79画像目)、国際「オリムピック」競技大会一件 第一巻(I-1-12-0-9_001)(外務省外交史料館)。朝日新聞社がこの活動写真を使ってイベントを開いたことは、紙面から確認できる(『東京朝日新聞』一九二四年四月七日、夕刊二頁、四月八日、朝刊七頁、九月八日、朝刊七頁)。
(22)大日本体育協会編『第十一回オリンピック大会報告書』大日本体育協会、一九三七年、三一八頁、大日本体育協会編『大日本体育協会史(補遺)』大日本体育協会、一九四六年、一一六頁。
(23)ただし、北によると、一九二四年パリ大会の時には、オリンピック派遣選手の後援会ができて文部省なども呼びかけて寄付金が募集された。数千円が集まったという(北、前掲記事)。
(24)『読売新聞』一九三二年五月一四日、朝刊五頁。
(25)「羅府ニ開催セラルヘキ第十回国際『オリムピツク』大会ニ対スル援助方ニ関スル件」(昭和五年一〇月三〇日)、「第十回『オリムピツク』大会寄付金募集ノ件」(昭和六年九月二二日)JACAR(アジア歴史資料センター)Ref. B04012502700(第41―43、100―102画像目)、国際「オリムピック」競技大会一件 第二巻(I-1-12-0-9_002)(外務省外交史料館)。
(26)以上、大日本体育協会編『第十回オリムピツク大会報告』大日本体育協会、一九三三年、三〇三―三三〇頁。
(27)大日本体育協会編、前掲『第九回オリムピツク競技大会報告書』二一四―二一五頁。
(28)『読売新聞』一九二八年八月九日、朝刊三頁、「外人の眼に映つた日本選手の活躍」『アスレチックス』六巻一一号、一九二八年一一月、一二二―一二三頁。
(29)「田中大臣電報」(昭和三年八月一一日)、JACAR(アジア歴史資料センター)Ref. B04012502100(第47画像目)、国際

「オリムピック」競技大会一件 第一巻（I-1-12-0-9_001）（外務省外交史料館）。

(30) 大日本体育協会編、前掲『第九回オリムピック競技大会報告書』三二―三頁。

(31) リットン調査団は、一九三二年二月二九日に来日し、三月一二日まで日本に滞在した後、中国・満州・朝鮮を視察し、七月三日から七月一七日まで再度日本に来た。その後北京で報告書を作成し、九月四日に報告書への署名が行われた。日本は、この調査団の報告書の発表（一〇月一日）を待たずに、九月一五日に満洲国を承認し、国際社会の更なる反発を買った。リットン調査団については、ドイツのシュネー委員による旅行記がある（ハインリッヒ・シュネー／金森誠也訳『「満州国」見聞記――リットン調査団同行記』講談社、二〇〇二年）。

(32) 「戦前の情報機構要覧」、三―六頁（奥平康弘監修『言論統制文献資料集成（第二〇巻）』日本図書センター、一九九二年）。

(33) 麻田貞雄は、一九二〇年代半ばまでの米国における日本に関するイメージは、「桜の花びら」と「黄禍の脅威」という二重性を帯びたものであったという。ただ、日露戦争の頃から黄禍論として存在していた反日感情が、一九二四年の日本人を帰化不能移民として禁止する排日移民法の成立につながり、それが日米関係の危機をもたらしたとする（麻田貞雄『両大戦間の日米関係――海軍と政策決定過程』東京大学出版会、一九九三年、麻田貞雄「アメリカの対日観と『ワシントン体制』」日本国際政治学会編『日米関係のイメージ』有斐閣、一九六七年、三六―五七頁）。一方、澤田次郎は、一九二四年の排日移民法の成立によって日本人に米国への反感が植えつけられ、それが、柳条湖事件などに対する米国の対応に神経過敏にならざるをえない心理的素地を形成したという（澤田次郎『近代日本人のアメリカ観――日露戦争以後を中心に』慶應義塾大学出版会、一九九九年）。三輪公忠も、排日移民法の制定が、日本の対米イメージを悪化させ、さらに一九三二年の上海事変が、米国の対日イメージを悪化させるとともに、爆弾三勇士の英雄物語に沿うような日本人の自己イメージを作りあげる契機となっていたことを指摘している（三輪公忠「対米決戦へのイメージ」加藤秀俊・亀井俊介編『日本とアメリカ――相手国のイメージ研究』日本学術振興会、一九七七年、二二五―二六七頁）。池井優は、柳条湖事件の直後にも、遠い東洋の出来事に対する米国国民の多くの関心は薄く、新聞論調も多様であり、国務長官スチムソンは、軍の独走は日本政府によって収拾されるという期待を抱いていたという。だが、こうした対日イメージは、錦州攻撃、上海事変と事態が深刻化するにつれて悪化していたとしている（池井優「満州事変をめぐる日米の相互イメージ」日本国際政治学会編、前掲書、五八―七四頁）。

（34）前掲「第十回『オリムピック』大会寄付金募集ノ件」（昭和六年九月二二日）。

（35）「『オリムピック』大会本邦選手ニ関スル新聞社説ニ関スル件」（昭和七年七月二二日）、「佐藤領事発内田外務大臣宛電報」（昭和七年八月一五日）ほか。JACAR（アジア歴史資料センター）Ref. B04012503000、国際「オリムピック」競技大会一件 第二巻（I-1-12-0-9_002）（外務省外交史料館）。注(25)に挙げた外交史料館資料も参照。

（36）「第十一回『オリンピック』大会新聞記者割当ニ関スル件」（昭和一一年五月三〇日）JACAR（アジア歴史資料センター）Ref. B04012503400（第98、99画像目）、国際「オリムピック」競技大会一件 第三巻（I-1-12-0-9_002）（外務省外交史料館）。

（37）外務省史料としては、「機密公第三三三号、オリンピック国際競技会へ満洲国ヨリ選手差遣方ノ件」（昭和七年六月三日）、「機密公第三四九号、オリンピック国際競技会へ満洲国ヨリ選手差遣方ノ件」（昭和七年六月七日）、「機密公第三七六号、オリンピック国際競技会へ満洲国ヨリ選手差遣方ノ件」（昭和七年六月二〇日）JACAR（アジア歴史資料センター）Ref. B04012502900（第1、92、104画像目）、国際「オリムピック」競技大会一件 第二巻（I-1-12-0-9_002）（外務省外交史料館）がある。いずれも、長春領事代理田中正一発、外務大臣斉藤実宛で、在華公使、北平・奉天の公館にも写しが送付されている。

（38）何文捷は、満洲国不参加の要因を、満洲国の国際陸上競技連盟への加盟が実現せず、またアメリカ入国の査証に困難が生じたためであるとしている（何文捷「第一〇回オリンピック大会満州国選手派遣問題に対する日本と中国の対応——日本外務省外交史料と中国新聞『申報』の分析を通して」『体育史研究』一七号、二〇〇〇年三月、六一—七一頁）。一方、Morrisによれば、ＩＯＣは参加は可能としたが、選手が満洲国代表としての参加を拒否した（Morris, A., “I Can Compete!’ China in the Olympic Games, 1932 and 1936”, *Journal of Sport History*, Vol. 26, No. 3 (Fall 1999), pp. 545-566）。

（39）高嶋航「『満洲国』の誕生と極東スポーツ界の再編」『京都大学文学部研究紀要』四七号、二〇〇八年三月、一三一—一八一頁、何文捷「第一〇回極東選手権競技大会満州国参加に対する中国の反応——『申報』記事の分析を通して」『体育史研究』一六号、一九九九年三月、三七—四八頁。

（40）陸軍による壮丁体位低下論については、高岡裕之『総力戦体制と「福祉国家」——戦時期日本の「社会改革」構想』岩波書店、二〇一一年、三〇—五六頁参照。

（41）平沼亮三「オリムピック参加の意義」『オリムピック』一四巻六号、一九三六年六月、三頁。

(42)『東京朝日新聞』一九三六年六月六日、夕刊二頁。
(43) 永井松三編『報告書』第十二回オリンピック東京大会組織委員会、一九三九年、九一頁。
(44)『静岡民友新聞』一九三六年六月二一日、夕刊一頁。
(45)「第十二回国際『オリムピック』大会ヲ東京ニ於テ開催方計画ニ関スル件」（昭和七年七月二五日）JACAR（アジア歴史資料センター）Ref. B04012505500（第22―24画像目）、国際「オリムピック」競技大会一件／本邦大会関係 第二巻（I-1-12-0-9_1_002）（外務省外交史料館）。
(46) 例えば、「陳情書」（昭和一〇年二月一六日）（JACAR（アジア歴史資料センター）Ref. B04012505600（第27―29画像目）、国際「オリムピック」競技大会一件／本邦大会関係 第二巻（I-1-12-0-9_1_002）（外務省外交史料館）。

第五章 一九四〇年東京オリンピック――東京市・政府・メディア・企業の交錯する思惑

(1) 池井優「一九四〇年〝東京オリンピック〟」入江昭・有賀貞編『戦間期の日本外交』東京大学出版会、一九八四年、二一一―二三七頁、中村哲夫「第一二回オリンピック東京大会研究序説（Ⅰ）」『三重大学教育学部研究紀要 人文・社会科学』三六号、一九八五年、一〇一―一一二頁、中村哲夫「第一二回オリンピック東京大会研究序説（Ⅱ）」『三重大学教育学部研究紀要 人文・社会科学』四〇号、一九八九年、一二九―一三八頁、中村哲夫「第一二回オリンピック東京大会研究序説（Ⅲ）」『三重大学教育学部研究紀要 人文・社会科学』四四号、一九九三年、六七―七九頁、古川隆久『皇紀・万博・オリンピック――皇室ブランドと経済発展』中央公論社、一九九八年、坂上康博・高岡裕之編『幻の東京オリンピックとその時代――戦時期のスポーツ・都市・身体』青弓社、二〇〇九年、吉見俊哉「幻の東京オリンピックをめぐって」津金澤聰廣・有山輝雄編著『戦時期日本のメディア・イベント』世界思想社、一九九八年、一九―三五頁、石坂友司「国家戦略としての二つのオリンピック――国家のまなざしとスポーツの組織」清水諭編『オリンピック・スタディーズ』せりか書房、二〇〇四年、一〇八―一二二頁。Collins, S., *The 1940 Tokyo Games: The Missing Olympics* (London: Routledge, 2007). 永井松三編『報告書』第十二回オリンピック東京大会組織委員会、一九三九年、東京市役所編『第十二回オリンピック東京大会東京市報告書』東京市役所、一九三九年など。
(2) 以下、本節は、特に断りがない限り、永井編、前掲書、東京市役所編、前掲書の記述による。
(3) 東京市役所編、前掲書、四頁。

（4）永井編、前掲書、四頁。
（5）「広田外務大臣宛在白大森代理大使電報写」（昭和一〇年一二月三〇日）JACAR（アジア歴史資料センター）Ref. B04012504400（第8—10画像目）、国際「オリムピック」競技大会一件 第三巻（I-1-12-0-9_003）（外務省外交史料館）。
（6）「『バイエ・ラツール』伯ニ関スル新聞記事切抜送附ノ件」（昭和一一年四月二二日）、「『バイエ・ラツール』伯ノ感想談ニ関スル件」（昭和一一年四月二三日）JACAR（アジア歴史資料センター）Ref. B04012504400（第46—49画像目）、国際「オリムピック」競技大会一件 第三巻（I-1-12-0-9_003）（外務省外交史料館）。
（7）第五回冬季オリンピック札幌大会実行委員会が誕生したのは、一九三七年七月である。
（8）財務・交通委員会の設置も予定されていたが、実現しなかった。
（9）山口輝臣『明治神宮の出現』吉川弘文館、二〇〇五年、二〇五—二〇六頁。
（10）永井編、前掲書、四〇頁。
（11）ただし、新聞班長を通して、軍部側のオリンピックに対する方針には変化がないことも明らかにされた（同前書、四〇頁）。
（12）オリンピック開催に反対する意見は、この頃、広く聞かれるようになってきたと推測できる。例えば、葛飾区本田淡ノ須町会会長は、昭和一二年九月一日付で外務大臣広田弘毅宛に書簡（「国際オリンピツク東京開催取止メ要望ニ関スル件」）を出し、反対理由を「現下国家非常時ノ場合ニ於テ巨万ノ費用ヲ必要トスル国際オリンピツク開催ノ如キハ、此際速カニ関係諸国ニ宛テ断リ状ヲ呈出シ挙国一致時局ノ解決ニ当ルベキモノト信ズ」と述べている（JACAR（アジア歴史資料センター）Ref. B04012506800（第11画像目）、国際「オリムピック」競技大会一件／本邦大会関係 第四巻（I-1-12-0-9_1_004）（外務省外交史料館））。
（13）永井編、前掲書、四一頁。
（14）カイロ総会については、中村（一九九三年）前掲論文を参照。
（15）「昭和十三年ニ於ケル重要物資ノ需給計画改訂ニ関スル件」（石川準吉『国家総動員史　資料編第二』国家総動員史刊行会、一九七五年、二七二—二七四頁）。この決定には、オリンピックおよび万博の工事の中止も明記されていた。
（16）永井編、前掲書、四五頁。
（17）Collins, S., *op. cit.*, p. 168.『東京朝日新聞』一九三九年四月一四日、朝刊八頁、東京市役所編、前掲書、二二五—二三二頁。

(18) 永井編、前掲書、三五〇—三六一頁、東京市役所編、前掲書。

(19) 石坂友司「東京オリンピックのインパクト——スポーツ空間と都市空間の変容」坂上・高岡編、前掲書、一〇五頁。

(20) 永井編、前掲書、五頁。

(21) 東京大会の宣伝方針は、内閣情報委員会の紀元二六〇〇年に関する宣伝方策大綱に基づき、組織委員会総務委員会第二部委員会で「内に対してはオリンピック精神の発揚、意義の徹底、国民の之に対する態度に付ての指導、国民の協力的気運の促進等を図り又外に対しては日本精神の昂揚併せて我国文化の紹介、我国産業発達の宣示其の他を以て参加選手並に外人観光客を多数誘致せんとす」と決定された。「総務委員会第二部会（宣伝）第四回会議」（昭和一二年四月三〇日）JACAR（アジア歴史資料センター）Ref. B04012506600（第22画像目）、国際「オリムピック」競技大会一件／本邦大会関係 第四巻（I-1-12-0-9_1_004）（外務省外交史料館）。

(22) なお、日独防共条約締結の立役者であった在独大使館附武官大島浩少将は、一九三六年一月にオリンピック・アタッシェとなり、オリンピック関係の情報収集に当たっていた。永井編、前掲書、三五一頁、「『オリムピック』東京開催問題ニ関スル件」（昭和一一年一月九日）JACAR（アジア歴史資料センター）Ref. B04012506000（第2画像目）、国際「オリムピック」競技大会一件／本邦大会関係 第三巻（I-1-12-0-9_1_003）（外務省外交史料館）。

(23) 例えば、「オリンピク《ママ》ニ関スルラジオ放送ノ件」（昭和一一年八月二六日）JACAR（アジア歴史資料センター）Ref. B04012506100（第77画像目）、国際「オリムピック」競技大会一件／本邦大会関係 第三巻（I-1-12-0-9_1_003）（外務省外交史料館）。

(24) 「昭和十二年度執務報告 外務省情報部」（昭和一二年一二月）、七〇—七一頁（『外務省執務報告 情報部』クレス出版、一九九五年所収）。「昭和十三年度執務報告 外務省情報部」（昭和一三年一二月）、一二二頁、（同前書所収）。シュライナーは、一九三八年一二月まで日本に滞在した。

(25) 前掲「昭和十三年執務報告 外務省情報部」一二二頁。

(26) 有山輝雄「満洲事変期日本の対米宣伝活動」東京経済大学大学院コミュニケーション学研究科編『日本の国際情報発信』芙蓉書房、二〇〇四年、一二九—一六二頁。

(27) 前掲「昭和十二年度執務報告 外務省情報部」一三八頁。

(28) 調査結果は、「第十一回オリムピック大会調査資料」国際観光局（昭和一一年一一月）にまとめられた。JACAR（アジア歴史資料センター）Ref. B04012506300（第1―31画像目）、国際「オリムピック」競技大会一件／本邦大会関係 第三巻（I-1-12-0-9_1_003）（外務省外交史料館）。
(29) 永井編、前掲書、三二五―三三三頁。
(30) 米国でのラジオ出演の放送記録が、外務省外交史料館に所蔵されている。「田国際観光局長ノ『ラヂオ』放送原稿写送附ノ件」（昭和一三年六月一〇日）JACAR（アジア歴史資料センター）Ref. B04012507100（第15―18画像目）、国際「オリムピック」競技大会一件／本邦大会関係 第五巻（I-1-12-0-9_1_005）（外務省外交史料館）。
(31) 近代日本史料研究会『永田秀次郎・亮一関係文書目録』近代日本史料研究会、二〇〇八年、二頁。
(32) 同前書、三頁、古川、前掲書、六三―六四頁。
(33) 永田秀次郎氏記念句碑建設会『永田青嵐と東京』永田秀次郎氏記念句碑建設会、一九五二年、六七―七二頁。
(34) 永田秀次郎「大東京となりたる日」永田秀次郎『九十五点主義―青嵐随筆』実業之日本社、一九三五年、二七四頁。
(35) 東京市長辞任後も、永田にはオリンピック関係者から書簡が寄せられている。永田秀次郎文書・嘉納治五郎書簡 201-1（昭和九年一一月七日）、820-2（昭和一〇年一月一日）、820-3（昭和一二年八月二三日）、国立国会図書館憲政資料室所蔵。
(36) エドストロームは、一九一二年ストックホルム大会の組織委員の一人。一九〇八年から一九三六年までのすべての大会でスウェーデン・チームの代表を務めた。また一九三一年から一九四六年までIOC副会長、一九四六年から一九五二年までIOC会長を務めた。（http://www.olympic.org/about-ioc-institution?tab=3）
(37) 永田秀次郎文書・嘉納治五郎書簡 201-2（六月八日）、国立国会図書館憲政資料室所蔵。なお、発行年は一九三三年と推測できる。
(38) 日本・中国・フィリピンのYMCAと極東選手権の関係については、高嶋航「極東選手権競技大会とYMCA」夫馬進編『中国東アジア外交交流史の研究』京都大学学術出版会、二〇〇七年、四六一―五〇五頁に詳しい。
(39) 奈良常五郎『日本YMCA史』日本YMCA同盟、一九五九年、二〇八―二〇九頁。嘉納治五郎らが極東選手権に消極的だった理由としては、財政的困難があったことに加え、YMCAがこれを掌握していたことが挙げられる（高嶋航『帝国日本とスポーツ』塙書房、二〇一二年、一六―一七頁）。

(40) 奈良、前掲書、二〇九頁、世良田元『大阪YMCA史』大阪キリスト教青年会、一九六九年、三八〇頁。ブラウンは、一九二〇年アントワープ大会で陸上コーチ、一九二四年パリ大会で技術顧問を務めた。一九二八年アムステルダム大会にはジャパン・アドバタイザーの特派員として出向き、アムステルダムで開催された世界各国のYMCA体育主事協議会に参加したという。

(41)『東京朝日新聞』一九二四年九月八日、朝刊七頁。

(42) 以上、山本については、『山本忠興伝』山本忠興博士伝記刊行会、一九五三年。

(43) 井上俊『武道の誕生』吉川弘文館、二〇〇四年、一三二頁。

(44) 石坂（二〇〇四年）前掲論文、一一二頁。なお、岸は、若槻礼次郎と同郷（島根県松江市雑賀町出身）であった。

(45) 岸同門会編『岸清一伝』岸同門会、一九三九年。

(46)『日本体育協会七十五年史』日本体育協会、一九八六年、四三—四四頁。

(47) 高嶋、前掲書、一二八頁、杉村陽一編『杉村陽太郎の追憶』杉村陽一、一九四〇年。

(48) 小山騰『破天荒〈明治留学生〉列伝——大英帝国に学んだ人々』講談社、一九九九年。

(49) 樺山愛輔文書「日英水電株式会社第七回営業報告書」105-9（大正三年六月三〇日）、国立国会図書館憲政資料室所蔵。

(50) 趙聖九「京城日報社長としての副島道正の朝鮮自治論」青山学院大学東洋史論集編集委員会編『東アジア世界史の展開——青山学院大学東洋史論集』汲古書院、一九九四年、四五七—四七七頁、趙聖九『朝鮮民族運動と副島道正』研文出版、一九九八年、李錬「朝鮮総督府の機関紙『京城日報』の創刊背景とその役割について」『メディア史研究』二一号、二〇〇六年一二月、八九—一〇四頁。

(51)『東京日日新聞』一九二二年四月一六日、朝刊九頁。

(52) 以上、徳川家達の経歴については、徳川家広「大日本帝国の中の徳川将軍家——十六代当主家達の履歴」徳川記念財団編『家康・吉宗・家達——転換期の徳川家』徳川記念財団、二〇〇八年、六五—六七頁、柳田直美編「徳川家達年譜」同前書、六八—六九頁、柳田直美ほか「明治の飛翔——徳川家達」同前書、四一—五六頁を参照。

(53) 日本赤十字社編『日本赤十字社史稿　第四巻』日本赤十字社、一九五七年、一一二頁。

(54) 同前書、九〇頁。

(55) 同前書、口絵。

(56) 以上、戦前期官僚制研究会編『戦前期日本官僚制の制度・組織・人事』東京大学出版会、一九八一年、一七〇―一七一頁、芝崎厚士『近代日本と国際文化交流――国際文化振興会の創立と展開』有信社、一九九九年、一二七頁。
(57) 人見絹枝「思ひ出の優勝盃」『少女倶楽部』八巻四号、一九三〇年四月、一〇八頁。永井は、戦後日本のオリンピック復帰にも尽力している(和所泰史他「戦後日本の国際スポーツ界復帰に関する永井松三の役割」『スポーツ健康科学研究』三五号、二〇一三年、二七―三九頁)。
(58) 天羽英二『天羽英二 日記・資料集第二巻(日記篇)』天羽英二日記・資料集刊行会、一九八九年、中国時代、写真。
(59) 同前書、三五四―三五五頁(一九三〇年九月四日)。
(60) 同前書、五八九頁(一九三二年八月三日)。
(61) 天羽英二『天羽英二 日記・資料集第三巻』天羽英二日記・資料集刊行会、一九九〇年、一六五頁(一九三六年五月二九日、三一日)、一六八頁(一九三六年六月五日)、一八九―一九四頁(一九三六年八月一日―一六日)。
(62) 同前書、二一七―二一九頁(一九三六年一〇月一六日―一七日)、二五三―二五四頁(一九三七年一月一三日)。
(63) 天羽英二文書「競技規則改正に関する天羽情報部長の意見」191(昭和一〇年)、国立国会図書館憲政資料室所蔵。
(64) 天羽、前掲『天羽英二 日記・資料集第三巻』一四一―一四二頁(一九三六年三月二一日、三月二五日)。
(65) 同前書、二九二頁(一九三七年四月一九日)。
(66) 同前書、二三一頁(一九三六年一一月一六日)、二三五頁(一九三六年一一月二九日)。
(67) 「オリムピックとラヂオ」『ラヂオの日本』二三巻三号、一九三六年九月、一頁。
(68) 同前。
(69) 「東京に於けるオリムピックと通信設備」『ラヂオの日本』二四巻三号、一九三七年三月、一頁。
(70) 定時テレビ放送がNBCによって開始されたのは、一九三九年四月三〇日のニューヨーク万博開催時からである。
(71) 以上、日本放送協会編『二〇世紀放送史 上』日本放送出版協会、二〇〇一年、一一〇―一一一頁。
(72) 同前書、一三七―一三八頁。
(73) 中西金吾「オリムピックとテレビジョン」『ラヂオの日本』二四巻二号、一九三七年二月、一六頁。
(74) 「国際放送」『放送』六巻八号、一九三六年八月、八七頁。
(75) 同前。

(76)「海外放送」『放送』六巻八号、一九三六年八月、四七頁。
(77) 永井編、前掲書、三三一、三五九頁。
(78)「オリムピック放送日記」『放送』六巻九号、一九三六年九月、四六頁。
(79)『読売新聞』一九三六年八月一日、号外二頁。
(80) この講演内容は、日本放送協会の『放送』と大日本体育協会の『オリムピック』に掲載されている。内容が同じであり、おそらく、配布された放送要旨であったと考えられる。『放送』六巻一〇号、一九三六年一〇月、一〇七―一〇九頁、『オリムピック』一四巻一〇号、一九三六年一〇月、二―六頁。
(81) 永井編、前掲書、三五九―三六〇頁。
(82) 東京市役所編、前掲書、四二―四三頁。
(83)『日刊新聞時代』一九三六年八月一日、四頁、八月三日、四頁。
(84)『新聞研究所報』一九三六年一〇月六日、二頁。
(85)『日刊新聞時代』一九三六年一〇月二七日、四頁、永井編、前掲書、三三三頁。
(86) 永井編、前掲書、一〇九頁。
(87) 同前書、三六〇頁。
(88)『時事新報』一九三六年一〇月二一日、朝刊三頁、「本社主催オリムピック博覧会後援願ひの件」（昭和一一年）JACAR（アジア歴史資料センター）Ref. B04012503500（第88、89画像目）、国際「オリムピック」競技大会一件 第三巻（I-1-12-0-9_003）（外務省外交史料館）。
(89)『新聞研究所報』一九三六年八月一五日、四頁。
(90)『日刊新聞時代』一九三六年一一月二八日、三頁。
(91) 以上、永井編、前掲書、三六〇―三六一頁。
(92)「オール・精鋭プランメーカー・キャスト　第十二回オリムピック・プラン・オンパレード」『広告界』一三巻一〇号、一九三六年一〇月、五〇頁。
(93) 以上、同前記事、五〇―五五頁。
(94)『広告界』一三巻一〇号、一九三六年一〇月。写真ページ、および川喜田煉七郎「オリムピックにちなむ陳列」、五九―

六一頁。
(95) 対米宣伝共同広告委員会は、一九三一年九月、国際観光協会に業務を委譲して解散している。
(96) 以上、外客誘致についての説明は、『日本交通公社五〇年史』（日本交通公社、一九六二年）による。
(97) 国際観光振興会『国際観光振興会二〇年の歩み』国際観光振興会、一九八四年、四四頁。
(98) 今村次吉「オリムピック後援会の趣旨」『アスレチックス』一〇巻三号、一九三二年三月、六四―六七頁。
(99) 『東京朝日新聞』一九三六年八月六日、夕刊二頁。
(100) 国際観光振興会、前掲書、一九八四年、四四頁。
(101) Takaku, J., "The silver jubilee of the Japan Tourist Bureau", *Tourist*, Vol. 25, No. 3 (March, 1937), pp. 2-3.
(102) *Tourist*, Vol. 25, No. 8 (August, 1937). 世界教育連盟国際会議は、八百人余りもの外客が来日し、「オリンピックの前奏曲」とみなされていた（『観光事業十年の回顧』国際観光局、一九四〇年、五三頁）。
(103) 帝国ホテル編『帝国ホテル百年史』帝国ホテル、一九九〇年、三〇五―三〇六頁。
(104) 小林道彦『東京ＹＭＣＡ国際ホテル専門学校六〇年史』東京キリスト教青年会、一九九五年、一三―一七頁。
(105) 山口正造『簡易ホテル用会話（増補訂正三版）』山口正造、一九三六年、鉄道研究社編輯部編『外客接遇英語会話』鉄道研究社、一九三七年。
(106) 帝国ホテル編、前掲書、三九五―四〇〇頁、村上勝彦編『稿本　大倉喜八郎年譜［増訂版］』東京経済大学、二〇一一年、二一六―二一七頁。
(107) 帝国ホテル編、前掲書、三一〇頁。
(108) 岡田徹「皇紀二六〇〇年・東京オリムピックだ　製造家よ小売商店よ　準備はよいか！」『広告界』一三巻一〇号、一九三六年一〇月、四二―四五頁。
(109) 東京市役所編、前掲書、一一頁。
(110) Tokyo Municipal Office, *Tokyo Sports Center of Orient* (Tokyo Municipal Office, 1933).（東京都公文書館所蔵）
(111) 東京市の報告書には、一九三五年のＩＯＣオスロ総会でも、日本の風景、文化、産業、スポーツ施設などを紹介する写真帖『日本』を各国委員に配布したとあるが（東京市役所編、前掲書、一四頁）、筆者は現物の確認はできていない。ただ、報告書には記載されていないものの筆者が確認できた資料としては、大会招致用のパンフレットである *Olympic*

Spirit in Tokyo : XIIth Olympic Games to the Far East (The National Olympic Committee of Japan, 1936) と招致決定後に作成されたパンフレットである *XIIth Olympiad Tokyo 1940 : Olympic Preparation for the celebration of the XIIth Olympiad Tokyo 1940* (The Organizing Committee of the XIIth Olympiad Tokyo 1940, 1938) がある。

(112) *The Japan Magazine*, Vol. 28, No. 1 (February, 1938)

(113) 永井編、前掲書、三三二頁。

(114) 横山東京府知事宛、ジャパン・タイムス社書簡（昭和一一年八月一日）、人事課雑冊の一（東京都公文書館所蔵）。

(115) "The XIIth Olympic Games in Tokyo", *Nippon*, Vol. 9 (November, 1936), p. 54 ; "The XIIth Olympic Games in Tokyo," *Nippon*, Vol. 10 (March, 1937), pp. 42, 45 ; "The XIIth Olympic Games in Tokyo", *Nippon*, Vol. 11 (May, 1937), pp. 46-47 ; "The XIIth Olympic Games in Tokyo," *Nippon*, Vol. 12 (July, 1937), pp. 44-45 ; "Japan Asks for the Olympics", *Present-Day Nippon*, No. 11 (August, 1935), pp. 124-126 ; "Japan and the Olympic Games", *Present-Day Nippon*, No. 12 (October, 1936), pp. 146-149, 151, 153, 155, "XIIth Olympic Games at Tokyo", *Present-Day Nippon*, No. 13 (November, 1937), pp. 50-52, 54.

第六章　東京三紙のロサンゼルス大会表象——国際舞台で奮闘する日本人

（1）『日本新聞年鑑（第一一巻）』日本図書センター、一九八六年［底本：新聞及新聞記者版、永代静雄主幹、一九三二年刊］、第一篇、三一頁。

（2）同前。

（3）同前。

（4）朝日新聞百年史編修委員会編『朝日新聞社史　大正・昭和戦前編』朝日新聞社、一九九一年、四〇二―四〇三頁

（5）毎日新聞社史編纂委員会編『毎日新聞七十年』毎日新聞社、一九五二年、二七五頁。

（6）『読売新聞』一九三二年五月二四日、朝刊五頁、六月一五日、朝刊五頁、七月一四日、朝刊五頁など。

（7）前掲『日本新聞年鑑（第一一巻）』第一篇、三四―三五頁。

（8）朝日新聞百年史編修委員会編、前掲書、三二六頁。

（9）この間の各紙の総ページ数は、次の通りである。『東京朝日新聞』（ロサンゼルス大会）一一七六頁（アムステルダム大

会』一六六八頁、『東京日日新聞』一二二四頁、『読売新聞』一二一四頁。

(10) ロサンゼルス大会時の広告を除いた記事面積に占めるオリンピック報道の割合については、第七章の表7-2を参照。

(11) 「『オリムピック』大会本邦選手ニ関スル新聞社説ニ関スル件」(昭和七年七月二二日)、「佐藤領事発内田外務大臣宛電報」(昭和七年八月一五日)、「若杉総領事発内田外務大臣宛電報」(昭和七年八月一五日)、「オリンピツク日本選手ニ関スル新聞記事切抜送付ノ件」(昭和七年八月二四日)、「『オリムピツク』出場ノ日本選手ニ関スル件」(昭和七年八月二六日)、「『オリンピック』大会ニ於ケル日本ニ関スル新聞論調報告ノ件」(昭和七年九月一三日)など。JACAR(アジア歴史資料センター)Ref. B04012503000、国際「オリムピック」競技大会一件 第二巻(I-1-12-0-9_002)(外務省外交史料館)。

(12) Billig, M., *Banal Nationalism* (London : Sage, 1995), pp. 93-127. ビリッグは、政治家の演説やメディア報道で用いられる'we','our','the'などの表現の前提に、国民国家の存在を自明とする認識があるとしている。

(13) 今村次吉「オリムピック後援会の趣旨」『アスレチックス』一〇巻三号、一九三二年三月、六五頁。

(14) 有山輝雄『甲子園野球と日本人――メディアのつくったイベント』吉川弘文館、一九九七年、九八―九九頁。

(15) メディアによる爆弾三勇士・肉弾三勇士の物語の活用については、有山輝雄「戦時体制と国民化」『年報 日本現代史』七号、二〇〇一年五月、一―三六頁に詳しい。

(16) 『東京朝日新聞』一九三二年八月七日、夕刊一頁。

(17) 『東京朝日新聞』一九三二年九月一日、夕刊二頁。

(18) 川村邦光『聖戦のイコノグラフィ――天皇と兵士・戦死者の図像・表象』青弓社、二〇〇七年、一〇一―一〇三頁。

(19) 外国人による日本選手の評価を主題とした記事は、記事の見出しを参照して抽出した。

(20) これと類似したナショナリズムの様式として、例えば、ビリッグは、イギリス王室の分析のなかで、差異の強調と同化を回避する主張に加えて、世界中の羨望の的になっているという優越性が、ナショナリズムを下支えしていると論じている。マイケル・ビリッグ/野毛一起・浅見克彦訳『イギリス王室の社会学』社会評論社、一九九四年、三四―六八頁。

(21) 『読売新聞』一九三二年六月二四日、夕刊一頁。

(22) 同前。

(23) 以上、同前。

(24) 同前。

(25) 同前。
(26) 『東京朝日新聞』一九三二年八月一三日、第一号外一頁。
(27) 同前。
(28) オリンピックにおける女子選手や軍人の象徴的役割については、今後の研究課題としたい。
(29) 『東京朝日新聞』一九三二年八月一三日、第一号外二頁。
(30) 『東京朝日新聞』一九三二年八月一三日、第二号外一頁。
(31) こうした技法は、現代のオリンピック報道にも顕著である。上瀬由美子は、アテネ大会・トリノ大会のテレビニュースで、外国（外国選手）の素晴らしさを語ることで日本選手の価値をより高める、という手法が用いられていることを指摘している（上瀬由美子「オリンピックにおける外国関連報道――テレビ・ニュースに現れるライバル・フレーム」萩原滋編著『テレビニュースの世界像――外国関連報道が構築するリアリティ』勁草書房、二〇〇七年、二七一―二九〇頁）。
(32) 『東京朝日新聞』一九三二年八月一六日、夕刊一頁。
(33) 同前。
(34) 以上、同前。
(35) 以上、『東京日日新聞』一九三二年八月六日、夕刊一頁。
(36) 同前。
(37) 『東京日日新聞』一九三二年八月六日、夕刊二頁。
(38) 同前。
(39) 同前。
(40) 山口誠「メディアが創る時間――新聞と放送の参照関係と時間意識に関するメディア史的考察」『マス・コミュニケーション研究』七三号、二〇〇八年七月、二一―二〇頁。
(41) 伊藤幹治『家族国家観の人類学』ミネルヴァ書房、一九八二年。
(42) 『東京日日新聞』一九三二年八月六日、夕刊二頁。
(43) 『東京日日新聞』が南部に対して祝電を送ったのは、彼が自社社員であったからというわけではなく、同社は、他の選手に対しても同様に対応・報道していた。

(44)『東京日日新聞』一九三一年七月三〇日、夕刊二頁。
(45)同前。
(46)同前。
(47)『東京日日新聞』一九三一年七月三〇日、朝刊二頁。
(48)同前。
(49)『東京日日新聞』一九三一年七月三一日、夕刊二頁。
(50)『東京日日新聞』一九三一年七月三〇日、朝刊二頁。
(51)『東京日日新聞』一九三一年八月一日、朝刊三頁。
(52)同前。
(53)『東京日日新聞』一九三一年八月四日、朝刊三頁。
(54)『東京朝日新聞』一九三一年六月二三日、朝刊五頁、六月三〇日、朝刊一〇頁、八月二六日、朝刊一〇頁、八月二九日、朝刊四頁、八月三〇日、朝刊六、一〇頁、九月二日、朝刊六頁、九月三日、朝刊六頁。
(55)『東京朝日新聞』一九三一年六月三〇日、朝刊一〇頁。
(56)津金澤聰廣他編『近代日本の新聞広告と経営』朝日新聞社、一九七九年、四六四―四六五頁。
(57)以上、『東京朝日新聞』一九三一年六月三〇日、朝刊一〇頁。
(58)同前。
(59)同前。
(60)同前。
(61)後藤文顕『カルピス創業者　三島海雲の企業コミュニケーション戦略――「国利民福」の精神』学術出版会、二〇一一年。
(62)『東京朝日新聞』一九三一年六月三〇日、朝刊一〇頁。
(63)同前。
(64)『東京朝日新聞』一九三一年九月三日、朝刊六頁。
(65)同前。

(66) 同前。
(67) ほぼ同じ情景は、翌日の「スポーツ薬　サロメチール」の広告でも描かれている。『東京朝日新聞』一九三二年九月四日、朝刊三頁。
(68) 大倉恒吉商店は、一九〇五年に、「勝利と栄光」のシンボルとして「月桂冠」を商標に採用した（月桂冠株式会社社史編集委員会編『月桂冠　三五〇年の歩み』月桂冠株式会社、一九八七年）。
(69) 『東京朝日新聞』一九三二年九月三日、朝刊六頁。
(70) 同前。
(71) 吉野耕作『文化ナショナリズムの社会学――現代日本のアイデンティティの行方』名古屋大学出版会、一九九七年。
(72) Billig, M., *op. cit.*, pp. 122-125.

第七章　東京三紙の一九三六年ベルリン大会表象――ナショナリズムの肥大化

(1) 以上、現地取材陣については、関無門「壮絶な空輪リレー――新聞匿名月評」『文藝春秋』一四巻九号、一九三六年九月、一七四―一七五頁を参照した。ただし、この記事では『読売新聞』の星野運動部長の名前が「辰男」となっているが、これは間違いである。また毎日新聞社の社史等には森正蔵の名前はなく、代わりに北沢清が挙がっている（『「毎日」の三世紀――新聞が見つめた激流一三〇年（上巻）』毎日新聞社、二〇〇二年、八四一―八四二頁）。
(2) 関、前掲記事、一七八―一七九頁。
(3) この期間の各紙の総頁数は、『東京朝日新聞』二〇四二頁、『東京日日新聞』二〇八八頁、『読売新聞』二二六四頁である。
(4) 岩村正史『戦前日本人の対ドイツ意識』慶應義塾大学出版会、二〇〇五年、三一―四二頁。
(5) 日本銀行統計局編『明治以降本邦主要経済統計』日本銀行統計局、一九六六年、二九二―二九三頁、二九六―二九七頁。
(6) 第六章と同じように、外国人による日本選手の評価を主題とした記事は、記事の見出しを参照して抽出した。
(7) 『東京日日新聞』一九三六年六月八日、朝刊九頁。
(8) 以上、同前。
(9) 同前。

(10) 同前。
(11) 同前。
(12) 『東京朝日新聞』一九三六年八月二日、号外一頁。
(13) 同前。
(14) 岩村、前掲書。
(15) 『東京朝日新聞』一九三六年八月二日、号外二頁。
(16) 以上、『東京朝日新聞』一九三六年八月一七日、朝刊二頁。
(17) 同前。
(18) 同前。
(19) 同前。
(20) 『東京朝日新聞』一九三六年八月一七日、朝刊三頁。
(21) 朝鮮人や台湾人が原則として参政権をもたなかったのは、朝鮮・台湾で衆議院議員選挙法が施行されていなかったためである。内地人の植民者も、参政権をもっていなかった。小熊英二『〈日本人〉の境界——沖縄・アイヌ・台湾・朝鮮植民地支配から復帰運動まで』新曜社、一九九八年、一九五—二一四、三六二—三九一頁。
(22) 以上、『東京日日新聞』一九三六年八月一〇日、朝刊二頁。
(23) 以上、『東京日日新聞』一九三六年八月一〇日、朝刊一一頁。
(24) 『東京日日新聞』一九三六年八月一〇日、朝刊二頁。
(25) 『東京日日新聞』一九三六年八月一〇日、朝刊一一頁。
(26) 同前。
(27) 以上、同前。
(28) 同前。
(29) 同前。
(30) 山中速人「近代日本のエスニシティ観」中野秀一郎・今津孝次郎編『エスニシティの社会学——日本社会の民族的構成』世界思想社、一九九三年、八六—一〇七頁。

(31)『日刊新聞時代』一九三六年一〇月八日、一頁、一〇月九日、四頁、『京城日報』一九三六年一〇月七日、夕刊七頁、一〇月一三日、夕刊二頁。なお、孫の自伝に、孫基禎『ああ月桂冠に涙』（講談社、一九八五年）、孫に関する記録文学に、鎌田忠良『日章旗とマラソン』（講談社、一九八八年）がある。
(32)『読売新聞』一九三六年八月四日、夕刊一頁。
(33)『読売新聞』一九三六年八月四日、朝刊三頁。
(34)同前。
(35)『読売新聞』一九三六年八月四日、夕刊一頁。
(36)以上、『読売新聞』一九三六年八月四日、朝刊三頁。
(37)以上、『東京朝日新聞』一九三六年六月八日、朝刊六―七頁。
(38)同前。
(39)『東京朝日新聞』一九三六年八月二日、朝刊三頁。
(40)『東京朝日新聞』一九三六年七月一一日、朝刊一〇頁。
(41)同前。
(42)中野淳美・竹見智恵子『クラブコスメチックス八十年史』クラブコスメチックス、一九八三年、一一四頁。
(43)『東京朝日新聞』一九三六年八月一一日、朝刊六頁。
(44)『新聞研究所報』一九三六年八月二五日、三頁。
(45)同前。
(46)同前。

第八章　地方紙の報道——ローカリズムとナショナリズムの重層構造

(1)青森県教育委員会のホームページによれば、戦前オリンピック（夏季）に出場した青森県関係の選手は、一九二八年大会の井沼清七（陸上男子四×一〇〇メートルリレー予選敗退）、一九三六年大会の奈良岡良二（陸上男子五〇キロメートル競歩一九位）の二名である。（http://www.pref.aomori.lg.jp/bunka/sports/aomoriken-olympic-result.html）
(2)静岡新聞社史編纂委員会編『静岡新聞四十年史』静岡新聞社、一九八一年、一六―三六頁。

（3）『日本新聞年鑑（第一一巻）』日本図書センター、一九八六年〔底本：新聞及新聞記者版、永代静雄主幹、一九三二年刊〕、第二篇、五一頁。ただし、『静岡新聞』の社史によれば、『静岡民友新聞』の一九三二年末頃の社員数は四四、五名、発行部数は、『静岡新報』の一万余部に対し八千部内外であったという（静岡新聞社史編纂委員会編、前掲書、三一頁）。

（4）『日本新聞年鑑（第一五巻）』日本図書センター、一九八六年〔底本：新聞研究所版、編輯兼発行者永代静雄、一九三六年刊〕、第二篇、五四頁。

（5）『新聞総覧　昭和十二年版』大空社、一九九四年〔底本：日本電報通信社より一九三七年発行〕、第二部、一七六頁。

（6）『新聞総覧　昭和八年版』大空社、一九九四年〔底本：日本電報通信社より一九三三年発行〕、第二部、二三七頁、前掲『新聞総覧　昭和十二年版』第二部、一七六頁。

（7）福士力『新聞販売通史――東奥日報と百年間』福士力、一九八六年、一二七頁。

（8）『東奥日報』はベルリン大会終了後の一九三六年一〇月一日に、朝刊六頁、夕刊四頁とし、定価も九〇銭に値上げした（津幡敬正・工藤晃編『東奥日報百年史』東奥日報社、一九八八年、二七二頁）。

（9）同前書、二一一―二四二頁。

（10）同前書、二五三―二五七頁、前掲『新聞総覧　昭和十二年版』第二部、一五六頁。こうした傾向が、一九三六年一〇月の増頁につながったといえるだろう。

（11）前掲『日本新聞年鑑（第一一巻）』第二篇、三四頁、前掲『日本新聞年鑑（第一五巻）』第二篇、四七頁。

（12）『静岡民友新聞』一九三六年六月二一日、朝刊三頁。

（13）津幡・工藤編、前掲書、二七四頁。

（14）『静岡民友新聞』一九三二年六月二四日、夕刊一頁。「『きつと勝つ！』神宮に誓の言葉　胸間に輝やく日章旗のマークオリムピック代表、けふ船出」という見出しが掲げられている。

（15）『静岡民友新聞』一九三二年六月二五日、夕刊一頁。

（16）以上、『静岡民友新聞』一九三二年六月二三日、朝刊三頁。

（17）『静岡民友新聞』一九三二年七月二三日、夕刊三頁。

（18）同前。

（19）他にも、在米県人会の活動に言及した記事として、「静岡県選手へ　銀牌を贈る　南加静岡県人海外協会からオリムピツク総決算」『静岡民友新聞』（一九三二年八月一七日、朝刊三頁）がある。
(20)『静岡民友新聞』一九三二年七月一六日、朝刊二頁。
(21)『静岡民友新聞』一九三二年六月一五日、朝刊二頁。
(22) 同前。
(23)『静岡民友新聞』一九三二年八月二日、朝刊二頁。
(24)『静岡民友新聞』一九三二年八月六日、夕刊二頁。
(25)『静岡民友新聞』一九三二年八月六日、夕刊一頁、朝刊二頁。
(26)『静岡民友新聞』一九三二年八月九日、夕刊一頁。
(27) 同前。
(28)『東奥日報』一九三二年六月二四日、夕刊二頁、朝刊三頁。
(29) 以上、『東奥日報』一九三二年六月二二日、夕刊二頁。
(30) 同前。
(31) 以上、『東奥日報』一九三二年八月一日、朝刊三頁。
(32)『東奥日報』一九三二年七月一六日、夕刊二頁。
(33)『東奥日報』一九三二年七月二三日、朝刊三頁。
(34)『東奥日報』一九三二年七月二八日、朝刊三頁。
(35)『東奥日報』一九三二年七月三一日、朝刊三頁。
(36)『東奥日報』一九三二年八月一日、朝刊三頁。
(37) 以上、『東奥日報』一九三二年八月二日、朝刊三頁。
(38)『東奥日報』一九三二年八月三日、夕刊二頁。
(39) 東奥日報は、聯合加盟社であったはずだが、電通記事も時折掲載されている。例えば、注(32)(33)の記事。
(40)『東奥日報』一九三二年八月六日、夕刊二頁、朝刊三頁。
(41)『サンデー東奥』一九三二年七月一七日、三頁。
(42) 静岡放送局開局が一九三〇年三月であったのに対し、弘前放送局開局は一九三八年五月、青森放送局開局は一九四一年

四月である。日本放送協会編『二〇世紀放送史　下』日本放送出版協会、二〇〇一年、五三一頁。
(43)『放送』六巻一〇号、一九三六年一〇月、一六七頁。
(44)『静岡民友新聞』一九三六年六月二日、夕刊二頁。
(45)『静岡民友新聞』一九三六年六月七日、夕刊一頁。
(46)『静岡民友新聞』一九三六年六月八日—一五日、いずれも朝刊二頁。
(47)『静岡民友新聞』一九三六年六月一三日、夕刊一頁。
(48)『静岡民友新聞』一九三六年七月二二日、夕刊二頁。
(49)『静岡民友新聞』一九三六年八月三日、夕刊一頁。
(50)同前。
(51)同前。
(52)競技の報道でも、「ラジオで聴く」という体験が紙面で強調されることが多くなっている。
(53)『静岡民友新聞』一九三六年八月四日、夕刊一頁。
(54)『静岡民友新聞』一九三六年八月五日、朝刊二頁。
(55)『静岡民友新聞』一九三六年八月六日、夕刊一頁。
(56)『静岡民友新聞』一九三六年八月一二日、夕刊一頁。
(57)『静岡民友新聞』一九三六年八月一二日、朝刊一頁。
(58)『静岡民友新聞』一九三六年八月一七日、夕刊一頁。
(59)『静岡民友新聞』一九三六年八月七日、朝刊一頁。
(60)以上、『静岡民友新聞』一九三六年八月一一日、朝刊一頁。
(61)同前。
(62)同前。
(63)『東奥日報』一九三六年六月一日、夕刊二頁、六月二日、朝刊三頁。
(64)『東奥日報』一九三六年六月二日、夕刊二頁。
(65)『東奥日報』一九三六年六月六日、夕刊二頁。

(66)『東奥日報』一九三六年六月六日、朝刊三頁。
(67)『東奥日報』一九三六年六月八日、夕刊二頁、六月八日、朝刊三頁、六月九日、夕刊二頁。
(68)『東奥日報』一九三六年六月二日、朝刊二頁。
(69)『東奥日報』一九三六年六月二日、朝刊三頁。
(70)『東奥日報』一九三六年八月一日、夕刊二頁。
(71)『東奥日報』一九三六年八月八日、夕刊二頁。
(72)『東奥日報』一九三六年八月八日、朝刊三頁。
(73)ただし、同紙のオリンピックの報道は、他紙と比べてやや控えめであると解釈することもできる。別刷（速報版）は発行しているが、朝夕刊でトップニュースとしてオリンピックを扱ったのは、オリンピック東京大会決定時くらいである。
(74)『東奥日報』一九三六年八月六日、夕刊二頁、八月八日、朝刊三頁、八月九日、夕刊三頁。
(75)『東奥日報』一九三六年八月二日、朝刊三頁。
(76)『東奥日報』一九三六年八月二日、夕刊二頁、八月三日、夕刊二頁、八月四日、夕刊二頁。
(77)『東奥日報』一九三六年八月九日、夕刊二頁。
(78)『東奥日報』一九三六年八月二一日、夕刊二頁。
(79)『東奥日報』一九三六年八月二日、朝刊二頁。
(80)『東奥日報』一九三六年八月五日、朝刊三頁。
(81)『東奥日報』一九三六年八月四日、朝刊三頁。
(82)『東奥日報』一九三六年八月六日、別刷一頁、八月七日、夕刊二頁、八月七日、朝刊三頁。
(83)なお、朝鮮で孫のコーチをしていたという八戸市交通部主任上杉敏夫氏に関する記事もある。『東奥日報』一九三六年八月九日、朝刊三頁。

第九章　雑誌の報道――多様な言説空間

(1)佐藤卓己『「キング」の時代――国民大衆雑誌の公共性』岩波書店、二〇〇二年。
(2)永嶺重敏『雑誌と読者の近代』日本エディタースクール出版部、一九九七年、二〇三―二五〇頁。

(3)「オリンピック花形選手名フォーム」『キング』八巻一一号、一九三二年一一月、二二一—二二八頁。

(4)『Nippon』の表紙と東京オリンピックポスターの類似性については、竹内幸絵「二つの東京オリンピック——広告グラフィズムの変容とプロパガンダ」坂上康博・高岡裕之編『幻の東京オリンピックとその時代——戦時期のスポーツ・都市・身体』青弓社、二〇〇九年、一二七頁を参照。

(5)前掲記事「オリンピック花形選手名フォーム」二二三頁。

(6)同前。

(7)同前記事、二二四—二二五頁。

(8)同前記事、二二七頁。

(9)同前記事、二二六頁。

(10)同前記事、二二八頁。

(11)同前記事、二二二頁。

(12)酒井頁「優勝に勝る栄冠を獲た竹中選手の力走」『キング』八巻一一号、一九三二年一一月、一八八—一九一頁、「オリンピック選手土産話」『キング』同号、四八九—五二九頁。

(13)酒井、前掲記事、一八八頁。

(14)同前記事、一八八—一八九頁。

(15)同前記事、一八九—一九一頁。

(16)同前記事、一八九頁。

(17)同前記事、一九〇頁。

(18)同前記事、一九一頁。

(19)同前。

(20)同前。

(21)「最近十年間に日本はこれだけよくなった」『キング』八巻一一号、一九三二年一一月、二一九—二三六頁。

(22)「振へ！　日本！」『キング』八巻一一号、一九三二年一一月、二七六—二七七頁。

(23)例えば、「オリンピツク選手予選マラソン大血戦記」『キング』八巻八号、一九三二年八月号には、「小粒でも山椒の実は辛い。日本健児の負けじ魂は必ずや凡ゆる競技種目に目醒しくも華な戦績を挙げてくれること、期待される」（四〇六頁）とある。

(24) 他にも、西条八十「オリンピックの勇士を迎ふ」『キング』八巻一〇号、一九三二年一〇月には、「日本男子は肉体《からだ》ぢゃ飛ばぬ、燃える勇気と意気で飛ぶ」（六三頁）とある。

(25)「第十一回オリムピック大会　熱血踊る大感激の二大放送」『キング』一二巻一一号、一九三六年一〇月、一三四―一四六頁、「伯林オリムピック大会で天晴れ殊勲を樹てた人々」『キング』同号、四四六―四六二頁。

(26)「感激のオリムピック放送」『オール讀物』六巻一〇号、一九三六年一〇月、二八四―三一八頁。同記事は、計七種目（『キング』掲載の二種目を含む）の放送記録を載せている。

(27)「オリムピックより帰りて」『放送』六巻一〇号、一九三六年一〇月、一一五―一一七頁。

(28) 前掲記事「第十一回オリムピック大会　熱血踊る大感激の二大放送」一三五頁。

(29) 同前記事、一四〇頁。

(30) 同前。

(31) 同前記事、一三五頁。

(32) 同前記事、一三六頁。

(33) 同前記事、一四〇頁。

(34) 同前記事、一三七頁。

(35) 同前記事、一三六頁。

(36) 同前記事、一三九頁。

(37) 同前記事、一三八頁。

(38) 同前記事、一四二頁。

(39)『読売新聞』一九三六年八月九日、夕刊二頁。

(40) 前掲記事「第十一回オリムピック大会　熱血踊る大感激の二大放送」一四〇頁。

(41) 同前記事、一三五頁。

(42) 同前記事、一四一頁。

(43) 以上、同前記事、一四二頁。
(44) 同前記事、一四二―一四三頁。
(45) 同前記事、一四三頁。
(46) 同前。
(47) 同前。
(48) 同前記事、一四四頁。
(49) 以上、同前記事、一四六頁。
(50) 以上、同前記事、一四四頁。
(51) 同前記事、一四六頁。
(52) 同前。
(53) 同前。
(54) 『キング』一二巻一二号、一九三六年一一月、五一九頁。
(55) 『キング』一二巻一四号、一九三六年一二月、五一六頁。
(56) 『キング』一二巻一二号、一九三六年一一月、口絵。
(57) 同前。
(58) 「オリムピック土産話持寄り会」『キング』一二巻一二号、一九三六年一一月、九八―一一三頁。
(59) 同前記事、九八頁。
(60) 『キング』一二巻一二号、一九三六年一一月、巻頭広告。
(61) 前掲記事「伯林オリムピック大会で天晴殊勲を樹てた人々」、新井謙一「オリムピック有名選手の家庭調――大選手はかうして生まれる」『話』四巻八号、一九三六年八月、二〇二―二〇九頁、「肉親が語るオリンピック選手」『日の出』五巻九号、一九三六年九月、二七六―二八一頁。
(62) 「オリムピックの遊佐選手と逢初夢子の結婚ロマンス」『婦女界』五四巻三号、一九三六年九月、二一六―二二四頁、逢初夢子「遊佐さんと私の結婚」『婦人公論』二一巻九号、一九三六年九月、一六〇―一六六頁、花村哲夫「翻る愛の勝利旗！ 遊佐選手と逢初夢子」『婦人倶楽部』一七巻一〇号、一九三六年九月、四九二―五〇二頁。

(63)「オリンピック花形の奥様訪問」『婦人倶楽部』一七巻九号、一九三六年八月、一〇六—一一五頁。
(64) 例えば、「晴れのオリンピック大会に出場する我が代表女流選手を送る会」『主婦之友』一六巻八号、一九三二年八月、一五八—一六五頁、村岡美枝「ロサンゼルスの蒼空高く十五本の大日章旗を掲げて」『婦人公論』一七巻一〇号、一九三二年一〇月、一二八—一三五頁、村岡美枝「オリムピック旅日記　仰ぐ感激の日章旗」『婦人公論』一七巻一一号、一九三二年一一月、二三四—二四一頁。
(65)「凱旋を待つ人々」『婦人公論』二一巻一〇号、一九三六年一〇月、一〇—一八頁、村社君子「敢て講平兄さんに捧ぐ」『婦人公論』同号、二四二—二四八頁。
(66) 村社、前掲記事、二四二頁。
(67) 同前記事、二四三頁。
(68) 同前記事、二四四頁。
(69) 同前。
(70) 同前。
(71) 同前記事、二四七頁。
(72) 以上、同前記事、二四八頁。
(73) 木村涼子『〈主婦〉の誕生——婦人雑誌と女性たちの近代』吉川弘文館、二〇一〇年、一三一—一六八頁。
(74) 花村哲夫「水上日本の輝く女性　前畑季子嬢涙の栄冠」『婦人倶楽部』一七巻八号、一九三六年七月、二八〇—二九三頁。
(75) 小山静子『良妻賢母という規範』勁草書房、一九九一年、一四六—一四七頁。
(76) 以上、花村（一九三六年七月）前掲記事、二八二頁。
(77) 以上、同前記事、二八八頁。
(78) 以上、同前記事、二九三頁。
(79) 同前記事、二八六頁。文部省普通学務局編『全国高等女学校実科高等女学校ニ関スル諸調査（昭和五年一〇月一日現在）』（文部省学務普通局、一九三五年）によれば、昭和四年度の尋常小学校女子卒業生のうち中等学校（高等女学校、実科高等女学校、その他）へ進学したのは、約一六％である。

(80)「『水の女王』前畑秀子さんの結婚真相記」『婦人倶楽部』一八巻一号、一九三七年一月、五八四―五八九頁。
(81)同前記事、五八五頁。
(82)同前記事、五八六頁。
(83)同前記事、五八七頁。
(84)同前記事、五八九頁。
(85)同前記事、五八四頁。
(86)同前記事、五八五頁。
(87)同前記事、五八七頁。
(88)ただ、前に分析した『婦人公論』の記事も、村社の妹が産業の戦士として働く様子を模範として賛美しており、こうした語り方は講談社以外の雑誌でもみられたといえる。
(89)中内敏夫『軍国美談と教科書』岩波書店、一九八八年、七四―九七頁。
(90)清沢洌「アメリカで日本を聴く」『中央公論』四七年一一号、一九三二年一〇月、二八二―二九一頁。
(91)北岡伸一『清沢洌――外交評論の運命（増補版）』中央公論新社、二〇〇四年、北岡伸一「清沢洌におけるナショナリズムとリベラリズム――日中戦争下の欧米旅行日記より」『立教法学』四二号、一九九五年七月、一―三八頁。清沢は、対外膨張政策に反対したリベラリストであったとはいえ、『中央公論』掲載論文のなかでは、日本が満洲権益を手に入れることについては、当然視している。
(92)清沢、前掲論文、二八四頁。
(93)同前。
(94)同前。
(95)同前論文、二八六頁。
(96)同前論文、二九〇頁。
(97)織田幹雄「戦ひ終りて」『中央公論』四七年一一号、一九三二年一〇月、一四一―一四七頁、松澤一鶴「勝つまで」『中央公論』同号、一四七―一五二頁。
(98)大澤聡「雑誌『経済往来』の履歴――誌面構成と編集体制」『メディア史研究』二五号、二〇〇九年五月、七三―九一頁。

(99) 新居格「国際オリムピックの本質」『日本評論』一一巻九号、一九三六年九月、一七八―一八四頁。
(100) 同前論文、一八〇頁。
(101) 同前論文、一八一頁。
(102) 同前論文、一八二頁。
(103) 室伏高信「オリムピツク診断」『日本評論』一一巻九号、一九三六年九月、三六九―三七一頁。
(104) 同前論文、三七〇頁。
(105) 同前論文、三七一頁。
(106) 新居、前掲論文、一八四頁。
(107) 「思想的に見たオリムピック」『セルパン』六八号、一九三六年一〇月、六〇―六七頁。雑誌ではないが、『現代新聞批判』にも、メディアに批判的な記事が多く掲載されている（「新聞が騒ぐほどに国家的の一大事か　国際関係の悪化から心細い今年の大会」一九三六年五月一日、三頁、平沼音知喜「日本選手に対する重大なる侮辱行為　ナチスの人種的偏見によりオリムピック村から追はる」一九三六年八月一日、六頁、「オリムピツク記事に間違ひだらけの醜態　心細い特派員の日本語」一九三六年八月一五日、二頁、「スペイン動乱と我新聞の無関心　オリムピック一点張り」一九三六年九月一日、一頁）。
(108) 「特集漫画　フレー！東京オリムピック」『オール讀物』六巻一〇号、一九三六年一〇月、二七五―二八二頁。
(109) 同前記事、二七五頁。
(110) 同前記事、二七七頁。
(111) 『読売新聞』一九三六年八月一日、号外二頁。
(112) 同前。
(113) 戸坂潤「オリンピック招致の功罪」『エコノミスト』一四巻二六号、一九三六年九月一一日号、一七―一九頁。
(114) 同前論文、一七頁。
(115) 同前論文、一八頁。
(116) 同前。
(117) 同前。

(118) 同前。

(119) 岸田日出刀「東京大会への警告」『文藝春秋』一四巻一二号、一九三六年一二月、八四―九〇頁。

(120) 同前論文、八八頁。

(121) 同前論文、八八―八九頁。

(122) 同前論文、八九―九〇頁。

(123) 同前論文、八七頁。

(124) 浅野均一「体協幹部の総辞職に就いて」『文藝春秋』一四巻一二号、一九三六年一二月、一五二―一五六頁、本間一郎「派遣選手団の醜状」『文藝春秋』同号、一五八―一六三頁。

終章　近代日本におけるオリンピックの力学

（1） Robertson, R., "Mapping the Global Condition：Globalization as the Central Concept", *Theory, Culture and Society*. Vol. 7 (1990), p. 15-30；Billig, M., *Banal Nationalism* (London：Sage, 1995), pp. 60-92.

（2） Robertson, R., *op cit*., pp. 26-27.

あとがき

本書は、二〇一一年度に東京経済大学大学院コミュニケーション学研究科に提出した博士論文「戦前期日本におけるオリンピック――メディアが作り出した国際スポーツ・イベントとナショナリズム」を大幅に改稿したものである。博士論文では、戦前日本のオリンピックがどのように集合的に記憶されていったのかについても論じたが、これについては、もう少し考察を深めたうえで戦後日本のオリンピックを論じる時に取り上げたいと考えている。

本書に関連する既発表論文としては、「戦前日本のオリンピック――コミュニケーションの政治経済学的視点から」(『コミュニケーション科学』三三号、二〇一〇年一〇月)、「一九三二年ロサンゼルス・オリンピックのメディア表象」(『マス・コミュニケーション研究』七九号、二〇一一年七月)がある。前者は、本書の第一章から第四章、後者は第六章に相当する。ただ、博士論文執筆時と本書執筆時にそれぞれ大幅な見直しを行っており、特に前者は、最初に発表したときからかなりボリュームアップしている。

論文の発表時期からわかるように、本書は、二〇二〇年の東京オリンピック開催が決定した時(二〇一三年九月)には、研究成果としてほぼまとまりをみせていた。現在、首都圏を中心にオリンピックをめぐる動きへの関心が高まっている(本書で論じたような情報空間の地域差は現在でも存在し、全国的にみれば、東京オリンピックなど自分には関係のない遠い世界の話だと思っている人のほうが多いかもしれない)。研究のあり方は、それが行われる時代状況と無関係ではないから、もし本研究が(一九四〇年大会も含めて)三度目の東京オリンピック開催が決定している状況下で行われていたとしたら、その進む方向も少しは違っていたかもしれない。ただ筆者としては、本書が、オリンピックとメディアの関係の歴史的根源に迫った実証研究として、近現代の社会・メディア・文化に関する議論の活性化に何らかの貢献ができればと願っている。

本研究を行ううえで、大学院での指導教員である有山輝雄先生には、大変お世話になった。心より御礼を申し上げたい。本研究に学術的な価値・面白さが見出せるとすれば、それは、厳しさと寛容さをあわせもった有山先生のもとで勉強することができたからだと思っている。副査として博士論文の審査を引き受けてくださった渡辺潤先生（東京経済大学）、坂上康博先生（一橋大学）には、折に触れ、研究活動を進めるうえでの助言をいただき、またご著作から多くのことを学ばせていただいたことを感謝している。博士論文審査の際に三人の先生方からいただいたご指摘は、いまだ課題として残っていることが多く申し訳ない気持ちもあるが、今後の研究で応えていきたい。

他にも大学院生時代には、学内外の多くの先生方が、研究の後押しをしてくださった。院生の研究仲間も同様である。メディア史研究会、日本マス・コミュニケーション学会、日本スポーツ社会学会、カルチュラル・タイフーンなど、学会・研究会での発表の際に、質問・意見・批判等をいただいたことが力となった。博士課程在学中には、英国のラフバラ大学大学院社会科学研究科（メディア・文化分析専攻）に留学したが、そこで学んだことは、本書の問題意識や分析方法を考えるうえで大いに役立った。また、大学院で何とか研究をすることができたのは、高校・大学と通った成城学園で、自由に考える力を育み、様々な学問領域に触れていたからだと思っている。博士論文の提出後には、日本政治社会史研究会でも発表の機会をいただいた。

今、こうして一つの研究をまとめたところで、これまで学んできたことを生かしきれていないと感じる部分が多い。とはいえ、それなりの達成感もある。優柔不断で気弱なところもある私が、幾度となく挫けそうになりながらもここまで勉強を続けられたのは、周囲の支えがあってこそであった。そっと背中を押してくれたり、気晴らしに連れ出してくれたり、いつ終わるともしれない話に付き合ったりしてくれたすべての人に感謝したい。今回やり残したことについては、今後、研究を積み重ねていくなかで向き合っていきたいと思う。

本研究に取り組む過程で、東京経済大学図書館はもちろんのこと、国立国会図書館、日本体育協会資料室、朝日新聞大阪社史編修センター、NHK放送博物館、東京都公文書館、日本近代文学館などの諸機関で資料を閲覧させていただいた。これらの図書館・資料室等に所蔵されていた資料を閲覧できなければ、研究が成立しなかったことはいうまでもない。改めて感謝したい。

最後になってしまったが、島根大学法文学部の同僚の先生方、学生や職員の皆さんにも、御礼を申し上げたい。楽しく授業や研究を行うことができているのは、よい職場環境があってのことだと思っている。また本書出版に際しては、ミネルヴァ書房東京支社の東寿浩さんにお世話になった。私にとって初めての著書であり、いろいろとご迷惑をおかけしたはずである。本書は、平成二七年度日本学術振興会科学研究費補助金（研究成果公開促進費・学術図書）を受けて刊行するものである。この助成を受けることができなければ、本書を出版することはできなかった。記して、感謝したい。

二〇一五年一〇月

浜田幸絵

人名索引

あ 行

相嶋勘次郎　28-30
浅見克彦　15
アパデュライ，アルジュン　13
天羽英二　111,121,122
有山輝雄　10,34
アンダーソン，ベネディクト　8
池井優　5,44
石坂友司　107
入江昭　10
岩永祐吉　129
岩村正史　178
牛塚虎太郎　126
鵜藤俊平　217
エドストローム，J. S.　115
オウエンス，ジェシー　184,189,196,197
大倉喜七郎　133
大島鎌吉　168,169,174
大森兵蔵　30
織田幹雄　33,40,45,147,148,212,247

か 行

ガーランド，ウィリアム・メイ　122,126,127
カッツ，エリユ　3,4
加藤秀俊　9
金栗四三　30,195
嘉納治五郎　30,84,100,102,105,107,116-118,121,127
樺山愛輔　118
河西三省　59,67,231
キーズ，B. J.　5,10,72
岸清一　100,107,116-118,211
岸田日出刀　103,108,258-261
木戸幸一　106
木村涼子　239
清沢洌　245-247
クーベルタン，ピエール・ド　84,248
クリンゲベルク，W.　105
ゲルナー，アーネスト　8
皇太子裕仁（昭和天皇）　85,86
高津勝　7
河野一郎　104,105
小山静子　240
コリンズ，S.　5

さ 行

西条八十　49,175,249
坂上康博　5
サコ，P.　13
島浦精二　59
清水善造　85
下村宏（海南）　104,128,246
末弘厳太郎　211,212
杉村陽太郎　103,107,110,116-119,121
副島道正　102,107,116,118,127,129
孫基禎　184,194-196,239,249

た 行

高柳健次郎　125
竹中正一郎　147-149,227-230
竹山昭子　5
田中義一　93
頼母木眞六　67,123
田畑政治　40,128
ダヤーン，ダニエル　3,4
秩父宮　37,86-88,92,97,154
鶴田義行　33,226
ディーム，カール　65
田誠　112,132
徳川家達　101,103-104,107,116-120,129
戸坂潤　257,258,260

な　行

永井松三　104, 105, 120, 121
永田秀次郎　99, 106, 113-116
中村哲夫　5
名取洋之助　50
南昇竜　184, 194-196, 249
奈良岡良二　219-221
南昇龍→ナムスンリョン
南部忠平　40, 140, 157-159, 168, 169, 209, 213, 225, 226
新居格　248, 250
西竹一　65, 226
ヌルミ，パーヴォ　147, 148, 159-162, 170, 212

は　行

バーネイ，R. K.　71
人見絹枝　33, 120, 121, 237
ヒトラー，アドルフ　187, 191, 192, 216
平沼亮三　65, 95, 107, 193
ビリッグ，M.　8, 144, 171
広田弘毅　117
ブランデージ，アベリー　106
古川隆久　5
ベレルソン，B.　19
ホール，S.　17, 18
ホブズボウム，E.　9

ま　行

マードック，G.　14-15
前畑秀子　67, 231, 233-235, 239-245
マカルーン，ジョン・J　12-13
松内則三　59
三島弥彦　30, 31, 195
宮崎康二　210
武者小路実篤　49, 175
ムッソリーニ，ベニート　101-103, 110
村社講平　122, 184, 216, 231-233, 235, 237-239, 244, 245
室伏高信　248-250
メイロウィッツ，ジョシュア　3

や　行

山口輝臣　87, 88
山口誠　5, 61, 66, 158
山田耕筰　44
山本忠興　99, 106, 115, 116, 121, 125
山本照　67
遊佐正憲　236, 239
横光利一　49, 175
吉岡隆徳　147, 197, 225, 226
吉野耕作　8

ら　行

ラツール，バイエ　102, 105, 122, 127, 191-193
リーフェンシュタール，レニ　50
ルース，ベーブ　10
レイダー，B. G.　60
ロウテビュラー，E. W.　4
ロバートソン，R.　269

事項索引

あ 行

天野源七商店　77-79, 164
アムステルダム大会（1928年）　32-34, 88, 92, 93, 115
アムステルダム大会（1928年）の報道　140-150
アントワープ大会（1920年）　32
インターナショナル・ニュース・フォト→INS
ウーファ社　175
宇野達之助商会　79
英語　130, 211, 212, 235
英仏博覧会　29
『エコノミスト』　257, 258
応援歌　165, 166
応援歌募集　44, 45, 51
『オール讀物』　231, 251-256, 260
オリエンタリズム　134, 251, 256

か 行

海外派遣員規定　27, 28
海外放送　62, 64, 67, 125-127
海外旅行　9, 26, 27
外客誘致　131-134
外務省　59, 69, 92, 94, 102, 106, 110, 111, 143
家族愛　149, 244
活動写真　88
カルチュラル・スタディーズ　15
カルピス　164, 165, 198, 199
関東大震災　34, 88, 100, 113, 114
紀元2600年→皇紀2600年
記号論　17
九州日報社　38
宮城遥拝　92, 153, 265
極東オリンピック→極東選手権
極東選手権／極東オリンピック　30, 64, 116
極東選手権（大阪大会，1923年）　87
極東選手権（東京大会、1930年）　56
極東選手権（マニラ大会、1925年）　88
キリスト教青年会（YMCA）　116, 133
キリンビール　168, 169
記録映画　50, 69
『キング』　224-236, 245
クラブ美身クリーム　201
『京城日報』　196
京城日報社　39, 118
月桂冠　168, 169
健康美　164, 202
建国祭運動　114
交歓放送／交換放送　64-66
皇紀2600年／紀元2600年　5, 99, 100, 124, 256, 257, 266, 271
『広告界』　129, 130
広告特集→連合広告
皇室　38, 85-88, 92, 265
厚生省　110
神戸新聞社　39, 50
神戸又新日報社　39
国際観光協会　10, 131
国際観光局　10, 106, 112, 131
国際水上競技大会　36-38, 97
国際スポーツ記者協会　57, 129
国際中継／国際的な中継放送　57, 62, 64, 125, 267
国際電話　49
国際放送　62, 64
国民新聞社　39, 40, 50
国民体位改善　86
国民体位向上　95, 96
コマーシャリズム→商業主義
コミュニケーションの政治経済学／政治経済学的分析　14-16, 21
コロンビア・レコード　44, 166

さ 行

在米邦人→日系人
在留同胞→在留邦人
在留邦人／在留同胞　62,65,247
札幌大会（1940年）　103
三都合同　39
事業活動／新聞社事業活動　16,26,27,30,36-38,42-45,51,52,128,129,136,170
時事新報社　39,40,128
実感放送　59,60,264
質的分析　19,20
写真空輸　42,48,49,175
写真吊り上げ　42
写真電送／電送写真　47,48,50,190-192,220,269
写真輸送→写真空輸
ジャパン・ツーリスト・ビューロー／日本旅行協会　112,128,131,133
上海事変　7,39,45,230
商業主義／コマーシャリズム　71-72,165
商品陳列　130
女子選手　155,164,236,237
新愛知新聞社　39,50
新聞社事業活動→事業活動
ストックホルム大会（1912年）　28,30-32
スペイン内戦　250
スポーツ社会史　16
スポーツ中継　56,58
スポーツの政策化　86-89
スポーツの大衆化　7
政治経済学的分析→コミュニケーションの政治経済学
政府補助金　44,89-91
世界恐慌　73
赤十字国際会議　119,120
『セルパン』　250
全国体育デー　88,97
想像の共同体　8,203

た 行

第一次世界大戦　86,88
対外宣伝／プロパガンダ　11,83,94,96,111,122
タイムズ社　27,31
高島屋　200
『中央公論』　245-247
中外商業新報社　50
中国新聞社　45,51
帝国ホテル　133
逓信省　40,47,48,92,111,112
鉄道省　92,102,106,112,131,134
テレビ　2,4,69,125
テレビの祭礼的視聴　3
伝書鳩　76
電送写真→写真電送
電通（日本電報通信社）　39-42,47
ドイツ放送会社　67,68
『東亜日報』　196
東京国際ホテル専門学校　133
東京大会（1964年）　2,5
同盟通信社　46-50,129,215-217,220-222
東洋の代表　48,256
東洋の盟主　271
トランスナショナルな交流　11
トランスナショナルな文化　10
『東亜日報』→トウアニッポウ

な 行

内務省　86-89,112
中山太陽堂　201
名古屋新聞社　45,50,129
ナショナリズムの多層性　8,9
ナショナリズムの普遍性　161,269
ナチス　67-69,192,248,257,260
二・二六事件　66,67
「肉弾三勇士の歌」　45
日常のナショナリズム　144
日独防共協定　180
日米野球　38
日露戦争　25-28
日系人　5,44,93-95,126,143,144,246,247
日中戦争　104,105
日本新聞聯盟（聯盟）　41,42,50
日本選手派遣人数　89

『日本評論』 247-250
日本旅行協会→ジャパン・ツーリスト・ビューロー
ニュース映画 19,36,41,42,49,140,175,213,266,267

は 行

パイン缶詰 198,199
バヴァリア社 175
爆弾三勇士／肉弾三勇士 7,146,244
博覧会 27,29,128
派遣費 89-92
派遣費募集 44
函館日日新聞社 128
「走れ大地を」 44,45,165,166
白虹事件 34
パテー 41
パリ大会（1924年） 32,86-89,115-118
万国博覧会 16,29,119
万国博覧会（1940年） 99,111
表象の解読 18
表象分析 14,16-20,22
ファシズム 9
フォックス・ハースト 41
福岡日日新聞社 38,51
『婦人倶楽部』 236,240-245
『婦人公論』 237-240,244
フランクフルト学派 16
プロパガンダ→対外宣伝
文化帝国主義 3
『文藝春秋』 258-261
ヘチマクリーム 77
ヘチマコロン 162,164,199
放送の記録記事 231-234
報知新聞社 33,34,38,39,50
『北海タイムス』 51

ま 行

松下無線 200
満洲事変 7,11,38,39,44,45,93,94,206,230,247
都新聞社 96
明治神宮外苑（競技場） 87,102,104,112
明治神宮競技大会 87,88
明治神宮参拝 92,102,190,265
明治製菓 79,164
メディア・イベント 3,4
メディア間の相互作用 244
メディア相互の連関増幅 61
メディアの儀礼 4,20
メディアの大衆化 6,7,267
メディア表象 18
森永 79,130,168,169
文部省 84,86-88,92,108,110

や 行

ユネスコ（国際連合教育科学文化機関） 3,4
緩やかなナショナリズム 9,165
『万朝報』 30

ら・わ行

ライオン歯磨 72
ラジオの普及率 60-63
リットン調査団 93
良妻賢母思想 149
量的分析 19
連合広告／広告特集 76,162-170,172,197-199,207
聯合通信社（聯合） 39-41,46,47,212
聯盟→日本新聞聯盟
ロイター 27,31,47
ロイヒ膏 169
ロンドン大会（1908年） 27-30,117
わかもと 130

アルファベット

AP 41,47
INS 41,50
NBC 57,58,125,126
『Nippon』 135,225
RCA 40,125,126
『Tokyo Sports Center of Orient』 134
『Tourist』 133
UP 41,47

《著者紹介》

浜田幸絵（はまだ・さちえ）

1983年　生まれ。
2005年　成城大学文芸学部文化史学科卒業。
2007年　東京経済大学大学院コミュニケーション学研究科修士課程修了。
2009年　ラフバラ大学大学院社会科学研究科メディア文化分析専攻修士課程修了。
2012年　東京経済大学大学院コミュニケーション学研究科博士後期課程修了。
現　職　島根大学法文学部講師。
主　著　「戦前期日本における聖火リレー——1964年東京オリンピック再考の手がかりとして」『メディア史研究』28号，2010年９月。
「グローバル・テレビ・イベントとしての1964年東京オリンピック——NHK による海外放送機関の組織化」『メディア史研究』35号，2014年２月。
「『京城日報』の紀元2600年記念イベント」『メディア史研究』38号，2015年９月。
渡辺潤編『レジャー・スタディーズ』世界思想社，2015年〔共著〕。

MINERVA 社会学叢書51
日本におけるメディア・オリンピックの誕生
——ロサンゼルス・ベルリン・東京——

2016年２月25日　初版第１刷発行　〈検印省略〉

定価はカバーに
表示しています

著　者　浜　田　幸　絵
発行者　杉　田　啓　三
印刷者　坂　本　喜　杏

発行所　株式会社　ミネルヴァ書房
607-8494　京都市山科区日ノ岡堤谷町１
電話代表　(075)581-5191
振替口座　01020-0-8076

冨山房インターナショナル・兼文堂

ISBN 978-4-623-07476-1
Printed in Japan